电子商务人才培养系列教材·服务岗位群

跨境电商平台运营

齐岩 杨琳 ◎ 主 编
林珺 钟小春 邱军 徐彬 ◎ 副主编

电子工业出版社
Publishing House of Electronics Industry
北京·BEIJING

内 容 简 介

本书根据跨境电商运营岗位的工作要求，以及项目任务化的课程建设要求，设计了八个项目，内容涵盖了跨境电商平台认知、跨境电子支付、跨境交流翻译工具、店铺开通、店铺装修、商品发布、日常管理、营销推广等方面。

本书内容丰富、针对性强、通俗易懂，是专门针对职业院校的跨境电商、国际贸易、国际商务等运营类专业开发的教材，也可作为跨境电商入门者的参考用书。

未经许可，不得以任何方式复制或抄袭本书之部分或全部内容。
版权所有，侵权必究。

图书在版编目（CIP）数据

跨境电商平台运营 / 齐岩，杨琳主编. -- 北京：电子工业出版社, 2025. 1. -- ISBN 978-7-121-49611-0

Ⅰ．F713.365.1

中国国家版本馆 CIP 数据核字第 2025D7H767 号

责任编辑：罗美娜
印　　刷：北京建宏印刷有限公司
装　　订：北京建宏印刷有限公司
出版发行：电子工业出版社
　　　　　北京市海淀区万寿路 173 信箱　　　邮编：100036
开　　本：880×1230　1/16　印张：20　字数：442 千字
版　　次：2025 年 1 月第 1 版
印　　次：2025 年 8 月第 4 次印刷
定　　价：59.80 元

凡所购买电子工业出版社图书有缺损问题，请向购买书店调换。若书店售缺，请与本社发行部联系，联系及邮购电话：(010) 88254888，88258888。

质量投诉请发邮件至 zlts@phei.com.cn，盗版侵权举报请发邮件至 dbqq@phei.com.cn。

本书咨询联系方式：(010) 88254617，luomn@phei.com.cn。

前 言

党的二十大报告指出:"我们实行更加积极主动的开放战略,构建面向全球的高标准自由贸易区网络,加快推进自由贸易试验区、海南自由贸易港建设,共建'一带一路'成为深受欢迎的国际公共产品和国际合作平台"。

本书在编写过程中注重跨境电商理论与实践的结合。全书理论知识体系完整,基本覆盖了目前跨境电商运营实操的各个环节。本书依托全球速卖通平台,系统、全面地向读者介绍了跨境电商运营的相关知识和操作技能,以项目引导的方式,由浅入深地引导读者近距离了解跨境电商的相关知识。

本书共分为八个项目。

项目一介绍速卖通、亚马逊、eBay、阿里巴巴国际站、Lazada、Shopee 等不同跨境电商平台的销售市场、盈利方式、平台特点等相关内容。

项目二介绍跨境电子支付方式、外汇管理、支付风险与防范等相关内容。

项目三介绍跨境贸易翻译基础知识及跨境交流翻译工具等相关内容。

项目四以速卖通平台为基础,介绍账户注册的相关知识及账户信息完善等实际操作内容。

项目五介绍店铺布局设计、文案撰写、图片设计等相关内容。

项目六介绍商品发布和运费模板设置等平台运营的实际操作内容。

项目七以速卖通平台为例,详细介绍商品管理、交易管理、物流管理、客户服务等相关内容。

项目八介绍搜索引擎营销、社交媒体营销、邮件营销、"网红"营销等相关内容。

本书具有以下特点。

1. 合理且高效的组织结构

本书科学构建知识体系,以学生为主导进行结构设计,书中包含"自学探究""想一想""任务实操""素能加油站""职业技能训练"等板块,让学生边学习、边思考、边练习,培养学生的主观能动性与创新思维,并以职业活动为导向组织内容,实现"教学做"一体化的目标。

2. 探索课程思政特色的实现，落实立德树人的根本任务

本书通过知识目标、技能目标、素养目标三维学习目标的构建，"素能加油站"栏目的融入，职业技能训练题的强化，深化学生对社会主义核心价值观内涵的理解与践行。

3. 配套资源丰富

本书提供教学课件、企业案例、理论题库、课程视频等配套的教学资源包，是线上线下融合的"互联网+"新形态一体化教材，不仅方便教师组织教学资源、搭建课程，还能满足读者多样化的学习需求。

本书由齐岩、杨琳担任主编，林珺、钟小春、邱军、徐彬担任副主编，阮轶佩、许燕飞、徐清、张日飞、宁佳凤、钟佳燕、舒翼寅参与了本书的编写。其中，齐岩完成项目一和项目二的编写，杨琳完成项目三的编写，林珺、钟小春完成项目四的编写，邱军、徐彬、阮轶佩完成项目五的编写，许燕飞、徐清完成项目六的编写，张日飞、宁佳凤完成项目七的编写，钟佳燕、舒翼寅完成项目八的编写。

由于编者水平有限，书中难免存在不足之处，敬请广大读者批评指正。

编　者

目 录

项目一　跨境电商平台认知 1

任务一　速卖通 3
知识速递 3
一、平台概述 3
二、平台费用 4
三、物流模式 5
任务实操 6
一、任务目标 6
二、任务内容 6
三、任务评价 7

任务二　亚马逊 8
知识速递 8
一、平台概述 8
二、亚马逊物流 8
三、运营规则 10
任务实操 13
一、任务目标 13
二、任务内容 13
三、任务评价 15

任务三　eBay 16
知识速递 16
一、平台概述 16
二、销售方式 16
三、商家考核政策 17
任务实操 19
一、任务目标 19
二、任务内容 19
三、任务评价 20

任务四　阿里巴巴国际站 21
知识速递 21
一、平台概述 21
二、会员类型 22
三、特色服务 23
任务实操 24
一、任务目标 24
二、任务内容 24
三、任务评价 26

任务五　Lazada 26
知识速递 26
一、平台概述 26
二、业务模式 27
三、市场特点 28
任务实操 30
一、任务目标 30
二、任务内容 31
三、任务评价 34

任务六　Shopee 34
知识速递 34
一、平台概述 34
二、站点选择 35
三、物流与支付 35

任务实操 37
　　　一、任务目标 37
　　　二、任务内容 37
　　　三、任务评价 40

项目二　跨境电子支付 44

任务一　跨境电子支付方式 46
　　　知识速递 46
　　　一、跨境电子支付简介 46
　　　二、线下跨境电子支付方式 47
　　　三、线上跨境电子支付方式 57
　　　任务实操 66
　　　一、任务目标 66
　　　二、任务内容 67
　　　三、任务评价 75

任务二　跨境电子支付与
　　　　　　外汇管理 75
　　　知识速递 75
　　　一、外汇与外汇管理 75
　　　二、跨境电子外汇管理 80
　　　任务实操 83
　　　一、任务目标 83
　　　二、任务内容 83
　　　三、任务评价 84

任务三　跨境电子支付的风险
　　　　　　与防范 84
　　　知识速递 84
　　　一、跨境电子支付的现状 84
　　　二、跨境电子支付的风险 85
　　　三、跨境电子支付的风险防范
　　　　　措施 86
　　　任务实操 88
　　　一、任务目标 88
　　　二、任务内容 89
　　　三、任务评价 90

项目三　跨境交流翻译工具 94

任务一　跨境贸易翻译基础 96
　　　知识速递 96
　　　一、跨境贸易语言的特点 96
　　　二、跨境贸易语言的翻译技巧 97
　　　三、跨境贸易语言的语法特点 98
　　　任务实操 99
　　　一、任务目标 99
　　　二、任务内容 99
　　　三、任务评价 100

任务二　搜狗翻译 101
　　　知识速递 101
　　　一、工具概况 101
　　　二、主要功能 102
　　　任务实操 103
　　　一、任务目标 103
　　　二、任务内容 104
　　　三、任务评价 106

任务三　网易有道 107
　　　知识速递 107
　　　一、工具概况 107
　　　二、主要功能 108
　　　任务实操 110
　　　一、任务目标 110
　　　二、任务内容 110
　　　三、任务评价 114

任务四　百度翻译 114
　　　知识速递 114
　　　一、工具概况 114

二、主要功能 115
任务实操 117
一、任务目标 117
二、任务内容 117
三、任务评价 119

项目四 店铺开通 123

任务一 账户注册 124
知识速递 124
一、入驻资料准备 124
二、实名认证 126
任务实操 128
一、任务目标 128
二、任务内容 128
三、任务评价 131

任务二 账户信息完善 132
知识速递 132
一、账户设置 132
二、商标管理 134
任务实操 137
一、任务目标 137
二、任务内容 138
三、任务评价 139

项目五 店铺装修 143

任务一 店铺布局设计 144
知识速递 144
一、认识视觉营销 144
二、店铺装修基础模块 146
三、店铺装修进阶模块 152
四、店铺首页布局 155
任务实操 159
一、任务目标 159
二、任务内容 159

三、任务评价 164

任务二 店铺装修编辑 164
知识速递 164
一、文案撰写 164
二、图片设计 167
任务实操 174
一、任务目标 174
二、任务内容 175
三、任务评价 177

项目六 商品发布 182

任务一 商品发布规则与流程 183
知识速递 183
一、商品发布规则 183
二、商品发布须知与流程 189
任务实操 196
一、任务目标 196
二、任务内容 197
三、任务评价 203

任务二 运费模板设置 204
知识速递 204
一、新手运费模板 204
二、自定义运费模板 205
任务实操 208
一、任务目标 208
二、任务内容 209
三、任务评价 213

项目七 日常管理 217

任务一 商品管理 219
知识速递 219
一、商品维护 219
二、商品橱窗 223
三、其他商品管理类工具 224
任务实操 226
一、任务目标 226

二、任务内容 227
　　三、任务评价 229
任务二　交易管理 230
　知识速递 230
　　一、管理所有订单 230
　　二、订单批量导出 233
　　三、评价管理 234
　任务实操 235
　　一、任务目标 235
　　二、任务内容 235
　　三、任务评价 236
任务三　物流管理 237
　知识速递 237
　　一、物流管控 237
　　二、运费模板 241
　任务实操 244
　　一、任务目标 244
　　二、任务内容 245
　　三、任务评价 247
任务四　客户服务 248
　知识速递 248
　　一、即时通信工具 248
　　二、纠纷处理 250
　　三、商家服务评分 253
　任务实操 254
　　一、任务目标 254
　　二、任务内容 255
　　三、任务评价 257

项目八　营销推广 261
　任务一　搜索引擎营销 262
　　知识速递 262
　　　一、认识搜索引擎营销 262

　　　二、商品 SEO 264
　　任务实操 267
　　　一、任务目标 267
　　　二、任务内容 268
　　　三、任务评价 272
　任务二　社交媒体营销 272
　　知识速递 272
　　　一、认识社交媒体平台 272
　　　二、社交媒体营销的技巧 278
　　　三、社交媒体营销策略 286
　　任务实操 287
　　　一、任务目标 287
　　　二、任务内容 288
　　　三、任务评价 291
　任务三　邮件营销 291
　　知识速递 291
　　　一、认识邮件营销 291
　　　二、邮件营销的技巧 293
　　任务实操 296
　　　一、任务目标 296
　　　二、任务内容 296
　　　三、任务评价 300
　任务四　"网红"营销 300
　　知识速递 300
　　　一、认识"网红"营销 300
　　　二、"网红"营销的技巧 302
　　任务实操 303
　　　一、任务目标 303
　　　二、任务内容 303
　　　三、任务评价 306

项目一　跨境电商平台认知

 项目概述

近年来，全球电商零售产业加速发展，全球买家的消费习惯发生了重大颠覆。我国跨境电商的发展也进入了新的阶段，许多跨境电商企业在电商平台和海外市场中已初具规模。本项目将引导学生认识并知悉主流跨境电商平台及其运营特点、业务模式等，结合实际情境，深入思考个人、企业和社会的道路选择。

 学习目标

 知识目标

1. 认识跨境电商平台。
2. 知悉速卖通的平台费用。
3. 知悉阿里巴巴国际站的会员类型。
4. 熟悉各跨境电商平台的特色服务或功能。

 技能目标

1. 能够掌握各跨境电商平台的运营特点。
2. 能够根据企业的需求入驻合适的跨境电商平台。
3. 能够掌握平台相关问题查找的方法。
4. 能够掌握跨境电商平台下的产品售价计算方法。

跨境电商平台运营

素养目标

1. 通过学习，引导学生肩负起时代责任和历史使命。
2. 培养学生的民族自豪感和爱国情怀。

思维导图

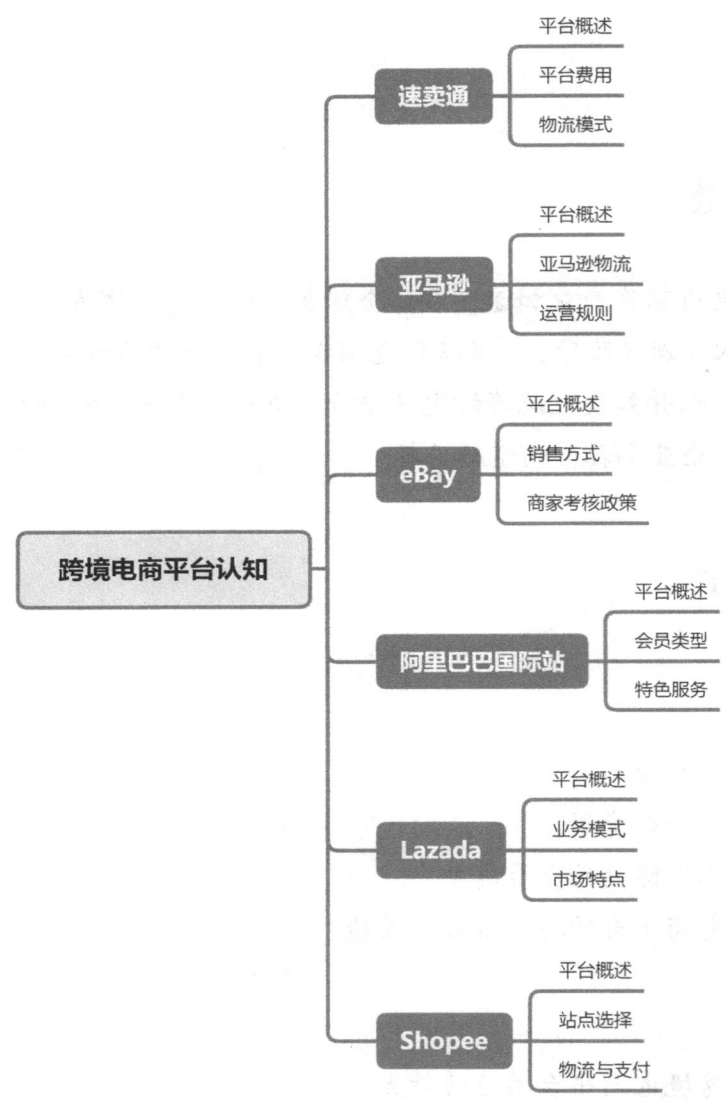

自学探究

请同学们对本项目即将讲解的主要内容进行资料查询与学习，自主思考，完成表1-1。

表 1-1　本项目的主要内容

知识内容	经验认知	资料结论	自我总结
速卖通			
亚马逊			
eBay			
阿里巴巴国际站			
Lazada			
Shopee			

任务一　速卖通

一、平台概述

速卖通（AliExpress，全称为"全球速卖通"）是面向海外终端消费者，通过支付宝国际账户进行担保交易，并使用国际物流渠道运输发货的英文在线购物网站，首页如图 1-1 所示。速卖通于 2010 年 4 月上线，目前已经开通了 18 个语种的站点，覆盖全球 200 多个国家和地区，支持全球 51 个国家的当地支付方式，主要交易市场为俄罗斯、美国、西班牙、巴西和法国等。根据 SimilarWeb 的数据，速卖通每月访客量高达 4 亿人次，海外成交买家数量突破 1.5 亿人。

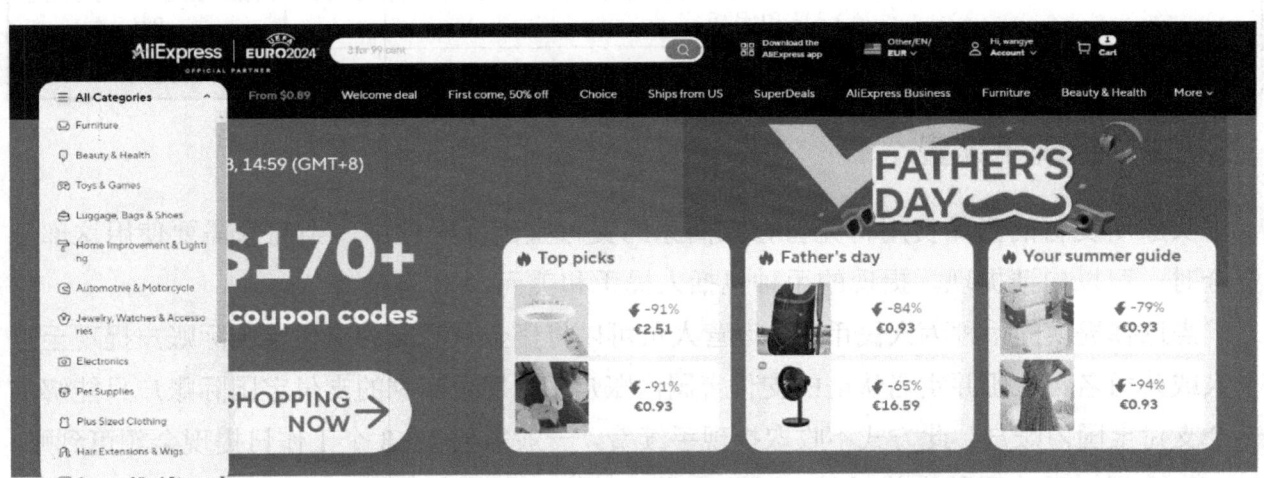

图 1-1　速卖通首页

二、平台费用

速卖通收取的费用主要有四种:交易佣金、提现手续费、广告费、保证金。

(一) 交易佣金

速卖通会在交易完成后,就商家享受的信息发布技术服务,根据商家订单成交总金额(包含商品金额和运费),按一定比例收取交易佣金(交易手续费)。商品的交易佣金按照该商品所属类目的佣金比例收取,运费的交易佣金目前是按照5%的比例收取的。速卖通部分类目佣金比例如表1-2所示。

表1-2 速卖通部分类目佣金比例

类目	佣金比例
家用电器	5%
办公及学习用品	8%
美容与健康	8%
家具	5%
女装	8%
假发	10%
内衣	8%
鞋子	5%
男装	8%
母婴用品	8%
箱包	8%
灯光和照明	8%
手表	8%
玩具和娱乐	8%
家居园艺	8%

(二) 提现手续费

买家所支付的商品费用将先暂存在商家的支付宝国际账户中,当商家需要使用这部分资金时,可以申请提现,提现的币种包括人民币和美元。

当选择提现的币种为人民币时,运营人员可以将资金从商家的支付宝国际账户提现至以个人或公司名义注册并实名认证的支付宝国内账户中,每个商家的支付宝国际账户只能绑定一个支付宝国内账户。此方式不收取提现手续费,一般需要1~3个工作日提现金额可到账。

当选择提现的币种为美元时,运营人员可以将资金从商家的支付宝国际账户提现至个人或公司的银行卡，但需要注意该银行卡不能是信用卡，必须是借记卡。每个商家的支付宝国际账户能绑定 3 张银行卡。以此种方式提现时，每笔需要交纳 15 美元的手续费，一般需要 7 个工作日提现金额可到账。

（三）广告费

速卖通为扩充收入来源，通过提供广告服务收取费用。速卖通提供的广告服务有两种：一种是直通车，按点击付费（CPC），展现不付费；另一种是联盟营销，即联合各类海外媒体提供一站式付费流量解决方案，按成交付费（CPS）。

（四）保证金

每个速卖通账户只准选取一个经营范围，但可在该经营范围下选取一个或多个经营大类。保证金按店铺入驻的经营大类收取，如果店铺入驻多个经营大类，则保证金为多个经营大类中的最高金额。如果商家在经营期间，违反速卖通平台规则，则平台将会从保证金里进行扣款。如果商家退出经营且不存在违规违约等被扣费行为，那么保证金将全额原路返还给商家。

三、物流模式

速卖通支持以下三种物流模式，分别是跨境物流模式、海外仓模式和优选仓模式。

（一）跨境物流模式

为确保商家可以放心地在速卖通平台上经营，帮助商家降低物流不可控因素的影响，速卖通与菜鸟网络联合推出物流服务，即无忧物流，为商家提供包括国内揽收、国际配送、物流详情追踪、物流纠纷处理、售后赔付在内的一站式物流解决方案。

（二）海外仓模式

海外仓模式是指商家提前备货到海外的仓库，待买家下单后，商品将直接从海外仓发出，从而大幅缩短物流时间、更好地保障物流时效性，这对提升买家满意度尤其重要。此外，海外仓模式还能解决商家类目拓展的瓶颈，帮助商家大货、重货出海。因此，海外仓项目成为速卖通和菜鸟网络协同打造的重点项目。目前，速卖通平台上可设置 22 个国家的海外仓服务发货权限，西班牙、法国、比利时、波兰四国已开通官方仓服务。

（三）优选仓模式

优选仓是速卖通推出的"商品端到端"的官方跨境供应链服务，为商家提供仓配一体

跨境电商平台运营

的综合解决方案，也为商家提供爆品孵化、供应链计划、全自动订单履约、无忧物流全球配送等能力支持。优选仓是从中国发货的，而海外仓是从目的国当地发货的。这就需要商家提前备货至速卖通国内优选仓，当商家收到订单时优先从优选仓发货，库存不足时商家自己发货。目前，优选仓在东莞、杭州、义乌、许昌、威海、中国香港等地均有仓库。

一、任务目标

本任务的实操演练活动要求根据提供的任务背景，结合所学知识，完成速卖通禁限售商品的查找。

 任务背景

某传统贸易公司最近需要拓展业务渠道，计划在速卖通平台上开设店铺，由于公司的经营品类众多，因此在选择线上店铺经营范围前，需要先了解速卖通的禁限售商品规则。另外，该公司的业务核心是儿童玩具，需要了解清楚速卖通是否对儿童玩具类商品有限制及具体是什么限制。

二、任务内容

速卖通提供丰富的商品类目，并最大限度地给予了商家经营范围的自由。为了避免经营过程中受到处罚，商家不得不在经营前了解速卖通的禁限售商品规则。

步骤 1：登录速卖通服务大厅，在搜索框中输入"禁限售商品"，如图 1-2 所示。

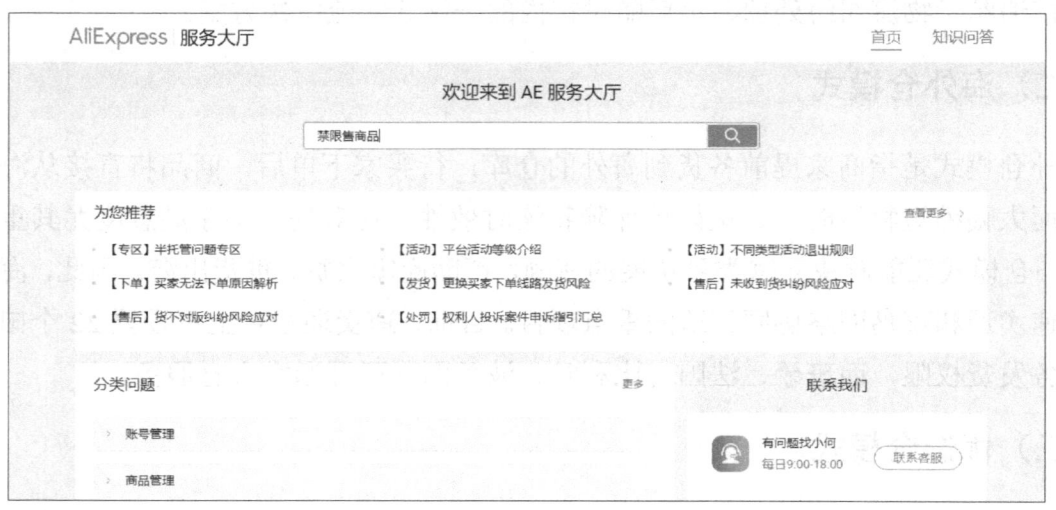

图 1-2 速卖通服务大厅

步骤 2：在搜索结果中，找到"禁限售商品规则"展开学习，并对禁止销售的商品和限制销售的商品分开整理，完善表 1-3。参考步骤 1，继续了解对儿童玩具类商品是否有销售限制及限制内容。

表 1-3　速卖通禁限售商品

禁止销售的商品	限制销售的商品
毒品、易制毒化学品及毒品工具	医疗器械

三、任务评价

完成演练活动后，根据活动过程的表现进行三方评价与打分，完成表 1-4。

表 1-4　速卖通实训评价表

活动名称	速卖通禁限售商品查找			
完成方式	独立完成			
演练内容	评价点	自我评价	小组评价	教师评价
实训活动（100 分）	能够了解速卖通平台概况（15 分）			
	能够查询禁限售商品规则（35 分）			
	能够知悉速卖通限制销售商品的要求（25 分）			
	能够知悉速卖通禁止销售商品的清单（25 分）			
合计				
综合得分（满分 100 分，其中自我评价占 20%，小组评价占 20%，教师评价占 60%）				
存在的主要问题				

任务二 亚马逊

知识速递

一、平台概述

亚马逊（Amazon）是美国最大的一家网络电商公司，是网络上最早开始经营电商的公司之一。亚马逊成立于1994年，一开始只经营书籍类销售业务，现在则扩大到其他商品，已成为全球商品品种最多的网上零售商和全球第二大互联网企业。

2004年8月，亚马逊全资收购卓越网，将亚马逊全球领先的网上零售专长与卓越网深厚的中国市场经验相结合，进一步提升了客户体验，并促进了中国电商的成长。

亚马逊为客户提供了数百万种全新、翻新及二手商品，如图书、影视、音乐和游戏、电子产品、家居园艺用品、玩具、婴幼儿用品、食品、服饰、鞋类、珠宝、健康和个人护理用品、汽车及工业商品等。亚马逊首页如图1-3所示。

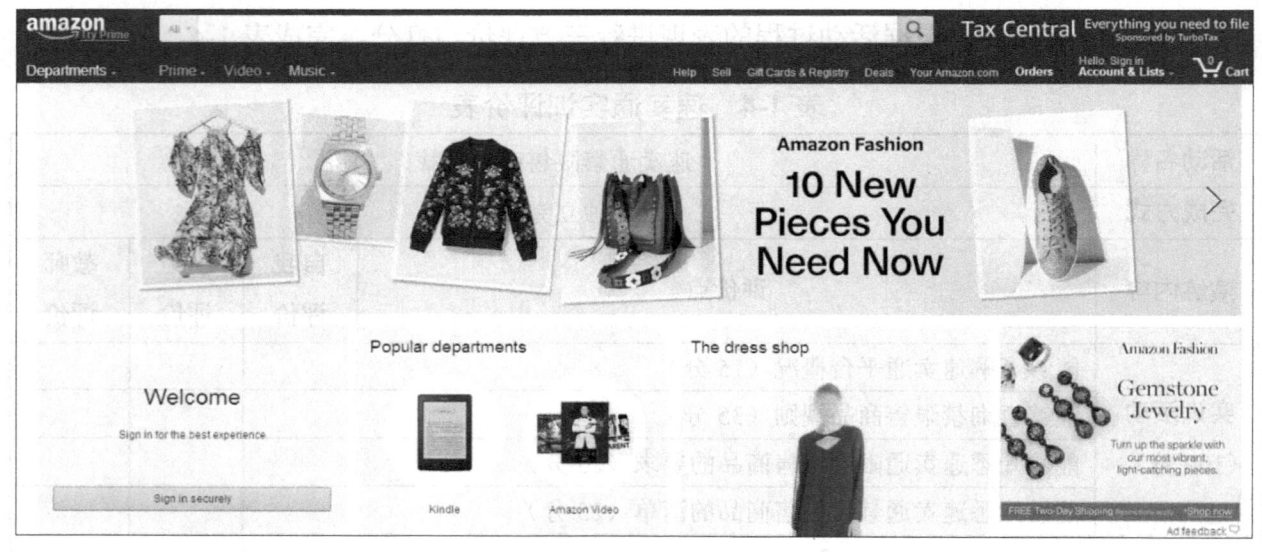

图1-3 亚马逊首页

二、亚马逊物流

（一）认识亚马逊物流

亚马逊物流（Fulfillment by Amazon，FBA）是亚马逊提供的代发货业务。商家先将商品发往亚马逊仓库，再由亚马逊提供仓储、拣货、打包、配送、收款、退货处理等一系列物流服务，因此亚马逊会向商家收取一定的费用。

对于买家来说，FBA有以下优点：一是可以缩短收货时间，亚马逊有丰富的物流经验和成熟的物流系统，仓库遍布全世界，能够缩短买家的收货时间，提升其购物体验，相比之下，在亚马逊上购物的买家更倾向购买由亚马逊进行配送的商品；二是商品更有保障，有些买家不愿在第三方商家的店铺购买商品，而更相信由亚马逊配送的商品，这是因为进入亚马逊仓库的商品，不仅要经过商家挑选，还要经过亚马逊把关，质量更有保障；三是买家如果对购买的商品不满意，可以联系亚马逊客服直接将商品退回，这对于买家而言更有保障。

对于商家来说，FBA可以提高流量与转化率。商家选择FBA，可以提高商品曝光率，有助于提高商品排名，增加获得Buy Box（黄金购物车）的可能性，从而让商品被更多的买家选择，增加商品销量。如果商品评价中有关于FBA的负面评价，也可以由亚马逊移除，降低商家的负面影响。

（二）适合使用FBA的商品

（1）质量过硬的商品。使用FBA的商家要进行备货，并将商品送至亚马逊仓库中，因此不适合铺货模式。一般建议商家对商品进行挑选，选择质量过硬的商品，这样的商品一般不会出现退换货的情况，可以减少商家损耗，同时也会降低商家货物积压的风险。

（2）体积小、利润高的商品。商品体积小，易于运输，可以节约成本。但是不建议为了节约成本，而将商品定价设置得过低。因为使用FBA会产生相关的手续费和交易费用，所以商品定价过低，利润也会降低。建议将使用FBA的商品定价在6美元以上。

（三）FBA费用的计算公式

FBA费用=物流配送费用+月仓储费用+库存配置服务费

1. 物流配送费用

商家使用FBA，需要向亚马逊交纳物流配送费用，一般按件交纳。每件的物流配送费用与该件商品的重量、尺寸有关，并且物流配送费用在不同时期也会有所调整。例如，每年10月至次年1月是销售旺季，亚马逊会额外收取销售旺季配送费用。对于使用美国和加拿大FBA销售的商品，销售旺季配送费用为平均每件商品0.35美元。

2. 月仓储费用

亚马逊的商品根据尺寸可以分为标准尺寸商品和超标准尺寸商品；根据性质，可以分为媒介商品和非媒介商品。商家销售的商品绝大部分是标准尺寸的非媒介商品，因此需要在亚马逊仓库中进行存放，按时间向平台交纳仓储费用。一般按照货物所占体积（立方英尺）进行收费，月仓储费用每年会有1次或2次调整，并且由于有销售淡旺季，所以每年2月至9月的仓储费用会比10月至次年1月的仓储费用便宜。

3. 库存配置服务费

默认情况下，在商家制订入库计划后，所有商品可能会被拆分为多个货件，发往不同的收货中心或运营中心（称为"分布式库存配置"），以方便不同地方的买家更快速地收到商品，但这样会增加商家的头程费用。为了降低这部分费用，商家可以使用库存配置服务，并将所有符合条件的商品发往同一个收货中心或运营中心。货件抵达后，由亚马逊再对货件进行拆分并将其发往不同的收货中心或运营中心。此项服务按件收取费用。

三、运营规则

亚马逊的运营推广策略和国内电商平台有很大不同，如果想参加亚马逊组织的促销活动，则要根据商品以往的销售记录和综合评分来判断是否可以入选。亚马逊有其独特的运营规则，具体如下。

（一）跟卖

1. 认识跟卖

如果商家 A 创建了一个商品页，其他有同款商品（商品品牌、外观、包装、功能、颜色、大小等都一样）的商家看见后，也想跟着售卖这个商品，于是出现了不同商家在共用同一个商品页的情况，这就是跟卖。

如图 1-4 所示，亚马逊出售的床单被罩拥有 Buy Box，单击右下角的其他商家框，即可看到还有哪些商家在售卖该商品，以及具体价格和配送时间等信息。

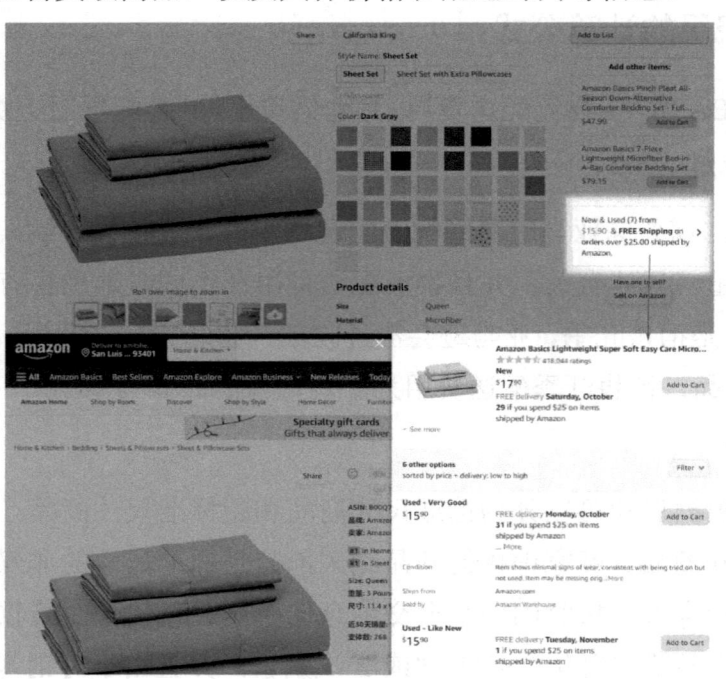

图 1-4　其他跟卖商家

2. 跟卖的特点

（1）被跟卖的商品一般都是比较畅销的商品，因此跟卖该商品能够快速获取流量，增加自己店铺的订单量，同时带动店铺中其他商品的销量。对于新商家来说，跟卖是一条不错的捷径。

（2）跟卖方可以直接利用被跟卖方创建好的商品页面，无须再次创建，管理非常方便。

（3）跟卖是一种高风险、高收益行为，其中最大的风险莫过于被有授权的商家、品牌商或买家投诉，导致账户受限或被封。

3. 参与跟卖的方法

在商品的详情页中找到被跟卖商品的ASIN，之后登录亚马逊商家后台通过搜索ASIN，找到该商品的链接，选择销售货物的状态（全新、二手、翻新商品、收藏品）后，填写自己的价格和发货方式即可售卖，如图1-5所示。

图1-5　选择销售货物的状态

4. 取消跟卖的方法

如果商家不小心跟卖了有品牌保护的商品，又或者中途不想再跟卖了，那么可以直接停售跟卖商品，或者将库存改为0，取消跟卖。

（二）Buy Box

Buy Box位于商品页面的右侧，是买家浏览时最容易看见的黄金位置。只要买家单击"Add to Cart"按钮，就可以把该位置上商家的商品放到自己的购物车中，如图1-6所示。在同一时间段里，只有一个商家有在Buy Box位置展示的机会。

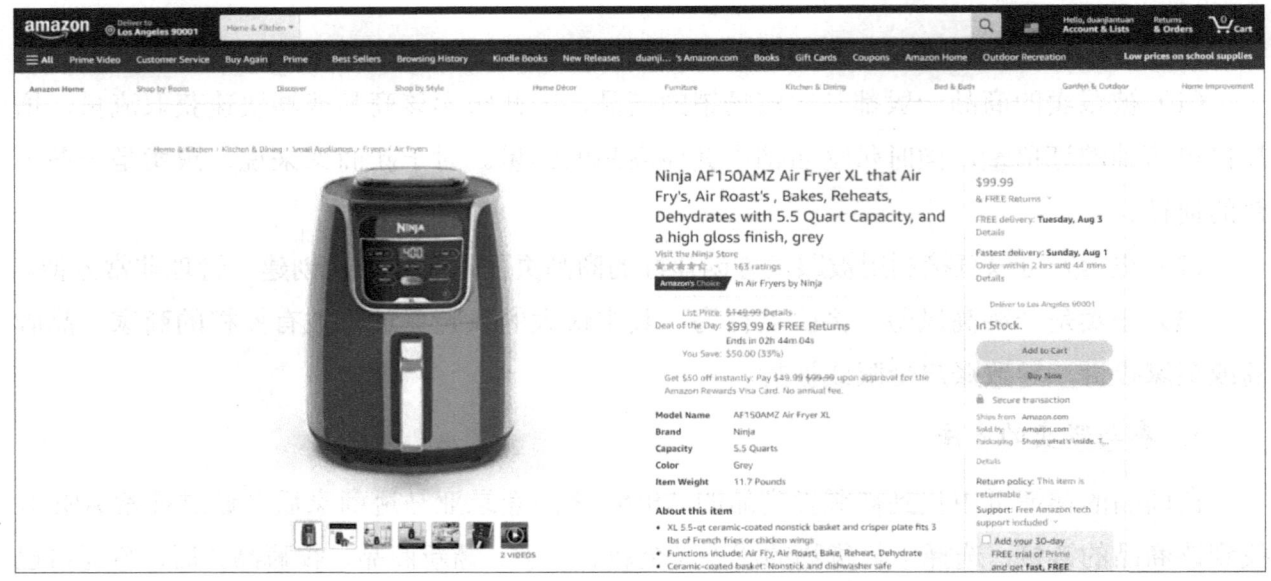

图1-6　Buy Box

在亚马逊平台的运营推广策略中，抢占Buy Box是其中最重要的一个策略，有无Buy Box意味着是否有机会获得大量的订单。

系统通过计算商家的综合素质决定将Buy Box位置分配给哪个商家的商品，其影响因素主要如下。

（1）配送方式：使用FBA将增大商家获得Buy Box的概率。

（2）有竞争力的价格：尽管过高的价格会削弱商品的竞争力，但低价策略亦不是万能的。卖家在全面核算综合成本后，可制定略低于市场价格的定价，以此提升商品在购物车中的占有率。

（3）商家评分：是商家过去一年交易的综合评分，越近期的交易评分在综合评分中所占的比重越大。

（4）运送时间：亚马逊对运送时间的要求很高，亚马逊判断运送时间的标准分为0～2天、3～7天、8～13天、14天。

（5）商品必须有库存。

（6）亚马逊表现指标：商家在订单缺陷率（目标≤1%）、负反馈率、A-to-Z索赔率、信用卡拒绝支付率等指标上表现良好。

（7）商家在亚马逊上有销售记录。

（8）商品需要为全新状态。

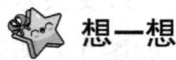 想一想

FBA对于商家来说有哪些弊端？

项目一　跨境电商平台认知

一、任务目标

本任务的实操演练活动要求根据提供的任务背景，结合所学知识，在亚马逊平台查找商品，体验亚马逊平台的购物流程，并整理归纳亚马逊平台上销售的商品有哪些特殊标志，深入了解这些标志的含义。

 任务背景

某运动水杯品牌即将在亚马逊平台上销售自己的商品，但是对于亚马逊平台还相对陌生，运营人员在熟悉亚马逊美国站页面和其竞争对手的商品时，注意到有不少特殊的标志，但不理解是什么意思。

二、任务内容

在浏览亚马逊美国站页面时，运营人员发现平台整体风格简约，商品展示均以白色背景的图片为主，但是不同的商品旁边有不同的标志，只有弄清楚这些标志都是什么意思，后续运营才能更加清晰、目标才能更加明确。

步骤1：在亚马逊平台首页，搜索"sport bottle"，搜索结果中最上面的商品下方有一个"prime"标志，如图1-7所示，利用搜索引擎查找该标志的含义。

步骤2：在搜索结果中某商品左上角有一个"Best Seller"标志，如图1-8所示，利用搜索引擎查找该标志的含义。

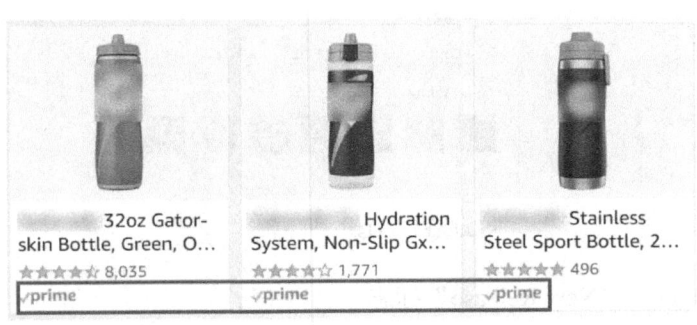

图1-7　"prime"标志　　　　　　　图1-8　"Best Seller"标志

13

步骤 3：在搜索结果中某商品下方有一个"Limited time deal"标志，如图 1-9 所示，利用搜索引擎查找该标志的含义。

步骤 4：单击某商品图片，进入该商品的详情页，在商品主图右侧，有一个"Amazon's Choice"标志，如图 1-10 所示，利用搜索引擎查找该标志的含义。

图 1-9　"Limited time deal"标志　　　　图 1-10　"Amazon's Choice"标志

步骤 5：单击另一商品图片，进入该商品的详情页，在商品主图右侧，有一个"New Release"标志，如图 1-11 所示，利用搜索引擎查找该标志的含义。

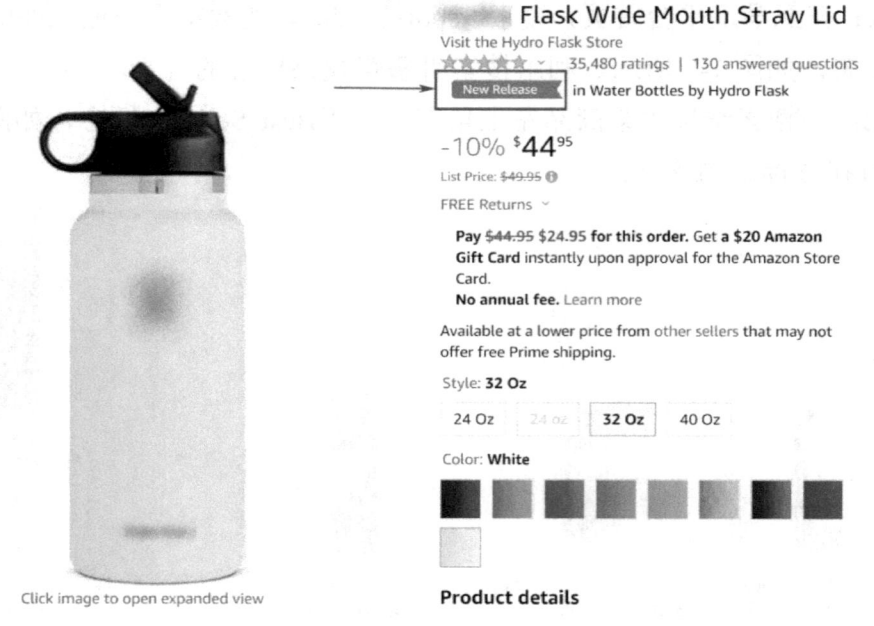

图 1-11　"New Release"标志

步骤 6：将上述查找结果整理并填写至表 1-5 中。

表 1-5　标志的含义

标志名称	含义

三、任务评价

完成演练活动后，根据活动过程的表现进行三方评价与打分，完成表 1-6。

表 1-6　亚马逊实训评价表

活动名称	认识亚马逊平台商品的标志			
完成方式	独立完成			
演练内容	评价点	自我评价	小组评价	教师评价
实训活动（100 分）	能够熟悉亚马逊商品页面（10 分）			
	能够查找并掌握亚马逊 "prime" 标志的含义（25 分）			
	能够查找并掌握亚马逊 "Best Seller" 标志的含义（20 分）			
	能够查找并掌握亚马逊 "Amazon's Choice" 标志的含义（20 分）			
	能够查找并掌握亚马逊 "New Release" 标志的含义（25 分）			
	合计			
综合得分（满分 100 分，其中自我评价占 20%，小组评价占 20%，教师评价占 60%）				
存在的主要问题				

任务三 eBay

一、平台概述

eBay 是一个让全球民众可以在网上买卖物品的拍卖及购物网站，首页如图 1-12 所示。eBay 于 1995 年成立于美国加利福尼亚州，目前已运营超过 28 年，持续为买卖双方提供交易安全保障和公平的交易环境。

eBay 中的商品目前拥有 4 万多个品类，包括 3C 电子、家具、收藏品、车辆等，连接全球 190 多个国家和地区，包括美国、英国、澳大利亚、中国、阿根廷、奥地利、比利时、巴西、加拿大、德国、法国、爱尔兰、意大利、马来西亚、墨西哥、荷兰、新西兰、波兰、新加坡、西班牙、瑞典、瑞士、泰国、土耳其等，拥有近 1.5 亿名活跃买家。

eBay 的雄心是将当日达送货服务推广到全美。它的计划是联合传统的快递公司，甚至是报社的送报车队，充分利用它们过剩的货运能力，提高物流速度。

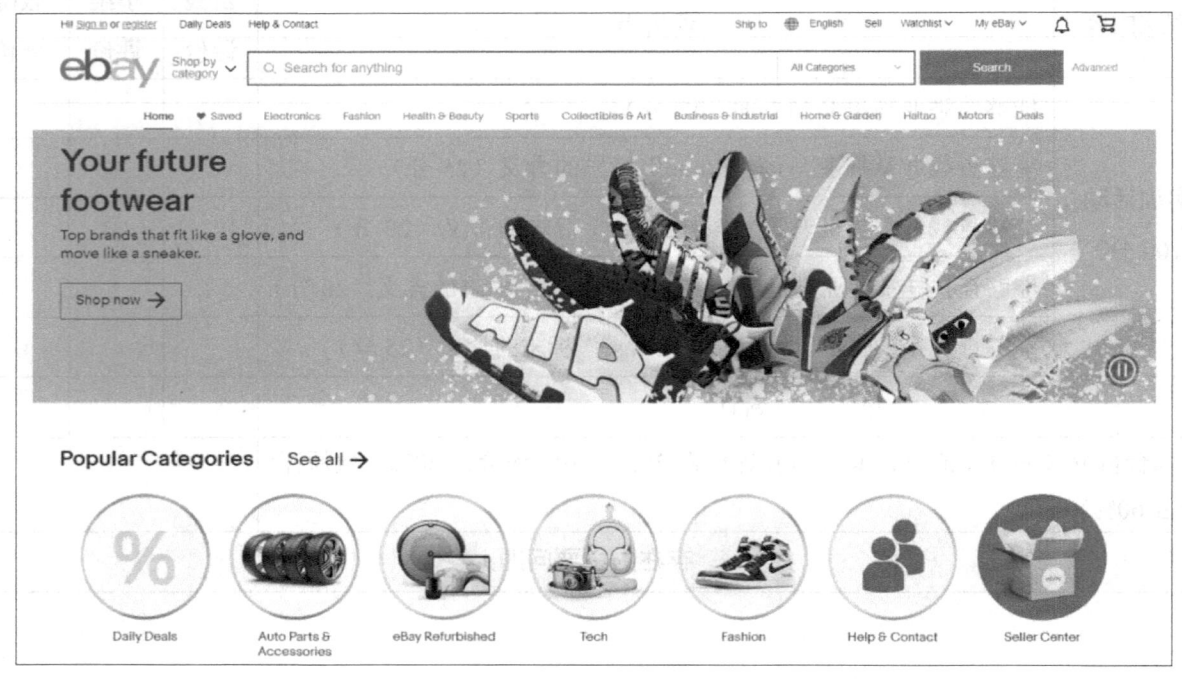

图 1-12 eBay 首页

二、销售方式

eBay 的销售方式有两种：拍卖和一口价。

（一）拍卖

eBay 自创立之初就是一个拍卖网站，直至今日，eBay 在销售方式上依然延续了拍卖的模式，这是 eBay 区别于其他平台的一大特色。拍卖即商家通过设定商品起拍价及在线时间，开始拍卖商品，并以下线时的高竞拍金额卖出，出价高的买家即为该商品的中标者。在 eBay 上以较低起拍价的方式开始拍卖商品，能激起买家的兴趣，使其踊跃参与竞拍。而且，在搜索排序规则中，即将结束的拍卖物品还会在"Ending Soonest"排序结果中获得较高排名，得到更多免费的曝光机会。

适合拍卖的商品主要有以下特点。

（1）有特点的商品，明显区别于市场上常见的其他商品，并且是有市场需求的。

（2）库存少的商品。

（3）非职业商家偶尔销售的商品。

无法判断商品的准确价值时，可以设置一个能接受的起拍价，由市场决定最终价格。

（二）一口价

一口价是指商家以定价的方式来销售商品，这种销售方式能够使买家快速、便捷地购买商品。以一口价方式销售的商品最长在线时间是 30 天，商家可以预先设置好商品说明和商品描述，使商品展示更有效果。一口价方式具有议价功能，商家可以免费开启此功能，若商品最后的成交价是议价后的价格，则商家要按照成交金额支付一定的成交费（交易佣金）。在刊登商品时，可采用"多数量商品刊登"的方式，一次性完成大量商品的刊登，操作简单、快捷。

适合以一口价销售的商品主要有以下特点。

（1）有大量库存的商品。

（2）有丰富的 SKU，可以整合到一次刊登中。

（3）需要长时间在线销售的商品。

（4）商家希望有固定可控利润的商品。

三、商家考核政策

（一）商家级别

eBay 会根据商家的销售历史记录和向买家提供的服务质量，在每个月的 20 日评估商家级别。

1. 优秀评级

优秀评级商家是 eBay 上的最佳商家，能够提供卓越的客户服务品质，并满足优秀评级商家的最低销售条件。具体条件：拥有活跃至少90天的eBay账户；过去12个月内，与买家进行至少100次交易，销售额至少为1000美元；遵守eBay销售守则政策；满足不良交易率、未经商家解决而关闭的个案及延迟运送率的要求。

如果是优秀评级商家，只要符合刊登条件，便可享受超优秀评级商品刊登优惠。超优秀评级的权益：享有超优秀评级商家徽章，会在搜索结果和商品刊登描述中突出显示；享有10%的交易佣金折扣。

2. 合格

合格是eBay对商家评级的最低标准，表示该商家现阶段十分关注自己的客户。

3. 不合格

不合格商家是指其未达到eBay对客户服务品质的一项或多项最低要求。

（二）商家表现评估

eBay每月都会评估商家表现。在每次评估中，eBay都会通过商家最近的交易数量来进行整体评估。例如，如果商家过去三个月的交易数量为400笔及以上，那么eBay会对商家这三个月的表现进行评估；如果过去三个月的交易数量少于400笔，那么eBay会对商家过去12个月的表现进行评估。这样有助于eBay对商家进行尽可能公平的评估。

eBay的商家服务评分包括四个维度，即商家对商品描述的准确程度、商家是否与买家积极沟通、商家的发货速度、商家设置的运费及处理费是否合理，统称为商家服务评级系统（Detail Seller Rating，DSR）。商家服务评分是5分制，以5颗五角星代表分数，5分最高，1分最低。交易成功后，买家可以选择给商家打分。商家服务评分以五角星的形式显示在商家的信用评价档案里。

（三）不良交易率

1. 认识不良交易率

不良交易率是指具有下列一个或多个不良交易记录的交易所占的百分比：
（1）商家未解决问题即关闭eBay退款保障个案或纠纷；
（2）商家发起取消交易的请求。

2. 计算原则

（1）公式：

$$不良交易率 = 不良交易记录数 \div 总交易数 \times 100\%$$

（2）同一笔交易中涉及多项问题的，只计算一笔。

（3）只有已完成的交易才被计入分母，这意味着因买家原因取消交易和买家出价不买的情况不计入其中。

3. 具体要求

在评估期内，eBay 对于不同商家的不良交易率提出了不同的要求，具体如表 1-7 所示。

表 1-7 不良交易率的要求

要求	所有商家	eBay 优秀评级商家
不良交易率的最大百分比	2%	0.5%

任务实操

一、任务目标

本任务的实操演练活动要求根据提供的任务背景，结合所学知识，在 eBay 客户服务中心了解该平台的收费模式和收费明细，并制定商品价格。

 任务背景

某企业是一家销售手表的企业，在美国一直专注于线下商场和超市，现在想开拓线上市场，经过调研准备从 eBay 入手。运营人员很清楚商品的材料成本（23 美元）及商品的运输成本（包括从中国运送到美国加利福尼亚州仓库的运输成本及该仓库到美国各地区的平均运费，共 16 美元），现在需要弄清楚在 eBay 上进行一口价销售时需要交纳哪些费用及具体金额，方便后续制定商品价格。

二、任务内容

（一）查找销售

在制定商品价格前，需要明确商品的材料成本、运输成本和销售费用都有哪些。

步骤 1：登录 eBay 客户服务中心，如图 1-13 所示，并在搜索框中输入"费用"进行搜索。

图 1-13 登录 eBay 客户服务中心

步骤2，在搜索结果中找到"销售费用"，了解eBay的销售费用都包括哪些及具体费用计算方式，填写表1-8。

表1-8 eBay的销售费用

费用名称	含义	收费比例/收费金额
刊登费		
成交费		

（二）计算商品价格

在了解了eBay的销售费用后，运营人员需要计算并制定商品价格。

步骤1：明确商品的毛利润。在平台销售商品最终是为了盈利，因此需要先规划清楚商品的毛利润。该商品在美国线下销售时，利润率为40%，现在计划在线上销售，为了开拓市场，愿意在销售前期将利润率缩减至20%。

步骤2：制定价格。

商品价格=材料成本+运输成本+销售费用（刊登费+成交费）+商品毛利润

请结合材料背景和前序任务，完成商品价格的计算，并填写表1-9。

表1-9 商品价格表

单位：元

商品价格	材料成本	运输成本	刊登费	成交费	商品毛利润

三、任务评价

完成演练活动后，根据活动过程的表现进行三方评价与打分，完成表1-10。

表1-10 eBay实训评价表

活动名称	了解eBay销售费用及制定商品价格			
完成方式	独立完成			
演练内容	评价点	自我评价	小组评价	教师评价
实训活动 （100分）	能够掌握eBay的销售方式（10分）			
	能够掌握eBay收取的费用分类（10分）			
	能够掌握eBay销售费用的计算方法（20分）			
	能够熟练使用eBay客户服务中心（20分）			
	能够完成商品价格的计算（40分）			

续表

合计			
综合得分（满分 100 分，其中自我评价占 20%，小组评价占 20%，教师评价占 60%）			
存在的主要问题			

任务四　阿里巴巴国际站

一、平台概述

阿里巴巴国际站是阿里巴巴集团最早创立的业务板块，首页如图 1-14 所示。阿里巴巴国际站是目前全球领先的 B2B 跨境电商平台，服务全世界数以千万计的采购商和供应商。阿里巴巴国际站为买方提供了丰富的商品和工厂以供选择，使买家可以快速找到适合的商品和工厂，从而达成交易。阿里巴巴国际站在提供店铺装修、商品展示、营销推广、生意洽谈及店铺管理等全系列线上服务和工具的基础上，还提供了一站式付款、结算、通关、退税、物流等服务，使贸易流通环节更加便利和顺畅。阿里巴巴一达通操作平台首页如图 1-15 所示。

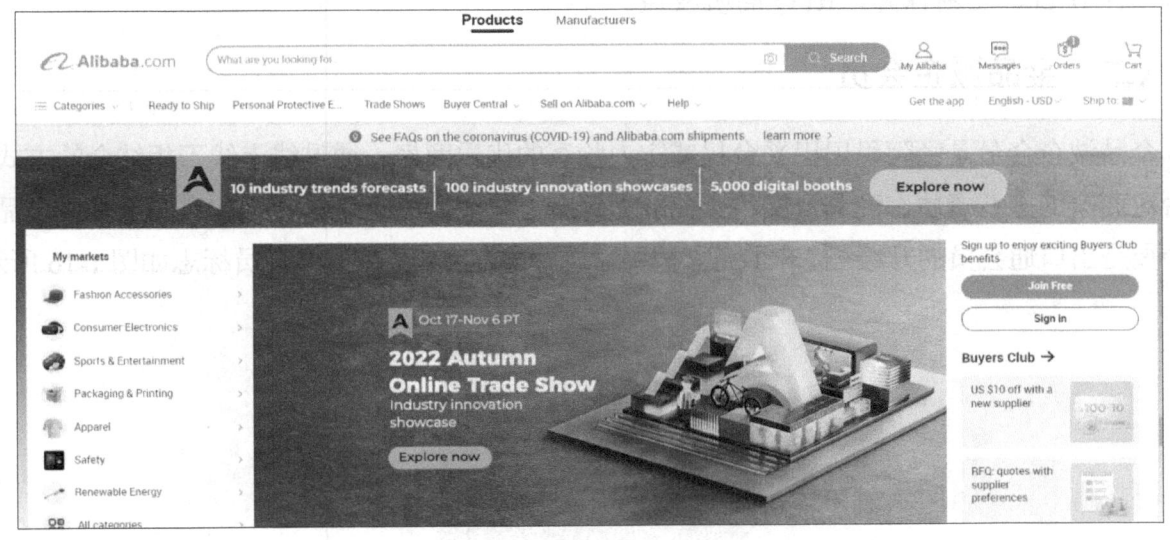

图 1-14　阿里巴巴国际站首页

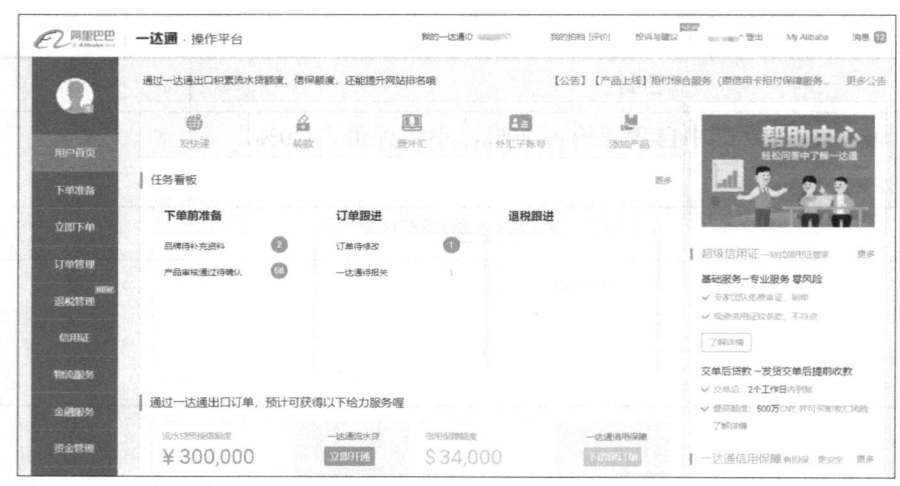

图 1-15 阿里巴巴一达通操作平台首页

二、会员类型

商家想通过阿里巴巴国际站获取商机、参与交易，必须注册成为会员。在我国，会员主要有出口通会员（Gold Supplier）和金品诚企会员（Verified Supplier）两种类型，会员每年要交纳一定的会员费，才能享受网站提供的各项服务，目前会员费是阿里巴巴国际站最主要的收入来源之一。

（一）出口通会员

出口通会员是阿里巴巴国际站基础付费会员。商家可以在平台上进行商品和公司的宣传推广，拓展更多的海外买家并达成线上订单。目前，出口通会员按年交纳基础服务费（29 800 元/年），其中包括的基础服务有基础建站、基础版客户通、基础版数据管家、基础版外贸工作台、交易保障、RFQ 商机权益。

（二）金品诚企会员

金品诚企会员是经阿里巴巴平台权威实力验真的优质商家。通过线上线下相结合的方式，平台对商家的企业资质、商品资质、企业能力等全方位实力进行认证验真和实力透传。金品诚企会员是出口通会员的升级，提升了商家被买家选择的概率。金品诚企会员标志如图 1-16 所示。

图 1-16 金品诚企会员标志

金品诚企会员按年付费（80 000 元/年），其中包含的服务有基础服务、认证服务（如实地认证、企业能力评估报告、主营商品认证、验厂视频、360 全景验厂、认证验真及透传等）、营销权益（如 8 组共 40 个橱窗等）、升级服务（如专属旺铺、10 个高级子账号、数据管家行业版）等。

三、特色服务

（一）信用保障服务

阿里巴巴国际站的信用保障服务是全球第一个跨境 B2B 的第三方交易担保服务。信用保障服务需要商家自行手动开启，开启该服务无须交纳任何费用。阿里巴巴国际站根据商家线下真实贸易数据为商家评估一个信用保障额度。对于信用保障订单，一旦交易过程中在资金、交货时间或质量等方面出现问题，阿里巴巴国际站将会在额度范围内根据合同约定为商家背书，给买家提供保障，为买卖双方提供贸易安全保障及服务。

开启信用保障服务后，商家在阿里巴巴国际站上会显示如图 1-17 所示的标志，商家在阿里巴巴国际站上的外贸交易数据将透明、清晰地被展示给买家，形成网上交易信息流、物流和资金流的完整闭环。通过交易数据展示、优先展示等方式，信用保障服务为买家全方位、多维度地展示了商家的综合实力，从而有效地促成订单的快速转化。

图 1-17 信用保障服务标志

对于商家而言，使用信用保障服务，可以积累交易等级、交易评价等，从而提高自身的排名，有更多的机会展示在目标买家眼前，取得买家的信任。对于买家而言，信用保障服务是由除商家、买家以外的第三方进行担保的，保证了线上交易的安全；同时可以监督商家按时发货，使买家可以及时收到商品；对货物提供多重质保措施，使买家能买到满意的商品。

（二）一达通

一达通是中国外贸服务创新模式的代表，也是中国服务企业最多、地域最广的外贸综合服务平台，为商家提供快捷、低成本的通关、外汇、退税及配套的物流、金融服务，以电商手段解决外贸企业的服务难题。这一揽子外贸服务解决方案即一达通外贸综合服务。

一达通出口综合服务，即"3+N"，是指在一达通服务中通关、外汇、退税三项基础服务需要同时使用。

一达通出口代理服务，即"2+N"，是指外贸企业或其他出口企业受委托单位的委托代办出口货物销售的一种出口业务。

任务实操

一、任务目标

本任务的实操演练活动要求根据提供的任务背景，结合所学知识，利用阿里巴巴国际站后台了解平台注册账号的相关要求。

 任务背景

某家电公司因经营需求，计划在阿里巴巴国际站上新开多个店铺，运营人员现在需要查询阿里巴巴国际站的规则，了解如下信息：
（1）平台是否允许公司注册多个账号；
（2）是否可以租借其他公司的经营资质进行注册。

二、任务内容

（一）查找注册账号的要求

步骤1：打开阿里巴巴国际站平台规则首页，在搜索框中输入"阿里巴巴国际站规则总则"进行搜索，如图1-18所示。

图1-18　搜索"阿里巴巴国际站规则总则"

步骤2：在搜索结果中找到最新的总则，并进入总则界面，如图1-19所示。

图 1-19　阿里巴巴国际站规则总则

步骤 3：在总则页面中搜索"多账号"，找到关于多账号的规定，如图 1-20 所示。可以得出，该公司可以在阿里巴巴国际站申请多个账号。

第十条【多账号】

会员因合理和正常经营需要经国际站同意，可以申请注册多个账号，但不得利用多个账号规避国际站的正常市场管控或实施违背诚信原则、损害其他会员合法权益的行为。

图 1-20　多账号的规定

（二）查找是否可以租借其他公司的经营资质

步骤 1：打开阿里巴巴国际站平台规则首页，在搜索框中输入"阿里巴巴国际站规则总则"进行搜索。

步骤 2：在搜索结果中找到最新的总则，并进入总则界面。

步骤 3：在总则界面中搜索"经营资质"，找到关于注册规范的规定，如图 1-21 所示。可以得出，该公司不得租借其他公司的经营资质。

第九条【注册规范】

会员应以自身名义注册国际站账号，不得有如下行为：
（一）盗用、冒用、借用他人名义或非法使用他人经营许可资质文件注册；
（二）向他人出租、出借自有经营资质许可文件注册；
（三）使用伪造、变造、过期、失效经营资质许可文件注册；
（四）注册信息中包含有违反相关国家法律法规，涉嫌侵犯他人权利或干扰国际站正常运营秩序的信息。

图 1-21　注册规范的规定

三、任务评价

完成演练活动后，根据活动过程的表现进行三方评价与打分，完成表 1-11。

表 1-11　阿里巴巴国际站实训评价表

活动名称	了解阿里巴巴国际站注册规则			
完成方式	独立完成			
演练内容	评价点	自我评价	小组评价	教师评价
实训活动（100 分）	能够打开阿里巴巴国际站平台规则首页（15 分）			
	能够掌握阿里巴巴国际站会员类型（15 分）			
	能够熟悉阿里巴巴国际站规则总则的内容（15 分）			
	能够查询阿里巴巴国际站的规则（55 分）			
合计				
综合得分（满分 100 分，其中自我评价占 20%，小组评价占 20%，教师评价占 60%）				
存在的主要问题				

任务五　Lazada

知识速递

一、平台概述

Lazada（来赞达）于 2012 年在东南亚正式成立，面向印度尼西亚、菲律宾、越南、泰国、马来西亚五大市场。2016 年，Lazada 开设第六个站点——新加坡站。Lazada 马来西亚站首页如图 1-22 所示。

图 1-22　Lazada 马来西亚站首页

2016 年，阿里巴巴向 Lazada 投资，并在 2017 年增资，将 Lazada 体系与阿里体系打通，在平台、商品及物流等方面对其进行了战略升级和赋能。

2021 年，Lazada 年度活跃买家数量达到 1.3 亿人，销售额突破 210 亿美元，福布斯 Top100 品牌中有 80%已入驻 LazMall。

目前，阿里巴巴与 Lazada 合作开发"航海者项目"，为 Lazada 提供未来几年最具可扩展性和竞争力的商品及技术解决方案；在物流方面，Lazada 依托菜鸟的物流体系，在东南亚六国 17 个城市建立了 30 多个仓库和"最后一公里"配送中心，80%的订单依托完善的仓配体系实现交付，"最后一公里"网络覆盖率达 70%。此外，Lazada 在东南亚六国建立了超过 3000 个自提点，方便买家取货；在支付方面，Lazada 是东南亚地区第一家支持买家货到付款的电商公司，并利用蚂蚁金服技术，严控支付风险，提供多种支付方式，给买家提供了更安全便捷的支付体验。

二、业务模式

Lazada 主要的业务模式为 Lazada Marketplace、LazMall 和 LazGlobal。

（一）Lazada Marketplace

Lazada Marketplace 于 2013 年推出，为商家提供可接触数百万新买家的即时渠道，以及安全支付、客户关怀支持、分销网络和市场分析等一系列服务，旨在帮助商家销售更多商品。目前，Lazada Marketplace 的商家共可销售 18 个品类的商品，包括移动设备、家用电器、健康美容、家居生活、母婴等快速增长品类。

（二）LazMall

LazMall 于 2018 年推出，有超过 18 000 个国际和本地品牌入驻。LazMall 为买家提供高保障的品牌、服务和商品质量，为零售行业设下新标准。例如，买家在 LazMall 买到的商品保证 100%为正品，享有 15 天退换货保障及次日达的配送服务。对入驻的品牌和商家来说，LazMall 为其提供了定制化的服务模式。LazMall 印度尼西亚站首页如图 1-23 所示。

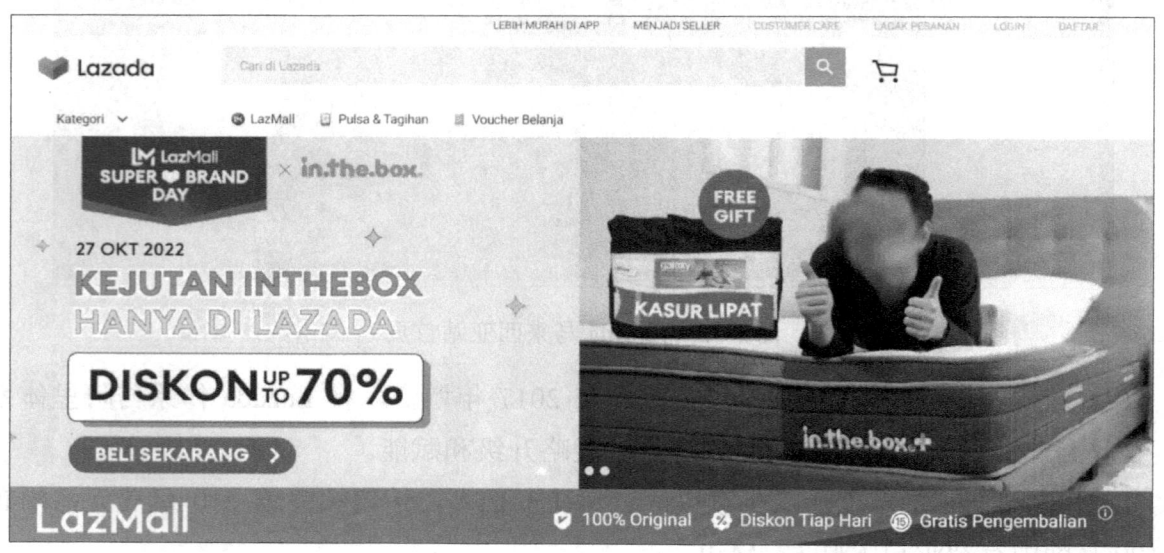

图 1-23　LazMall 印度尼西亚站首页

（三）LazGlobal

LazGlobal 是 Lazada 的跨境业务，为东南亚买家提供来自全球的品牌供给，即将来自中国、日本、韩国、美国及欧洲各国等市场的品牌和商家引入 Lazada，同时利用阿里巴巴的技术进行基础设施建设和物流网络布局，在买家下单后最快当日即可送达。目前，中国商家可以以中国的公司资质在 Lazada 上开店，Lazada 的跨境业务团队会向商家提供相应的支持和帮助。

在此业务模式下，平台与商家签署一份合同，商家即可进入东南亚六国市场售卖；商家可以利用 Lazada 平台工具，发布一次商品，并同步到其他五国店铺中；在物流方面，商家只需要将货物发到中国境内仓库，Lazada 官方即可将货物送达东南亚六国市场的各个买家手中。

三、市场特点

（一）印度尼西亚

印度尼西亚，简称印尼，首都为雅加达。2020 年，印度尼西亚人口近 2.71 亿人，仅次于中国、印度、美国，居世界第四。印度尼西亚华人华侨总数有近 1000 万人。2021 年，印度尼西亚的 GDP 大约为 1.19 万亿美元，其中电商对印度尼西亚的经济发展起到了关键作用。在印度尼西亚电商平台排行榜中，除 Lazada 外，排在前几位的电商平台依次为 Tokopedia、Shopee、Bukalapak、Blibli、Bhinneka。

印度尼西亚是东南亚人口最多的国家,其网购群体主要购买的商品品类为电子产品类、户外运动类、儿童用品及玩具类、汽车用品类、家居生活类、时尚类等。

(二)菲律宾

菲律宾是东南亚第二大人口国,2021年人口约为1.1亿人,其中30岁以下人口占总人口的60%,年轻人比例大。菲律宾的官方语言是菲律宾语,英语是其第二语言。2021年,菲律宾的GDP为3936亿美元,较2020年同比增长5.6%。据世界经济论坛预测,到2030年,菲律宾中产阶级的购买力将超过意大利中产阶级。菲律宾电商用户数量及电商市场规模持续增长,菲律宾统计局发布的数据显示,2023年菲律宾的电商市场规模达到了2866.7亿比索,即56.7亿美元,与2022年同期相比增长了18.5%。

菲律宾的网购群体主要购买的商品品类为户外运动类、电子产品类、家居生活类、汽车用品类、时尚类、儿童用品及玩具类等。

(三)越南

越南位于东南亚的中南半岛东端,是一个社会主义国家,北邻中国,西接柬埔寨和老挝,最大的城市是胡志明市。2021年,越南的总人口约为9832万人,在东南亚地区排第三位,人口平均年龄为33岁,73%的人口在35岁以下。2021年,越南的GDP为3626.2亿美元,较2020年同比增长2.6%。越南政府出台了多项计划和政策推动电商行业快速发展,预计到2025年,越南的电商市场规模可达390亿美元。

越南的网购群体主要购买的商品品类为时尚类、户外运动类、汽车用品类、电子产品类、家居生活类、健康美妆类等。

(四)泰国

泰国位于东南亚的中心位置,北部为山区,中部为平原,首都是曼谷,2020年人口约为6980万人,其中25~54岁的人口占45%,中年人口较多。泰国当地95%的人信仰佛教,5%的人信仰伊斯兰教。泰国是东南亚第二大经济体,2021年GDP为5062.56亿美元,但是泰国地区发展不平衡,50%的人口居住在曼谷、清迈等主要城市,其余人口则分散在农村地区。2020年,泰国的电商市场规模为90亿美元,预计2025年可达240亿美元,年复合增长率达22%。

泰国的网购群体主要购买的商品品类为时尚类、电子产品类、美妆用品类、家居生活类、儿童用品及玩具类。

(五)马来西亚

马来西亚是东南亚第三大经济体,位于东南亚中心位置,终年炎热多雨。2021年,马来西亚的总人口约为3270万人，其中男性占比51.4%，女性占比48.6%。2021年，其GDP为3727亿美元，较2020年同比增长3.1%，49%的人口在30岁以下，年轻人众多，对中国商品非常喜爱。马来西亚电商市场互联网用户总数高达2700多万人，渗透率近80%，年增长率达14%，网民基数日益壮大，推动电商市场规模持续扩大。Bain analysis预测，到2025年，马来西亚电商市场规模将达190亿美元。马来西亚是一个多民族、多元文化并存的国家，当地的马来西亚人主要信奉伊斯兰教，当地的华人信奉佛教、道教，当地的印度人信奉印度教、基督教。

马来西亚的网购群体主要购买的商品品类为时尚类、电子产品类、户外运动类、汽车用品类、儿童用品及玩具类、家居生活类等。

（六）新加坡

新加坡是东南亚中南半岛南端的一个城邦岛国，是"亚洲四小龙"之一，是亚洲重要的金融、服务和航运中心之一。新加坡的总人口为545万人，是世界人口密度第三高的国家或地区，在新加坡当地的居民中华人占了74.2%。2021年，新加坡电商市场规模为59亿美元，预计到2025年，将达到107亿美元。在电商转化率方面，2021年新加坡用户渗透率为55.9%，预计到2025年将达到67.2%。

新加坡的网购群体主要购买的商品品类为时尚类、家居生活类、电子产品类，此外还有儿童用品及玩具类、户外运动类、汽车用品类。

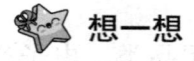

想一想

为什么东南亚地区现在还在使用货到付款的方式？

任务实操

一、任务目标

本任务的实操演练活动要求根据提供的任务背景，结合所学知识，探索Lazada平台Lazada Cross Border（GSP）站点和Lazada Seller Center（ASC）站点的区别。

任务背景

某店铺是一家刚刚入驻东南亚市场的女装店铺，在Lazada平台完成注册后，运营人员发现Lazada后台有两个不同的入口，一个后台名为Lazada Cross Border，另一个后台名为Lazada Seller Center。现在运营人员需要弄清楚这两个后台之间有什么区别。

二、任务内容

运营人员在进行 Lazada 后台运营管理时，发现 Lazada 有两个不同的入口，弄清楚这两个后台有什么区别能够帮助运营人员更好地管理店铺。

步骤1：分别打开 Lazada Cross Border 后台（GSP 后台）和 Lazada Seller Center 后台（ASC 后台），如图 1-24 和图 1-25 所示，对比两个后台的功能模块和页面内容。

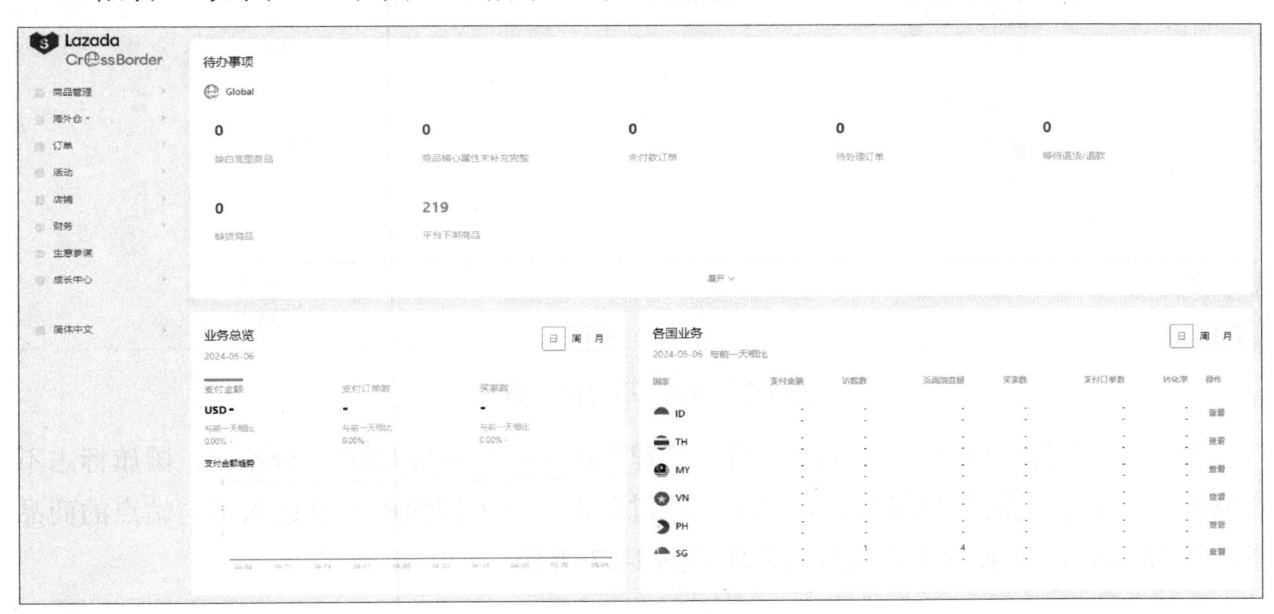

图 1-24　GSP 后台

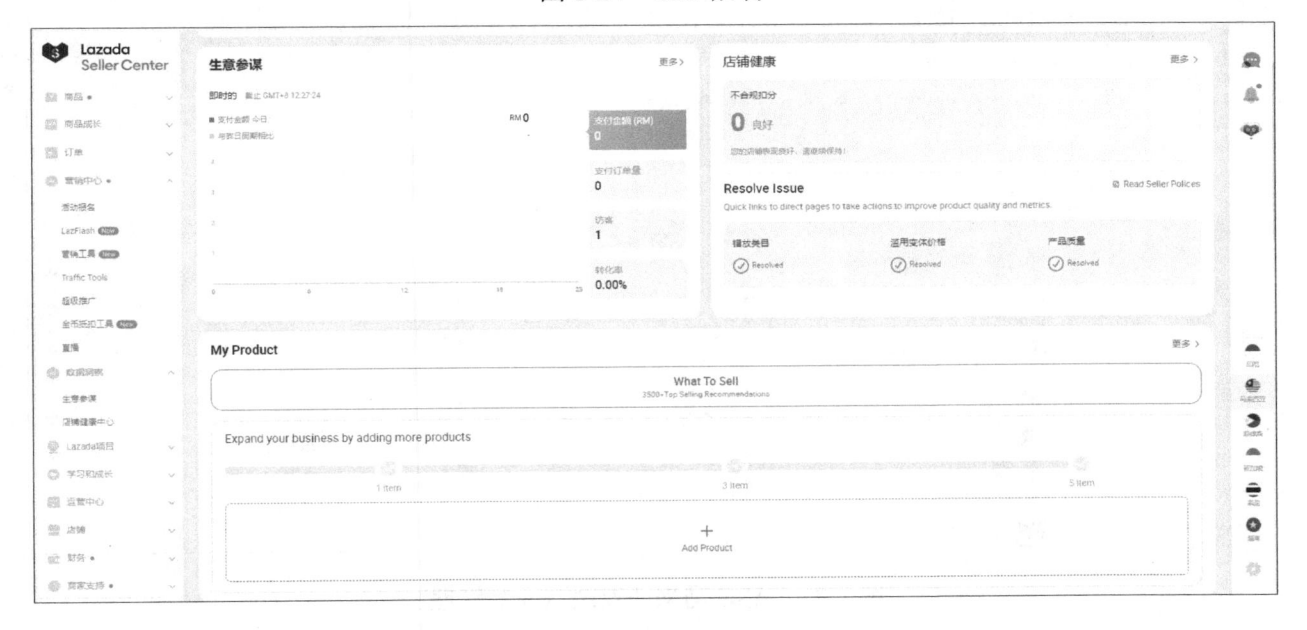

图 1-25　ASC 后台

步骤2：选择 GSP 后台左侧的"商品管理"选项，发现该后台可以管理所有跨境商品，并且能够通过右下角的国旗亮灯，知道该商品现在在哪些站点是可售状态，如图 1-26 所示。

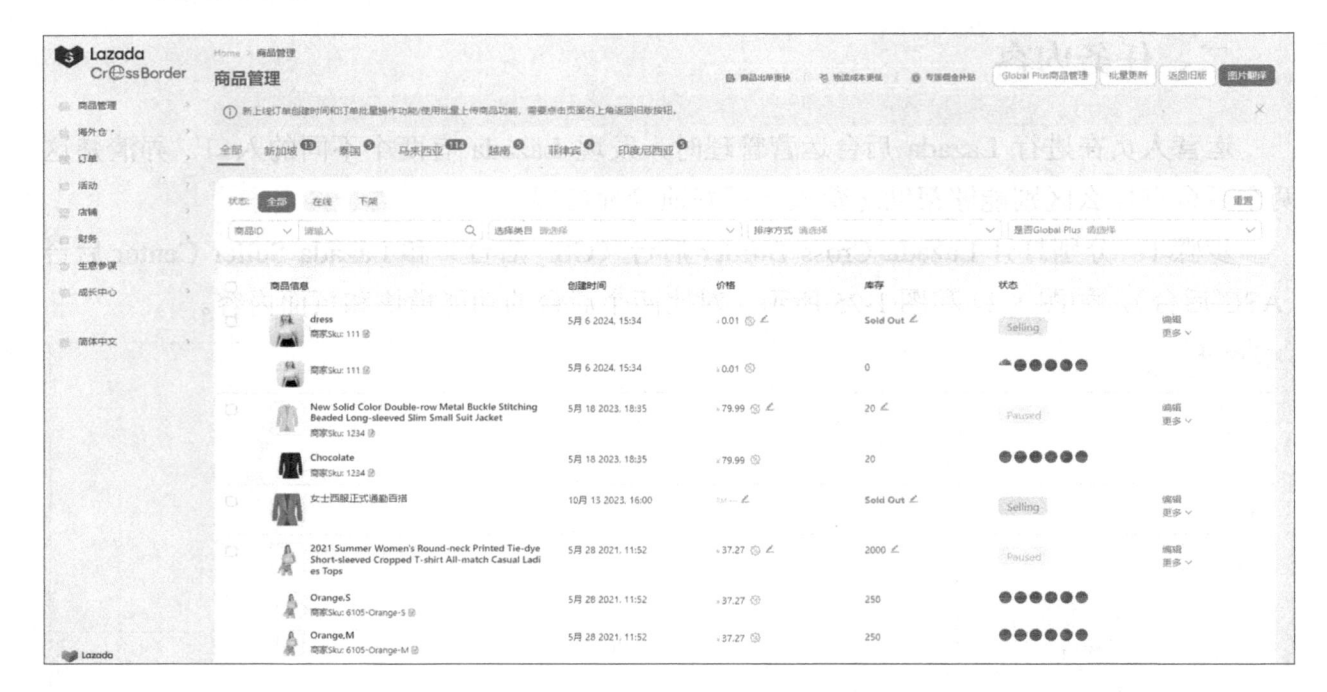

图 1-26　GSP 后台商品管理

步骤 3：选择 ASC 后台左侧的"商品管理"选项，发现与 GSP 后台不同，国旗标志不在商品下方显示，而是在最右侧栏显示。通过单击不同的国旗就可以进入不同站点的商品管理后台，ASC 马来西亚站点商品管理如图 1-27 所示。

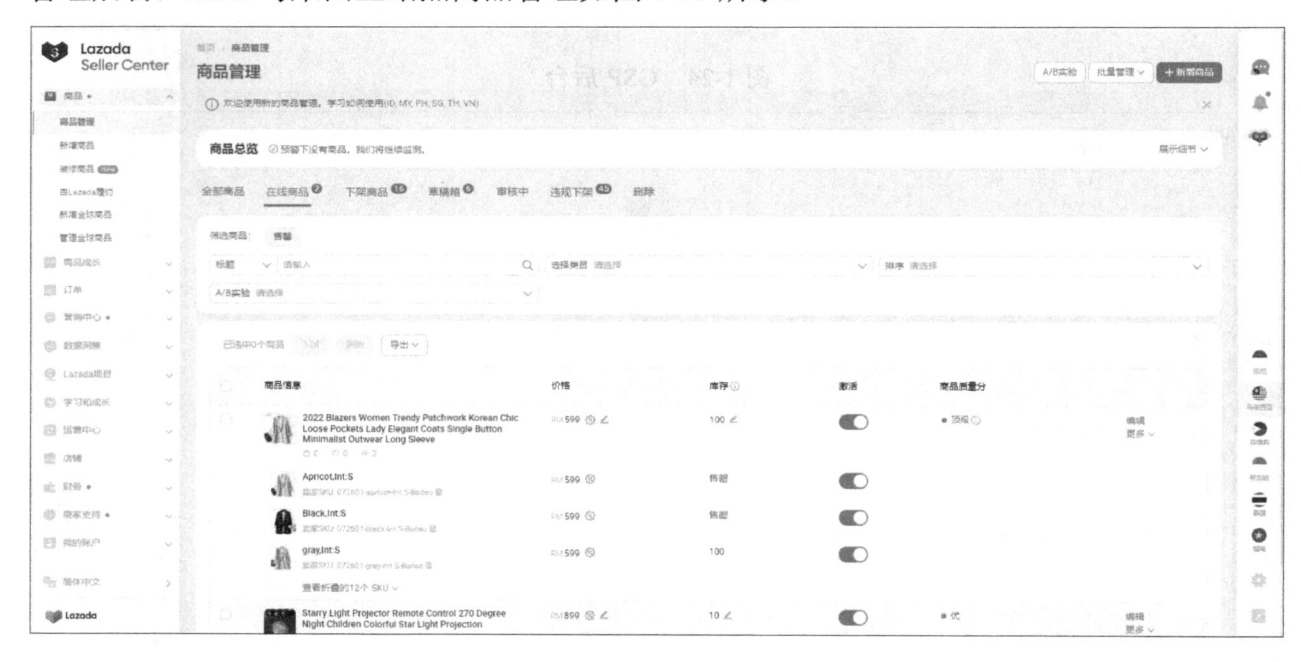

图 1-27　ASC 马来西亚站点商品管理

步骤 4：在 GSP 后台左侧选择"商品管理"下的"发布跨境商品"子选项，发现在 GSP 后台发布跨境商品，可以一键同步至六个站点，如图 1-28 所示。

步骤 5：在 ASC 后台左侧选择"商品管理"下的"新增商品"子选项，发现只能将跨境商品发布至右侧所选的站点上,如图 1-29 所示。

图 1-28　GSP 后台发布商品

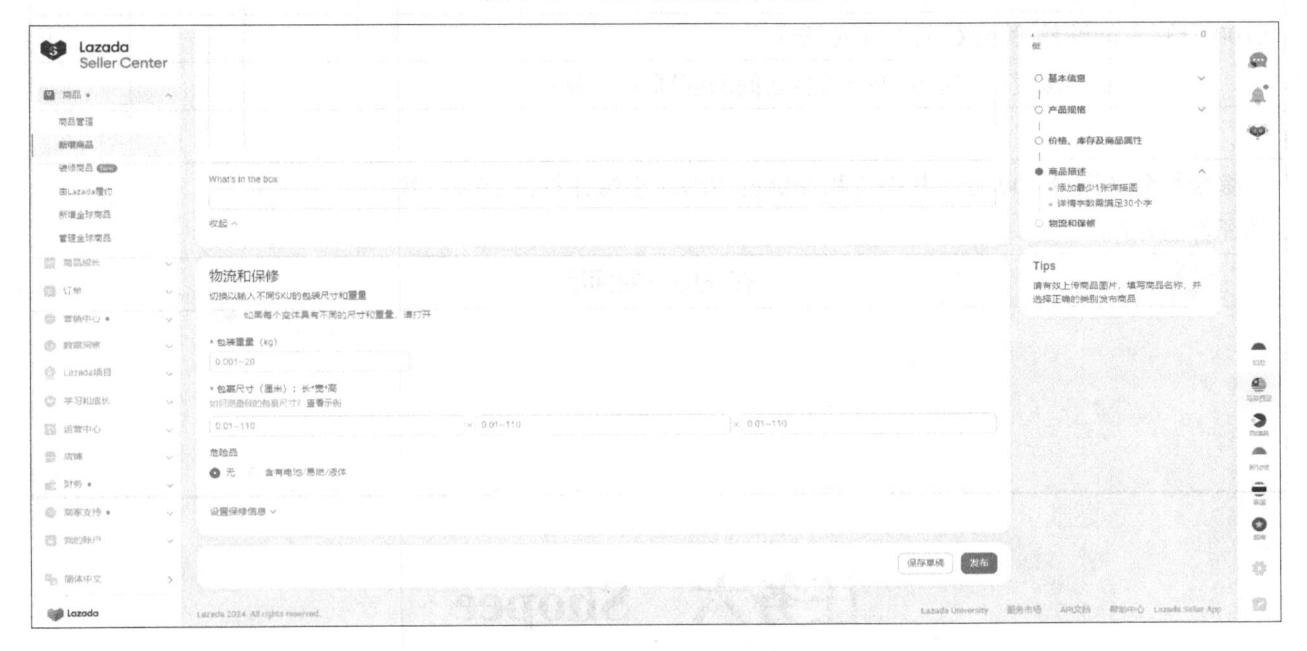

图 1-29　ASC 马来西亚后台发布商品

步骤 6：重复步骤 2 至步骤 5，整理 GSP 后台与 ASC 后台之间的区别，并完成表 1-12。

表 1-12　GSP 后台与 ASC 后台的区别

后台	GSP 后台	ASC 后台
网址		
商品发布		
店铺装修		
订单管理		
生意参谋		
营销活动		

三、任务评价

完成演练活动后,根据活动过程的表现进行三方评价与打分,完成表 1-13。

表 1-13　Lazada 实训评价表

活动名称	GSP 后台与 ASC 后台的区别			
完成方式	独立完成			
演练内容	评价点	自我评价	小组评价	教师评价
实训活动（100 分）	能够进行任务背景解读与梳理（10 分）			
	能够熟悉 GSP 后台（20 分）			
	能够熟悉 ASC 后台（20 分）			
	能够探索并整理出两个后台之间的区别（50 分）			
合计				
综合得分（满分 100 分,其中自我评价占 20%,小组评价占 20%,教师评价占 60%）				
存在的主要问题				

任务六　Shopee

知识速递

一、平台概述

Shopee（虾皮）于 2015 年在新加坡成立,是一家 B2C 跨境电商平台,为有跨境需求的企业及品牌提供出海东南亚、拉丁美洲及欧洲市场的机会。目前,Shopee 覆盖了新加坡、马来西亚、菲律宾、泰国、越南、巴西、墨西哥、哥伦比亚、智利、波兰等国家和地区,同时在我国深圳、上海和香港地区设有跨境业务办公室。Shopee 印度尼西亚站首页如图 1-30 所示。

2021 年,Shopee 的总订单量达 61 亿单,较 2020 年同比增长了 116.5%。移动数据分析平台 data.ai 的数据显示,2022 年第一季度,Shopee 荣登全球购物类 App 总下载量第一、谷歌应用商店用户使用总时长第一及平均月活数第二，囊括东南亚及中国台湾市场购物类 App 平均月活数、用户使用总时长第一，并斩获巴西购物类 App 总下载量及用户使用总时长第一、平均月活数第二。

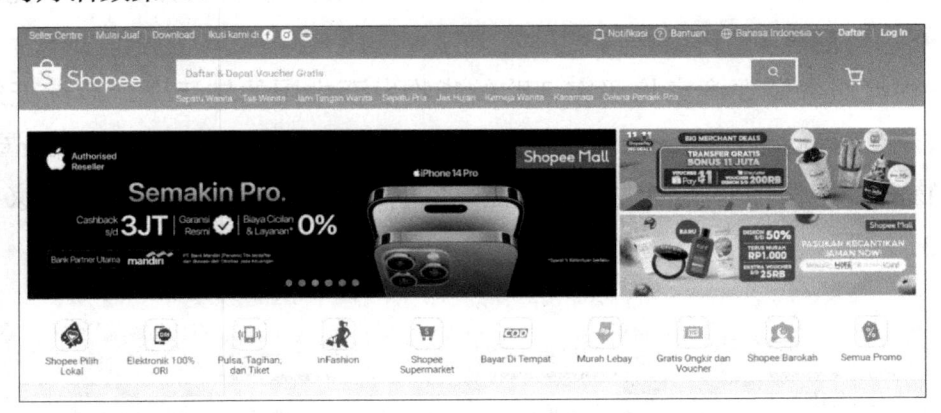

图 1-30　Shopee 印度尼西亚站首页

Shopee 的核心策略是专注移动端，因地制宜，深耕本土。一方面，Shopee 遵循移动端优先的原则，结合目标市场高移动化的特性，持续优化网购体验。平台数据显示，95%的 Shopee 订单在移动端完成。另一方面，Shopee 坚持本地化运营，在各市场推出了独立的 App，进行差异化运营，可以迅速满足不同市场的买家需求。

二、站点选择

与 Lazada 不同，商家首次入驻 Shopee，只能选择开通一个站点，而不是签一份合同开通六个站点。目前，可以选择作为首站的有中国台湾、马来西亚、菲律宾和巴西四个站点。

在首站选择上，可以从以下三个方面考虑：

（1）市场销售情况和受众特点；

（2）商家自身的电商经验；

（3）自身主营的商品类目。

Shopee 平台规定，如果商家具备内贸电商平台运营经验，如天猫、淘宝、拼多多、京东等，那么首站可以开设马来西亚站、菲律宾站或中国台湾站其中的一个；如果商家具备跨境电商平台运营经验，如亚马逊、Lazada、Wish、eBay、速卖通等，那么首站可以开设马来西亚站、菲律宾站或巴西站；如果商家从未运营过电商平台，那么首站只能选择开设中国台湾站。

三、物流与支付

（一）Shopee 物流

东南亚地区岛屿众多，城市基础建设不全面，除了新加坡和马来西亚的物流体系比较成熟，其他地区的物流效率和成本控制都是较大的考验。为了解决这一问题，Shopee 跨境业务部门从 2016 年年底开始搭建跨境物流体系，形成了现在的物流服务网络，即 Shopee 物流服务（Shopee Logistics Service，SLS），并不断优化和完善，持续为商家提供优质、高效的物流服务。

Shopee 物流服务需要商家将买家订购的货物发至中国的转运仓，后续无须担心物流报关、清关、配送等问题，Shopee 官方会先将货物统一从中国运送至目的地国家和地区，再由当地的物流合作伙伴对货物进行"最后一公里"配送，使其安全送达买家手中，具体流程如图 1-31 所示。

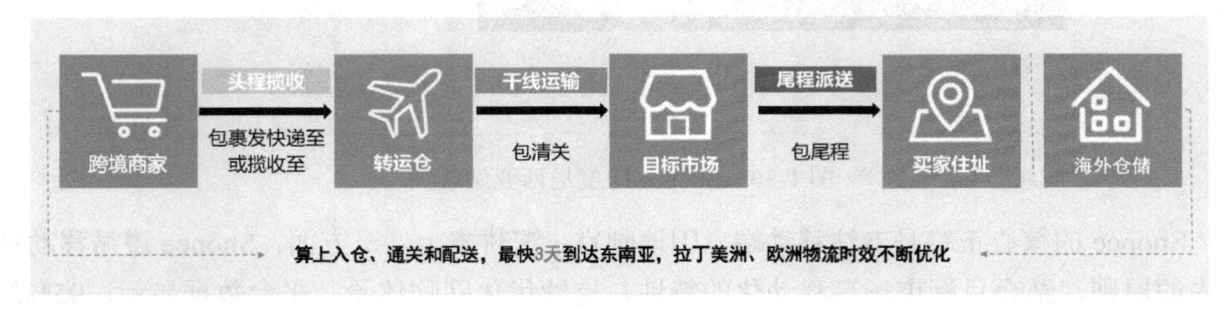

图 1-31 Shopee 物流服务流程

目前，Shopee 已经在深圳、上海、义乌和泉州设置了转运仓，商家可以就近将货物寄送到转运仓，部分城市也可以由 Shopee 合作物流商进行上门取件。除了国内的物流网络搭建，Shopee 现有 200 多条航线及 800 多个航班，覆盖超过 40 座海外机场。商家可以根据货物品类，选择适配的海运、空运等方式进行运输，降低物流成本。如果买家发起退货，Shopee 也会将商品退回至转运仓中。

Shopee 在为商家运输提供便利的同时，也对商品做出了一定的规范和限制。一是运输商品种类限制。不同国家对于运输商品种类的限制不同，例如，新加坡市场禁止空运运输充电宝、冷冻食品等。二是对运输包裹进行限制。各个站点对于包裹的尺寸、重量都有一定限制，并且要求商家在寄送到转运仓的商品上贴上 Shopee 专属物流服务面单，方便转运仓进行收货和发货。如果商家未按要求发货或送至转运仓的货物超重，那么 Shopee 会将其标为异常件。对于异常件的处理，Shopee 也有专门的细则。例如，没有贴物流服务面单的"无头件"包裹，Shopee 会将其销毁；包装破损或面单无法识别的包裹会被定期退回给商家等。

（二）支付与收款

目前，Shopee 的支付与收款方式有 Shopee 官方钱包和第三方支付合作商（包括 Payoneer、pingpong 和 LianLian Pay），商家只能选择一个作为支付与收款通道，如图 1-32 所示。如果使用第三方支付合作商进行支付与收款，则需要先注册对应的账户，之后再将其与 Shopee 后台收款账户绑定。

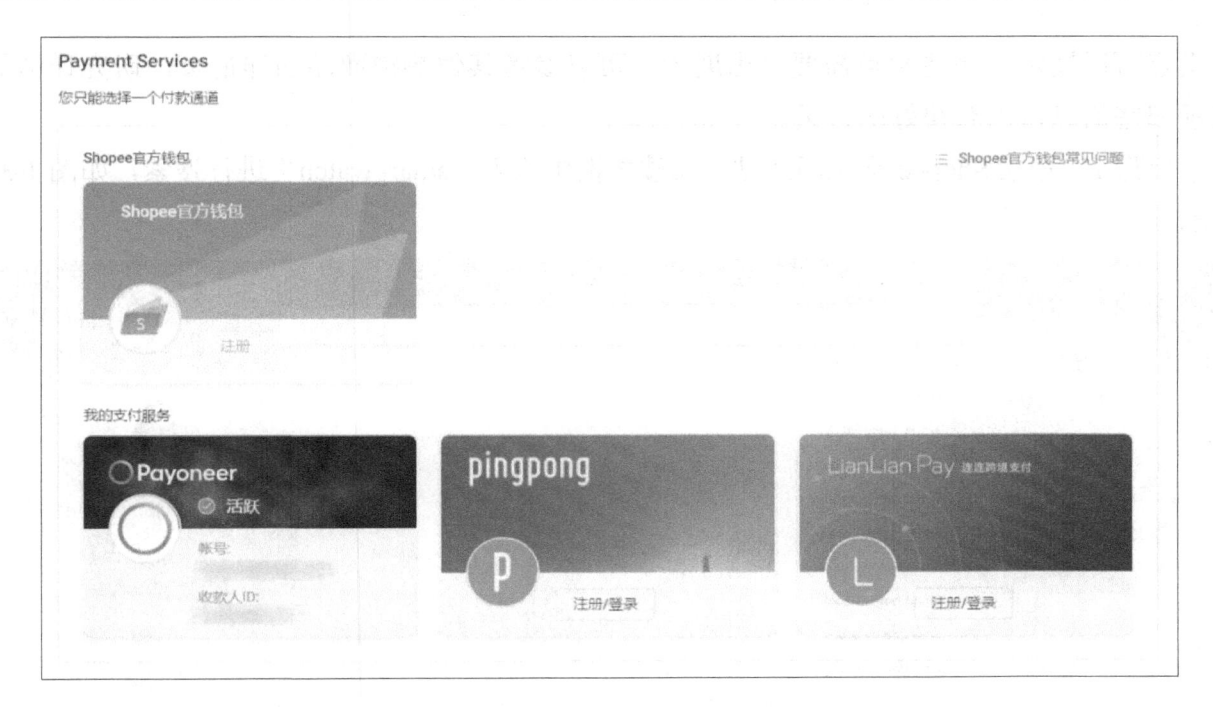

图 1-32　Shopee 支付与收款方式

Shopee 一般在月中和月末向商家进行两次打款，没有最低打款金额限制。为了提升商家账户的安全性，在首次进入收款账户绑定的页面时，需要设置不同于店铺登录密码的独立密码，后续每次访问时，都需要输入相应的密码。

任务实操

一、任务目标

本任务的实操演练活动要求根据提供的任务背景，结合所学知识，在 Shopee 完成商品详情页调研。

任务背景

某店铺刚刚入驻东南亚市场，选择在 Shopee 马来西亚站开设首家店铺，售卖智能手表。运营人员需要上传商品，目前已经清楚商品的主要卖点，但不了解 Shopee 的商品详情页应展示哪些信息，所以需要参考 Shopee 马来西亚站的热销商品，整理智能手表商品详情页的信息。

二、任务内容

想要发布的商品能够吸引买家并促使其购买，一般需要充分了解自己的商品，明确哪些卖点可以展示、哪些卖点需要突出展示，可以参考其他热销商品的详情页，研究详情页展示哪些信息可以获得好的效果。

步骤1：登录Shopee马来西亚站，在搜索框中输入"smart watch"进行搜索，如图1-33所示。

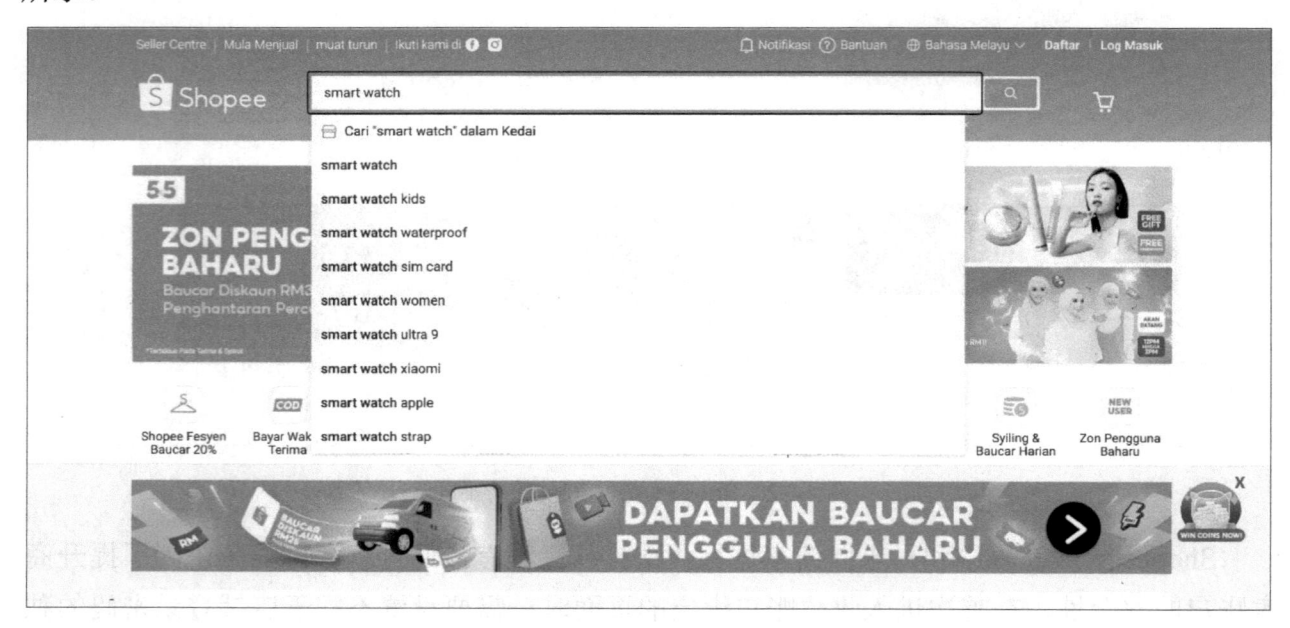

图1-33 搜索"smart watch"

步骤2：搜索结果按"Top Sales"排序，如图1-34所示。

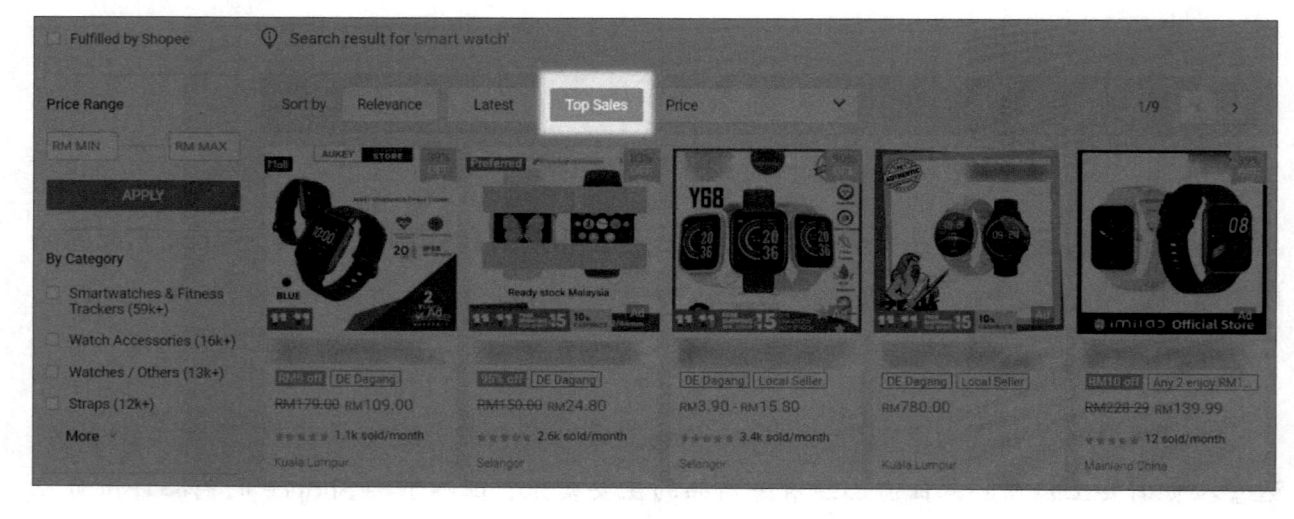

图1-34 按"Top Sales"排序

步骤3：查看销售前10名的商品，整理商品详情页所展示的信息。以销售排名第一的商品为例，因为Shopee的商品展示规则相对特殊，在商品详情页中不能添加图片，所以商家要利用主图和辅图充分展示商品信息。如图1-35所示，该商品主图分别展示了商品的主要卖点、质保时间、屏幕尺寸、功能详细讲解、续航时间、商品包装内所包含的商品及配件等信息。

图 1-35　商品主图

步骤 4：分析商品详情页。该商品详情页通过分段和添加小图标的形式向买家展示了店铺保障、商品详细参数、手表主要功能、包装内所包含的商品及配件、商品主要卖点等信息，如图 1-36 所示。

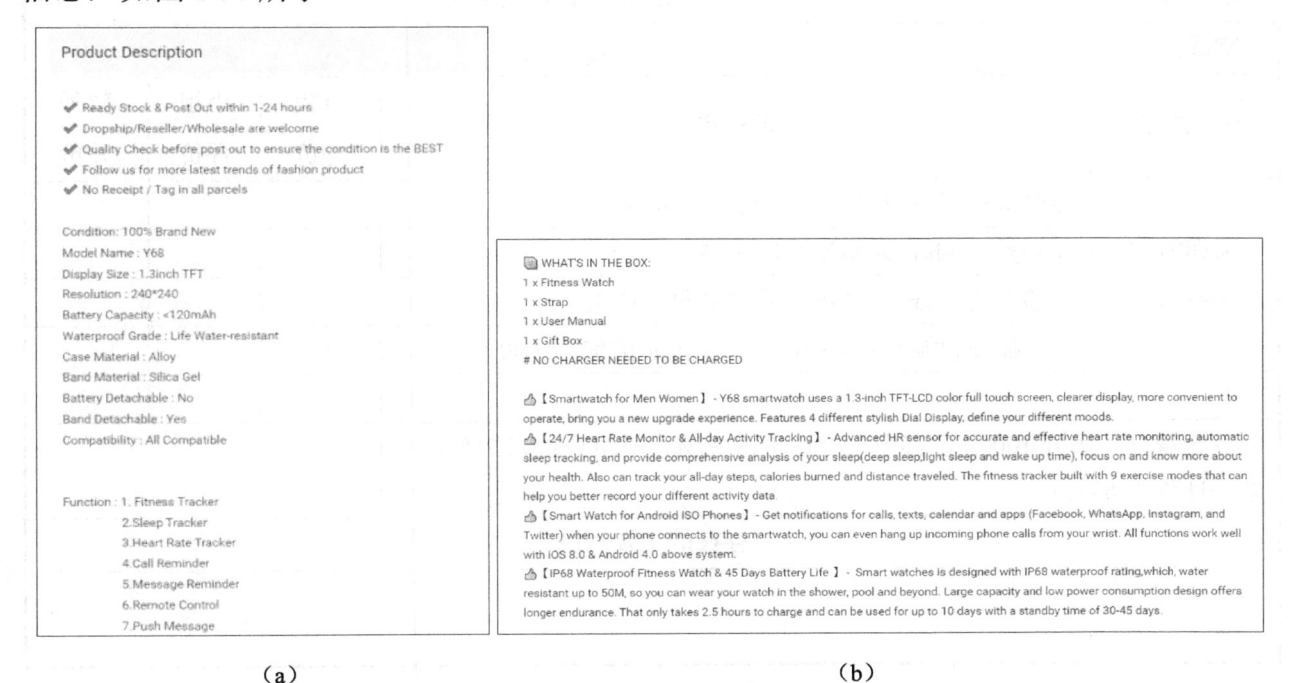

(a)　　　　　　　　　　　　　　(b)

图 1-36　商品详情页

步骤 5：参考步骤 3 和步骤 4，分析 10 款热销的智能手表的主图和详情页，并梳理出图片和文字具体展示了哪些卖点，填入表 1-14 中，从而帮助运营人员找到发布商品的方向。

表 1-14 热销商品信息展示对比

序号	商品主图	链接	品牌	价格	展示卖点
1					
2					
3					
4					
5					
6					
7					
8					
9					
10					

三、任务评价

完成演练活动后,根据活动过程的表现进行三方评价与打分,完成表 1-15。

表 1-15 Shopee 实训评价表

活动名称	Shopee 详情页调研			
完成方式	独立完成			
演练内容	评价点	自我评价	小组评价	教师评价
实训活动（100 分）	能够进行任务背景解读与梳理（10 分）			
	能够熟悉 Shopee 网站布局（15 分）			
	能够对比 Shopee 热销商品的主图（35 分）			
	能够梳理智能手表类商品详情页展示的信息（40 分）			
合计				
综合得分（满分 100 分,其中自我评价占 20%,小组评价占 20%,教师评价占 60%）				
存在的主要问题				

名词解释

提现：将支付宝国际账户中的可用余额,转入以个人或公司名义注册并实名认证的支付宝国内账户中。

铺货模式：将大量的商品信息，不经挑选，直接复制上传到平台店铺中，批量发布商品的模式。这种模式是出单后进行商品采购发货，不需要提前发货至仓库。

精品模式：先收集当季爆款商品、热门关键词、消费趋势等数据，并进行分析比较，依据数据结论，进行商品的选择、采购和上架，再通过精细化运营使其成为店铺爆品的运营模式。

头程费用：跨境电商中将货物从境内仓库送达境内港口，经过海上（空中）运输，再从目的国港口运输到海外仓库的全过程所产生的全部费用，包括海（空）运费、快递费、目的港报关费、关税、进仓费等。

RFQ（Request for Quotation，采购直达）：在采购直达市场中，买家主动发布采购需求，商家可以自主挑选合适的买家进行报价。

订单缺陷率：由负面反馈率、亚马逊商城交易保障索赔率和信用卡拒付率三部分组成。其中，负面反馈率等于相关时间段内收到负面反馈的订单数除以该时间段内的订单总数；亚马逊商城交易保障索赔率等于在给定的 60 天内收到相关索赔的订单数除以该时间段内的订单总数；信用卡拒付率等于相关时间段内收到信用卡拒付的订单数除以该时间段内的订单总数。

海外仓模式：随着跨境电商的发展而出现的一种适应当前物流需求的模式，跨境电商出口商家为了提升订单交付能力，在国外接近买家的地区设立仓储物流节点，为买家提供境外货物存储、流通加工、本地配送、售后服务等服务。

素能加油站

WOSAI 把中国电钻卖到全球

WOSAI 品牌成立于 2014 年，2017 年入驻速卖通，产品主要为电钻、电动扳手等动力工具。创立之初，其主要业务是为国际知名工具品牌 OEM 代工，在这个过程中 WOSAI 积累了强大的电动工具制造经验。同时 WOSAI 发现，尽管全世界 85% 以上的电动工具是中国生产的，中国却缺少有竞争力的品牌，这也是其开始自主研发的原因。

受国际知名品牌的挤压，海外买家对中国品牌缺少认知。面对激烈的品牌竞争，WOSAI 选择通过线下分销渠道来打开市场。在线下推销商品的同时，分销商也组成了深耕本地化运营的支点。例如，在韩国市场，分销商长期进行线下经营，对当地用户的消费偏好、商品需求特点等了解得非常准确，这些信息比纸面上的数据更加直观。

2019 年开始，WOSAI 开始重点运营速卖通，并创下了诸多纪录，"3 个月入选超级品牌商家""9 个月拿下动力工具类目前三"，是速卖通工具行业增速最快的品牌之一。2021

年，WOSAI 线上业务 GMV 达到 3000 万美元，其中 95% 的生意来自速卖通，施泽云介绍说，"我们一直把速卖通作为首发的跨境出海平台"。

"2023 年 3 至 5 月份，我们的销量损失了一半"，但在 2022 年的夏日大促中，WOSAI 销量较 2021 年同比增长了 162%，GMV 比 2021 年提升了 3 倍，在速卖通策略的帮助下，店铺的生意逐渐恢复，在汇率波动、运费上涨的重重考验下，中国的出海品牌展现了它们坚韧的一面。

案例思考：

1. 为什么 WOSAI 选择速卖通作为主要渠道？
2. 在贸易竞争中企业应如何找到自己的立足之道？

职业技能训练

一、单项选择题（共 5 题）

1. 以下跨境电商平台是 B2B 模式的是（　　）。
   A. 速卖通　　　　　　　　　　B. 阿里巴巴国际站
   C. 亚马逊　　　　　　　　　　D. eBay

2. 在 Shopee 平台销售时，商家可以将货物寄到（　　）的转运仓，统一由 Shopee 物流进行配送。
   A. 义乌　　　B. 深圳　　　C. 西安　　　D. 宁波

3. Lazada 平台面向的国家和地区不包括（　　）。
   A. 越南　　　B. 印度　　　C. 菲律宾　　　D. 马来西亚

4. 在阿里巴巴国际站中，一家公司可以注册（　　）个出口通账户。
   A. 1　　　B. 2　　　C. 3　　　D. 多

5. 在速卖通平台销售女装时，一般按成交金额的（　　）交纳平台佣金。
   A. 5%　　　B. 8%　　　C. 10%　　　D. 15%

二、多项选择题（共 5 题）

1. 下列关于速卖通的说法正确的有（　　）。
   A. 速卖通为跨境商家提供官方的海外仓库
   B. 速卖通不收取刊登费
   C. 速卖通不收取交易佣金
   D. 速卖通禁止售卖植物种子

2. 下列关于亚马逊平台物流的说法正确的有（　　）。
   A. 亚马逊物流名称是 FBA
   B. 发亚马逊仓库的商品需要选择质量过硬的商品
   C. 发亚马逊仓库的商品不需要进行挑选
   D. 使用亚马逊物流可以增加获得 Buy Box 的可能性
3. eBay 平台的销售方式有（　　）。
   A. 一口价　　　　　　　　　B. 拍卖
   C. 按商家心情定价　　　　　D. 阶梯价格
4. 在 Shopee 平台注册账户时，若是商家有跨境电商平台运营经验，首站可开设（　　）站点。
   A. 泰国　　　B. 新加坡　　　C. 马来西亚　　　D. 巴西
5. 在 Lazada 平台发布商品，系统可以将英文描述翻译成（　　）。
   A. 泰语　　　B. 中文　　　C. 马来西亚语　　　D. 印度尼西亚语

三、判断题（共5题）

1. 速卖通的优选仓模式是从国外仓库直接向买家发货。（　　）
2. 在亚马逊上，可以对任何商品进行跟卖。（　　）
3. 在 eBay 上，如果无法判断商品的准确价值，可以设置一个能接受的起拍价，由市场决定最终价格。（　　）
4. 阿里巴巴国际站金品诚企会员享有 8 个橱窗。（　　）
5. Lazada 平台第一次只能开通一个站点的店铺，需要达到一定的销售水平才能开通其他站点的店铺。（　　）

学习笔记

项目二 跨境电子支付

项目概述

随着全球跨境电商的发展,面向进出口贸易的跨境电子支付应运而生。跨境电子支付作为跨境电商中的重要一环,直接影响着跨境电商的发展。随着跨境消费需求的不断提升和相关政策的不断完善,可供用户选择的支付方式越来越多。本项目详细介绍了跨境电子支付方式,帮助学生掌握线上及线下跨境电子支付方式的应用,了解外汇管理中涉及支付机构的相关政策,了解跨境电子支付的风险及风险防范措施。

学习目标

知识目标

1. 了解跨境电子支付的定义。
2. 了解线下跨境电子支付方式和线上跨境电子支付方式。
3. 了解外汇管理中关于支付机构的相关政策。
4. 了解跨境电子支付的风险防范措施。

技能目标

1. 能够掌握常见跨境电子支付方式的操作方法。
2. 能够根据不同特点对跨境电子支付方式进行分类。
3. 能够分析跨境电子支付风险。

项目二　跨境电子支付

素养目标

1. 具备互联网思维和信息收集能力，工作耐心细致。
2. 熟悉国内外关于跨境电子支付的法律法规，并能够严格遵守。

思维导图

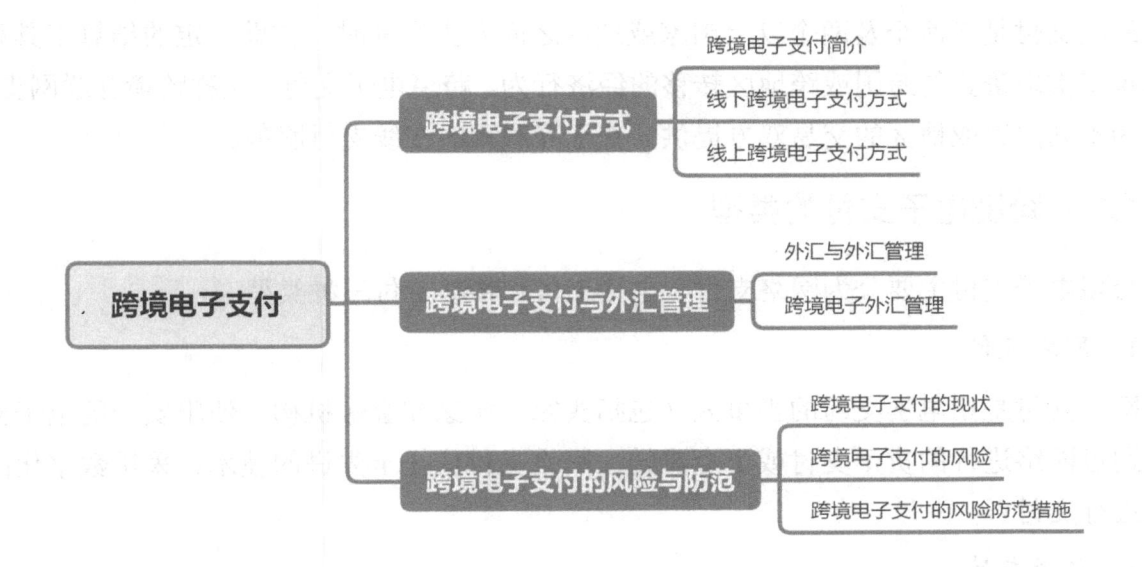

```
                              ┌── 跨境电子支付简介
              ┌─跨境电子支付方式──┼── 线下跨境电子支付方式
              │                └── 线上跨境电子支付方式
              │
              │                    ┌── 外汇与外汇管理
跨境电子支付 ─┼─跨境电子支付与外汇管理┤
              │                    └── 跨境电子外汇管理
              │
              │                       ┌── 跨境电子支付的现状
              └─跨境电子支付的风险与防范┼── 跨境电子支付的风险
                                      └── 跨境电子支付的风险防范措施
```

自学探究

请同学们对本项目即将讲解的主要内容进行资料查询与学习，自主思考，完成表 2-1。

表 2-1　本项目的主要内容

知识内容	经验认知	资料结论	自我总结
跨境电子支付方式			
跨境电子支付与外汇管理			
跨境电子支付的风险与防范			

任务一　跨境电子支付方式

知识速递

一、跨境电子支付简介

（一）跨境电子支付的定义

跨境支付是指两个及两个以上国家或地区之间发生交易时，借助一定的结算工具和支付系统来实现资金的跨国或跨地区转移的经济行为。跨境电子支付，又称跨境互联网支付，是指为不同国家或地区的交易双方提供的基于互联网的在线支付服务。

（二）跨境电子支付的类型

跨境电子支付主要分为网络支付、电话支付和移动支付三种类型。

1. 网络支付

网络支付是指电子交易的当事人（包括买家、卖家和金融机构）使用安全的电子支付手段通过网络进行的货币支付或资金流转。网络支付依托于先进的技术，采用数字化的方式来进行支付。

2. 电话支付

电话支付是指买家使用电话（固定电话或手机）或其他类似电话的终端设备，通过银行系统从个人银行账户里直接完成付款。

3. 移动支付

移动支付是指使用移动终端通过无线方式，完成支付行为。移动支付所使用的移动终端可以是手机、Pad、笔记本电脑。

（三）跨境电子支付的工具

随着计算机技术的发展，跨境电子支付的工具越来越多。这些工具可以分为三大类：电子现金、电子钱包、电子支票。

1. 电子现金

电子现金是一种以数据形式流通的货币，它把现金数值转换成一系列的加密序列数，通过这些序列数来表示现实中各种金额的币值。买家在开展电子现金业务的银行开设账户并在账户内存钱后,就可以在接受电子现金的网上店铺进行购物。

2. 电子钱包

电子钱包是买家在网上购物时常用的一种支付工具,是买家在小额购物或购买小商品时常用的新式钱包。电子钱包一直是世界各国开展电商活动时的热门话题,也是实现全球电子化交易和互联网交易的一种重要工具。很多国家正在建立电子钱包系统以取代现金交易模式,旨在使支付更加便捷,如 VISA Cash 和 Mondex 两大电子钱包服务系统。

3. 电子支票

电子支票是一种借鉴纸质支票转移支付的优点,利用数字传递将钱款从一个账户转移到另一个账户的电子付款形式。电子支票的支付是在与商户及银行相连的网络上以密码方式进行的,多数使用公用关键字加密签名或个人身份证号码(PIN)来代替手写签名。图 2-1 所示为电子支票示例。

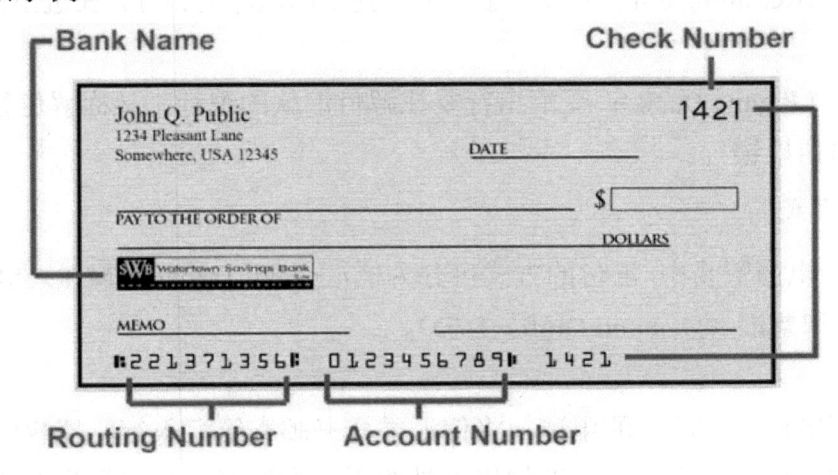

图 2-1 电子支票示例

想一想

与传统支付相比,跨境电子支付有哪些优势?

二、线下跨境电子支付方式

线下跨境电子支付方式包括汇付(Remittance)、托收(Collection)和信用证(Letter of Credit,L/C)。

(一)汇付

汇付是国际结算支付方式之一,是指汇款人(进口商)主动通过银行或其他途径将款项汇给收款人(出口商)。对外贸易的货款若采用汇付方式,一般由买方按合同约定的条件(如收到单据或货物)和时间,将货款通过银行汇给卖方。

1. 汇付的当事人

汇付当事人之间的关系如图 2-2 所示。

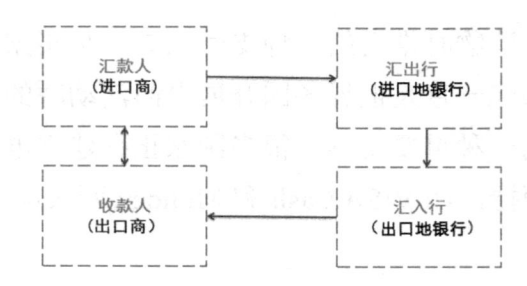

图 2-2 汇付当事人之间的关系

（1）汇款人（Remitter）：汇出款项的人，在进出口贸易中通常是指进口商。

（2）收款人（Payee）：收取款项的人，在进出口贸易中通常是指出口商。

（3）汇出行（Remitting Bank）：受汇款人的委托汇出款项的银行，在进出口贸易中通常是指进口地银行。

（4）汇入行（Paying Bank）：受汇出行委托解付汇款的银行，又称解付行，在进出口贸易中通常是指出口地银行。

2. 汇付的方式

在 B2B 跨境电商贸易中，汇付的方式可分为信汇（Mail Transfer，M/T）、电汇（Telegraphic Transfer，T/T）和票汇（Demand Draft，D/D）。

1）信汇

信汇是指汇出行应汇款人的申请，将信汇委托书邮寄给汇入行，授权汇入行解付一定金额给收款人的一种汇付方式。信汇的优点是费用较为低廉，缺点是资金在途时间长，收款人收到汇款的时间较迟。

2）电汇

电汇是指汇出行应汇款人的申请，拍发加押电报、电传或 SWIFT 给在另一国家的分行或代理行（汇入行）指示解付一定金额给收款人的一种汇付方式。电汇的优点是收款人可迅速收到汇款且安全系数高，缺点是费用较高。

3）票汇

票汇是指汇出行应汇款人的申请，代汇款人开立以其分行或代理行为解付行的银行即期汇票，支付一定金额给收款人的一种汇付方式。收款人持票登门取款，无须汇入行通知，因此票汇具有一定的灵活性。

3. 汇付的应用

在 B2B 跨境电商贸易中，汇付方式通常用于货到付款（Cash On Delivery）、预付货款

（Payment in Advance）、随订单付现（Cash With Order）及赊销（Open Account Transaction）等业务方式。

1）货到付款

货到付款是指出口商（收款人）在没有收到货款之前，先交出单据或货物，然后由进口商（付款人）主动汇付货款。这实际上是一种赊账业务，对进口商较为有利，出口商在发货后能否按时顺利收回货款，取决于进口商的信用。若进口商拒不履行或拖延履行付款义务，出口商就会遭受货款落空的严重损失或晚收款的利息损失。因此，除非进口商的信誉可靠，出口商一般不宜采用此种业务方式。

2）预付货款

预付货款是指进口商（付款人）在出口商（收款人）将货物或货运单据交付以前将全部货款或一部分货款通过银行付给出口商，出口商收到货款后，再根据约定发运货物。这种业务方式多适用于进口商提出特殊加工要求或专门为进口商加工的特殊商品，或者一些市场畅销而又稀缺的商品。采用此种业务方式，进口商可以优先获得货物供应。

3）随订单付现

随订单付现与预付货款相似，是指进口商（付款人）在下订单时便以现金结算的方式，将货款支付给出口商（收款人）。

4）赊销

赊销是信用销售的俗称。赊销是以信用为基础的销售，进口商（付款人）与出口商（收款人）签订购货协议后，出口商让进口商先取走货物，而进口商按照协议在规定日期付款或以分期付款的形式付清货款。

（二）托收

托收是指在 B2B 跨境电商贸易中，出口商开具以进口商为付款人的汇票，委托出口地银行通过其在进口地的分行或代理行向进口商收取货款的一种结算方式。

1. 托收的当事人

托收当事人之间的关系如图 2-3 所示。

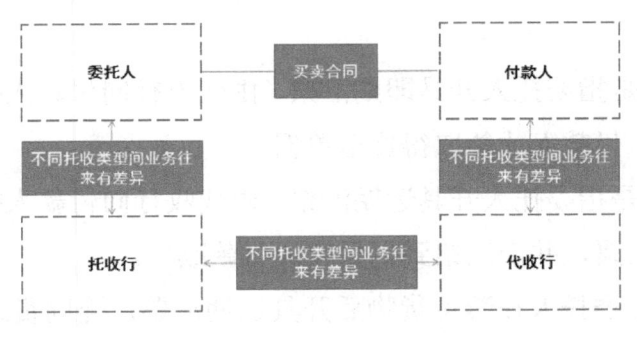

图 2-3 托收当事人之间的关系

（1）委托人（Principal）：在托收业务中，签发汇票并委托银行代为收款的人，通常为出口商。

（2）托收行（Remitting Bank）：接受委托人的委托，并通过国外联行或代理行完成收款业务的银行。

（3）代收行（Collecting Bank）：接受托收行的委托，代向付款人收款的国外联行或代理行。

（4）付款人（Drawee）：汇票中指定的付款人，也就是银行向其提示汇票和单据的债务人，通常为进口商。

2. 托收的分类

托收的分类如图2-4所示。

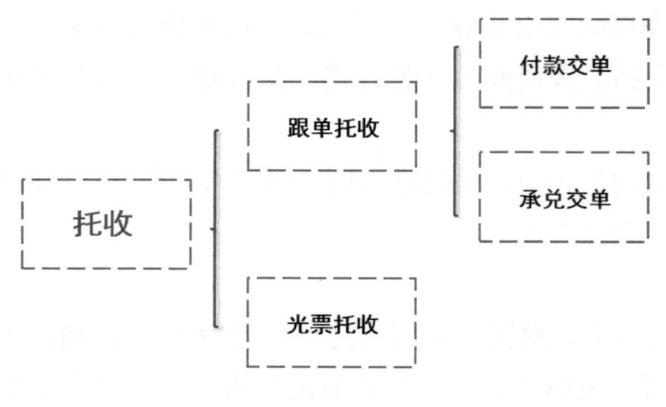

图2-4 托收的分类

1）跟单托收

跟单托收是指委托人在根据合同备货出运后，将跟单汇票或将不带汇票的货运单据签送至托收行，委托其代收货款的一种托收结算方式。跟单托收又可分为付款交单（Documents against Payment，D/P）和承兑交单（Documents against Acceptance，D/A）。

（1）付款交单是指代收行必须在付款人付清货款后，才可将货运单据交给付款人的一种结算方式。付款交单又可分为即期付款交单（D/P at Sight）和远期付款交单（D/P after Sight or after date）。

① 即期付款交单是指委托人开具即期汇票，由代收行向付款人提示，付款人见票后即须付款，货款付清时，付款人才能取得货运单据。

② 远期付款交单是指委托人开具远期汇票，由代收行向付款人提示，付款人见票并审单无误后，立即承兑汇票，并于汇票到期日完成付款赎单。

（2）承兑交单是指委托人在装运货物后开具远期汇票，连同货运单据一起通过代收行向付款人提示，代收行在付款人对远期汇票加以承兑后即可将代表货物所有权的货运单据交给付款人，付款人于汇票付款到期日履行付款责任。

2）光票托收

光票托收是指仅凭汇票或单纯的资金单据而不附有任何商业单据所进行的托收。

（三）信用证

信用证是指开证行根据开证申请人的请求，开给受益人的一种保证承担支付货款责任的书面凭证。在信用证内，开证行授权受益人在符合信用证规定的条件下，以该行或其指定的银行为付款人，开具不得超过规定金额的汇票，并按规定随附装运单据，按期在指定地点收取货物。它是一种由银行开立的有条件的承诺付款的书面文件，代表银行信用。信用证文件示例如图 2-5 所示。除了开证申请人、开证行及受益人三个基本当事人，信用证可能还涉及其他当事人，如通知行、保兑行、议付行等。

(a)　　　　　　　　　　　　　　　(b)

图 2-5　信用证文件示例

1. 信用证当事人

信用证部分当事人如图 2-6 所示。

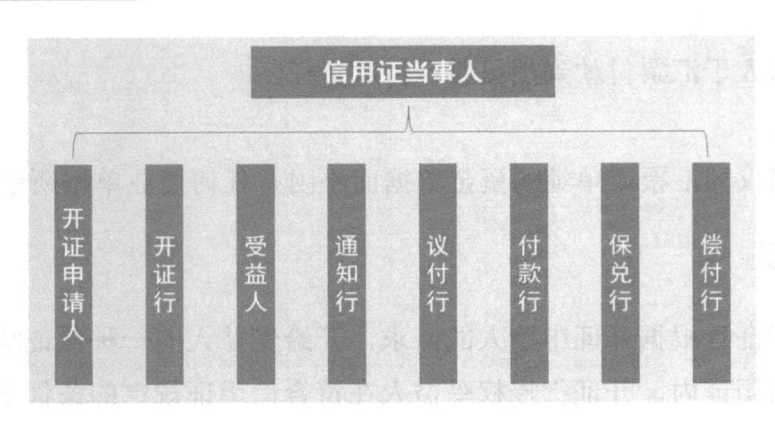

图 2-6 信用证部分当事人

1）开证申请人

开证申请人是指向银行提交申请书申请开立信用证的人，一般为进出口贸易业务中的进口商。

2）开证行

开证行是指接受开证申请人的申请，开立信用证的银行。开证行在信用证中承担第一付款责任，即只要受益人提交了符合信用证规定的单据，开证行就必须履行付款义务。

3）受益人

受益人是指开证行在信用证中授权使用和执行信用证并享受信用证所赋予的权益的人，一般为出口商。受益人需要按照信用证的规定发货并提交相关单据，以便在开证行审核无误后获得货款。

4）通知行

通知行是指受开证行的委托，将信用证通知给受益人的银行。通知行一般位于受益人所在的国家或地区，主要负责信用证的传递和确认工作。在传递信用证时，通知行会核对信用证的真实性，并通知受益人信用证已经开立。

5）议付行

议付行是指愿意买入或贴现受益人跟单汇票的银行。在受益人提交符合信用证要求的单据后，议付行可以根据受益人的要求买入或贴现其跟单汇票，并向受益人支付货款。议付行在议付后，会向开证行或指定的付款行索偿。

6）付款行

付款行是指信用证上指定的承担付款责任的银行。付款行在收到议付行或开证行的索偿请求后，会根据信用证的条款和条件进行付款。如果信用证未指定付款行，则开证行将承担付款责任。

7）保兑行

保兑行是指应开证行的请求或授权，对信用证进行保兑的银行。保兑行在保兑信用证后，既对信用证承担第一付款责任，又对符合信用证规定的单据承担付款责任。保兑行的加入，使信用证对受益人而言更加可靠，增强了受益人收取货款的信心。

8）转让行

在可转让信用证中，转让行是指负责将信用证转让给第二受益人的银行。转让行在转让信用证时，会按照开证行的指示和第一受益人的要求进行操作，确保转让的信用证符合原始信用证的条款和条件。

9）承兑行

在承兑信用证中，承兑行是负责承兑受益人提交的远期汇票的银行。承兑行在承兑汇票后，即承担到期付款的责任。

10）偿付行

偿付行是指开证行的代理人接受信用证开证行的委托，代开证行偿还议付行垫款的第三国银行。

2. 信用证的主要内容

信用证虽然没有统一固定的格式，但其基本内容是相同的，具体如下。

（1）对信用证本身的说明。例如，信用证的种类、性质，以及有效期、到期时间、交单期限等。

（2）对货物的要求。例如，货物的名称、品种、规格、数量、包装、金额等。

（3）对运输的要求。例如，装运的最迟期限、起运地和目的地、运输方式、可否分批装运和转运等。

（4）对单据的要求。单据主要分为货物单据、运输单据和保险单据。除这三类单据外，还有可能涉及其他单据，如寄样证明、装船通知电报副本等。

（5）特殊要求。根据进口国政治、经济、贸易情况的变化或每笔具体业务的需要，可以做出不同规定，如要求通知行加保兑、限制由某银行议付等。

（6）开证行对受益人及汇票持有人保证付款的责任条款，根据《跟单信用证统一惯例》开立，并进行签字和密押等。

3. 信用证的分类

1）有据而分

（1）按信用证项下的汇票是否附有货运单据，信用证可分为以下两种。

① 跟单信用证（Documentary L/C）。它是指凭跟单汇票或仅凭单据付款的信用证。此处的单据指代表货物所有权的单据（如海运提单等）或证明货物已交运的单据（如铁路运单、航空运单、邮包收据等）。在 B2B 跨境电商贸易的货款结算中，绝大部分使用跟单信用证。

② 光票信用证（Clean L/C）。它是指凭不随附货运单据的光票付款的信用证。即使银

行凭光票信用证付款，也可要求受益人附交一些非货运单据，如发票、垫款清单等。

（2）按开证行所负的责任，信用证可分为以下两种。

① 不可撤销信用证（Irrevocable L/C）。它是指信用证一经开出，在有效期内，未经受益人及有关当事人的同意，开证行不能进行修改和撤销，只要受益人提供的单据符合信用证规定，开证行必须履行付款义务。在B2B跨境电商贸易中，常用的是不可撤销信用证。

② 可撤销信用证（Revocable L/C）。它是指开证行不必征得受益人或有关当事人同意，有权随时撤销的信用证，一般会在信用证上注明"可撤销"字样。需要注意的是，《跟单信用证统一惯例》规定开证行不可开立可撤销信用证。

（3）按有无另一银行加以保证兑付，信用证可分为以下两种。

① 保兑信用证（Confirmed L/C）。它是指开证行开出的信用证，由另一家银行保证对符合信用证条款的单据履行付款义务。对信用证加以保兑的银行，称为保兑行。

② 不保兑信用证（Unconfirmed L/C）。它是指开证行开出的信用证，没有经另一家银行保兑。

（4）按付款时间，信用证可分为以下三种。

① 即期信用证（Sight L/C）。它是指开证行或付款行收到符合信用证条款的跟单汇票或装运单据后，立即履行付款义务的信用证。

② 远期信用证（Usance L/C）。它是指开证行或付款行收到信用证的单据时，在规定期限内履行付款义务的信用证。

③ 假远期信用证（Usance L/C Payable at Sight）。该类信用证规定受益人开立远期汇票，由付款行负责贴现，并规定一切利息和费用由开证申请人承担，在信用证中有"假远期"条款。这种信用证对受益人来讲，实际上仍属于即期收款。

（5）按受益人对信用证的权利可否转让，信用证可分为以下两种。

① 可转让信用证（Transferable L/C）。它是指信用证的受益人（第一受益人）可以要求授权付款、承担延期付款责任、承兑或议付的银行（统称"转让行"），或当信用证是自由议付时，可以要求信用证中特别授权的转让行，将信用证全部或部分转让给一个或数个受益人（第二受益人）使用的信用证。开证行在信用证中应明确注明"可转让"字样，可转让信用证只能转让一次。

② 不可转让信用证（Untransferable L/C）。它是指受益人不能将信用证的权利转让给他人的信用证。凡信用证中未注明"可转让"字样的，即为不可转让信用证。

（6）红条款信用证。红条款信用证常用于制造业，它可让开证行在收到单证之后，向受益人提前预付一部分款项。

2）依证作用来分

（1）循环信用证（Revolving L/C）。它是指信用证被全部或部分使用后，其金额又恢复到原金额，可再次使用，直至达到规定的次数或规定的总金额。循环信用证通常在分批均匀交货情况下使用。信用证按金额循环时，恢复到原金额的具体方式有以下三种。

① 自动式循环。每期用完一定金额后，无须等待开证行的通知，即可自动恢复到原金额。

② 被动循环。每期用完一定金额后，必须等待开证行的通知，信用证才能恢复到原金额。

③ 半自动循环。每期用完一定金额后若干天内，开证行未提出停止循环使用的通知，自第×天起信用证即可自动恢复至原金额。

（2）对开信用证（Reciprocal L/C）。它是指两张信用证的申请人互以对方为受益人而开立的信用证。对开信用证可同时互开，也可先后开立，两张信用证的金额相等或大体相等。对开信用证多用于易货贸易业务、来料加工和补偿贸易业务。

（3）背对背信用证（Back to Back L/C）。它又称转开信用证，是指受益人要求原信用证的通知行或其他与受益人有来往的银行以原信用证为基础，另开一张内容相似的新信用证。需注意的是，开证行只能根据不可撤销信用证来开立背对背信用证，原信用证的金额应高于背对背信用证的金额，而背对背信用证的装运期应早于原信用证的规定。当中间商转售他人货物，或者两国不能直接进行进出口贸易时，常通过第三者（如委托行）以开立背对背信用证的方法来沟通贸易。

（4）预支信用证（Anticipatory L/C）。它是指开证行授权代付行向受益人预付信用证金额的全部或一部分，由开证行来保证偿还并负担利息的信用证，即开证行付款在前，受益人交单在后，它与远期信用证相反。预支信用证可以分为全部预支和部分预支两种。全部预支是指受益人仅凭光票预支全部货款，有时需附补交单据声明；部分预支则是指凭光票和补交单据声明预支部分货款，待货运单据提交后再付清余款。预支货款会扣除利息。

（5）备用信用证（Standby L/C）。它又称商业票据信用证、担保信用证，是指开证行根据开证申请人的请求对受益人开立的承诺承担某项义务的凭证。开证行保证当开证申请人未能履行其义务时，受益人只要凭备用信用证的规定并提交开证申请人违约证明，即可取得开证行的偿付。它是一种银行信用，对受益人来说是在开证申请人违约时，取得补偿的一种方式。

（6）打包信用证（Packing L/C）。它又称打包放款，是指受益人在接到信用证后，凭信用证所列条款向银行预支一定数量的金额，用于购买契约货物和打包装运。装运后，预支金额的本息会在议付时从货款中扣除。这种做法是出口地银行给予受益人的一种"装运前融资"（Pre-Shipment Financing）。打包信用证的主要目的是为受益人提供资金支持，以便其能够按照信用证的要求及时完成货物的生产和装运。这种方式可以避免因受益人资金短缺而影响交货时间和质量，从而确保交易的顺利进行。同时，打包信用证也为银行提供了一种新的融资业务，拓宽了银行的收入来源。

4. 信用证各方的权利与义务

1）开证申请人

开证申请人是指向银行申请开立信用证的人，其义务和权利如下。

（1）义务：根据合同开证；向银行交付一定比例的押金；及时付款赎单。

（2）权利：验、退赎单；验、退货（均以信用证为依据）。

需注意的是，开证申请书包括开证申请、对开证行的声明和保证。其中，对开证行的声明和保证如下：在申明付款赎单前，货物的所有权归开证行；开证行及其代理行只负单据表面是否合格之责，不对单据传递中的差错及不可抗力因素负责；保证到期付款赎单；保证支付各项费用；开证行有权随时追加押金；开证行有权决定为货物代办保险和增加保险级别（其费用由开证申请人负担）。

2）受益人

受益人是指信用证上所指定的有权使用该信用证的人，即出口商或实际供货人，其义务和权利如下。

（1）义务：收到信用证后应及时与合同核对，当信用证的内容与合同不符时，受益人应尽早要求开证申请人指示开证行修改信用证或拒绝接受；按合同规定发货并通知收货人，备齐单据后在规定时间内向议付行交单议付；受益人对单据的正确性负责，在单据与信用证内容不符时应执行开证行的改单指示，并仍需要在信用证规定的期限内交单。

（2）权利：在被拒绝修改或修改后仍不符时，有权在通知对方后单方面撤销合同并拒绝信用证；交单后若开证行倒闭或无理拒付，可直接要求开证申请人付款；收款前若开证申请人破产可停止货物装运并自行处理；若开证行倒闭时信用证还未使用，则可要求开证申请人另开。

3）开证行

开证行是指接受开证申请人的申请开立信用证的银行，它承担保证付款的责任，其义务和权利如下。

（1）义务：正确、及时开证；承担第一性的付款责任。

（2）权利：收取手续费和押金；拒绝受益人或议付行的不符单据；付款后若开证申请人无力付款赎单时可自行处理单、货；货不足款可向开证申请人追索余额。

4）通知行

通知行是指受开证行的委托，将信用证转交受益人的银行，它只负责证明信用证的真实性，不承担其他义务，是出口地所在银行。

5）议付行

议付行是指根据开证行的付款保证和受益人的请求，按信用证规定对受益人交付的跟单汇票垫付或贴现，并向信用证规定的付款行索偿的银行，又称购票行、押汇行和贴现行。在 B2B 跨境电商贸易中，议付行通常就是通知行。其义务和权利如下。

（1）义务：严格审单；垫付或贴现跟单汇票；背批信用证。

（2）权利：可议付也可不议付；议付后可处理（货运）单据；议付后开证行倒闭或借口拒付可向受益人追回垫款。

6）付款行

付款行是指根据符合信用证的单据向受益人付款的银行，它可以是开证行也可以是受其委托的其他银行，但多数情况下，付款行就是开证行。付款行有权付款或不付款；一经付款，无权向受益人或汇票持有人追索。

7）保兑行

保兑行是受开证行委托对信用证以自己的名义保证的银行。其权利如下：加批"保证兑付"；承诺不可撤销；独立对信用证负责，凭单付款；付款后只能向开证行索偿，若开证行拒付或倒闭，则无权向受益人和议付行追索。

8）偿付行

偿付行是指受开证行的委托，代开证行向议付行或付款行清偿垫款的银行，又称清算行。其权利如下：只付款不审单；只管偿付不管退款；不偿付时开证行偿付。

9）承兑行

承兑行是指对受益人提交的汇票进行承兑的银行，亦是付款行。

> **想一想**
>
> 在 B2B 跨境电商贸易中，传统的线下跨境电子支付方式存在哪些风险？

三、线上跨境电子支付方式

相较于 B2B 跨境电商贸易而言，B2C 跨境电商贸易的特点是小额、高频、回款速度要求高。传统线下支付方式的付款周期长，无法满足 B2C 商家的收款要求，线上跨境电子支付方式的出现加快了资金到账的速度，有效降低了交易成本。常见的线上跨境电子支付方式包括网上银行、国际信用卡及第三方支付渠道。

（一）网上银行

网上银行又称网络银行、在线银行，是金融机构利用计算机和互联网技术在互联网上开设的银行，是一种不受时间、空间限制的银行客户服务系统，如图 2-7 所示。网上银行主要是向客户提供互联网上的资金实时结算业务。

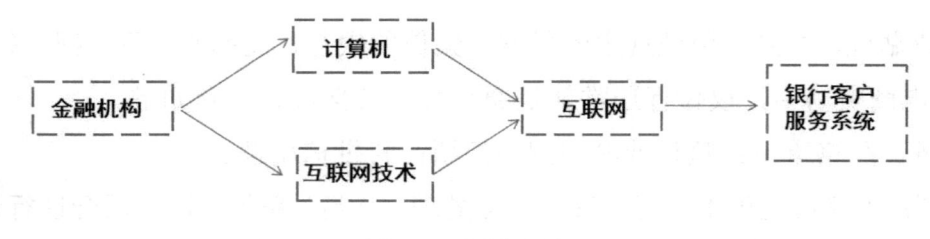

图 2-7　网上银行

1. 网上银行的类型

网上银行主要分为分支型网上银行、纯网上银行、企业网上银行和个人网上银行四种类型。

1）分支型网上银行

分支型网上银行是指现有的传统银行将互联网作为新的服务手段，建立银行站点，为客户提供在线服务。

2）纯网上银行

纯网上银行一般只设有一个办公地址，既无分支机构又无营业网点，几乎所有业务都通过网络来进行。

3）企业网上银行

企事业组织可以通过企业网上银行在组织内部调配资金，处理网上支付和工资发放业务，也可处理信用证相关业务。

4）个人网上银行

客户可以通过个人网上银行，完成实时查询、转账、网络支付和汇款业务。

2. 网上银行的支付流程

步骤1：若已开通网上银行，则在支付页面直接选择"线上支付"选项。

步骤2：在"线上支付"页面，可查找自己常用的银行，若常用的银行在此页面查找不到，也可选择下方的"平台支付"选项，在下一页面继续选择更多银行。

步骤3：选定银行后，单击"同意支付协议并支付"按钮，页面跳转至网上银行登录页面，根据页面提示输入卡号、验证码、附加码等信息后，单击"下一步"按钮。

步骤4：输入页面要求的手机号码尾缀数，单击"下一步"按钮。

步骤5：输入交易密码、动态密码，单击"确定"按钮。

步骤6：支付成功后，页面跳转，提示支付成功等待核保。

（二）国际信用卡

国际信用卡是银行联合国际信用卡组织签发给那些资信良好的客户并可以在全球范围

内进行透支消费的卡片，同时该卡也被用于在国际网络上确认客户的身份。

1. 国际信用卡的种类

国际信用卡主要包括 VISA 卡、Master Card、运通卡、大来卡和 JCB 卡等。

1）VISA 卡

VISA 卡又称维萨卡，示例如图 2-8 所示。它是维萨国际组织于 1976 年年末开始发行的信用卡。

图 2-8　VISA 卡示例

2）Master Card

Master Card 又称万事达卡，示例如图 2-9 所示，是万事达国际组织与全球各地银行联合发行的信用卡。1969 年，银行卡协会购下了 Master Charge 的专利权，统一了各发卡行的信用卡名称和样式。1979 年，Master Charge 改为 Master Card。

图 2-9　Master Card 示例

维萨国际组织和万事达国际组织在全球范围构建了一个刷卡消费的联盟，国内银行与他们合作以后，国内银行发行的信用卡就能在其联盟范围内刷卡消费。客户可以在申请信用卡的时候选择申请 VISA 卡还是 Master Card。

3）运通卡

运通卡服务于高端客户的历史长达百年，积累了丰富的服务经验和庞大的优质客户群体。成立于 1850 年的运通公司，最初的业务是提供快递服务。随着业务的不断发展，运通公司于 1891 年率先推出旅行支票，主要面向经常旅行的高端客户。自 1958 年发行第一张运通卡以来，迄今为止运通公司已在 68 个国家和地区以 49 种货币发行了运通卡，示例如图 2-10 所示。

图 2-10　运通卡示例

4）大来卡

大来卡于 1950 年由创业者 Frank MC Mamaca 创办，是第一张塑料付款卡，最终发展成为一个国际通用的信用卡，示例如图 2-11 所示。大来卡的主要优势在于其能够迅速占领尚未充分开发的市场，通过在这些区域提升销售额，进一步巩固其在全球信用卡市场的领导地位。

图 2-11　大来卡示例

5）JCB 卡

JCB 卡是世界通用的国际信用卡，是由日本三和银行、信贩银行、三井银行、协和银行、大和银行在 1961 年联合发行的信用卡，该信用卡已在全世界 190 多个国家和地区发行流通。JCB 为国际五大信用卡品牌之一，也是唯一源自亚洲的国际信用卡品牌，JCB 卡示例如图 2-12 所示。

图 2-12　JCB 卡示例

2. 国际信用卡的支付流程

国际信用卡支付通道用于接收海外用户的信用卡付款，是由第三方支付机构和银行合作开发的。商家只需要向第三方支付机构申请通道，提供个人账户用于结算即可。国际信用卡的支付流程具体如下。

步骤1：买卖双方达成合作并确定使用信用卡进行支付。

步骤2：提交支付请求到合作公司的支付网关。

步骤3：支付通道在评估无风险、确认可支付后，将扣款请求和相关信息抛送给收单行，收单行再次进行确认并将其提交到发卡行，并向发卡行申请扣款请求。

步骤4：发卡行通过国际信用卡组织评估，并对某笔交易实时扣款，反馈相关结果。

步骤5：妥投结算。收单行先根据交易信息对支付通道进行结算，支付通道再按收单行明细给商户划款。

（三）第三方支付渠道

随着人均购买力的增强、互联网普及率的提升、物流等配套设施的完善，网购已经成为主流的消费方式。依托于跨境电商的飞速发展，第三方支付渠道也日益成熟。常用的第三方支付渠道主要有 PayPal、Payoneer、Western Union、WebMoney 和 WorldFirst 等。

1. PayPal

PayPal，又译为"贝宝"，是一家总部位于美国加利福尼亚州圣荷塞市的第三方支付服务商，它允许在使用电子邮件来标识身份的用户之间转移资金，致力于安全、简单、便捷地实现在线付款和收款。PayPal 的核心业务包括在线支付、移动支付、信用支付及线下支付。PayPal 也和一些主流电商网站合作，成为它们的货款支付方式之一。当用户用 PayPal 转账时，PayPal 会收取一定数额的手续费。PayPal 标识如图 2-13 所示。

图 2-13　PayPal 标识

1）PayPal 账户的分类

PayPal 账户可分为三类，分别是个人账户、高级账户和企业账户。

（1）个人账户适用于希望实现在线收款和购物的个人买家，主要功能是用来付款，兼有收款的功能。付款时没有任何手续费，收款时按标准费率收取手续费。

个人账户的特点具体如下。

① 收款没有限额，但不能接受来自信用卡的付款。需注意，没有认证的账户对外付款有 1000 美元的限制，完成认证后没有限制。

② 没有认证的账户不能提现，认证后的账户不能使用支票提现方式，其他方式没有限制。

③ 不能申请商家优惠费率，不能集中付款，不能集成到独立的网站上。

（2）高级账户适用于以公司或团体名义运营的商家，主要功能是收款和偶尔付款。付款时没有任何手续费，收款时按标准费率收取手续费。

高级账户的特点具体如下。

① 高级账户拥有个人账户的所有功能，可接受来自信用卡的付款。

② 可查看历史交易记录，可申请商家优惠费率，可集中付款，亦可集成到独立的网站上。

③ PayPal 高级账户是进行跨国贸易使用最广泛的账户之一。

（3）企业账户的使用者是以企业或团体名义经营的大型商家，特别是使用企业银行账户提现的商家。

企业账户的特点具体如下。

① 当客户向企业账户付款时，收款方显示为企业名称，可提高客户的信任度。

② 企业账户可以设定权限不同的二级账户，如只能查看余额、只能退款或只能提现的二级账户等。

③ 高级账户可以随时通过添加商家信息来升级为企业账户，企业账户也可以随时降级为高级账户，但每个账户只有一次降级的机会。

重要提示：

① 通过提交相关资料，个人账户可升级为高级账户，高级账户亦可升级为企业账户；

② 高级账户在升级为企业账户后，可提现至个人银行账户或企业银行账户，直接注册的企业账户只能提现到企业银行账户；

③ 不具备进出口权限的企业，是无法提现到其企业银行账户的。

④ 建议商家注册高级账户，这样方便认证，后期也可根据实际需要升级为企业账户。

2）PayPal 支付与结算流程

付款人欲通过 PayPal 向商家或个人付款时，具体流程如下。

步骤 1：只要有一个电子邮箱，付款人就可以注册 PayPal 账户，通过验证成为其用户，并提供信用卡或相关银行资料，将一定数额的款项从其开户时登记的账户（如信用卡）转移至 PayPal 账户下。

步骤 2：当付款人向其他人付款时，必须先进入 PayPal 账户，指定特定的汇出金额，并提供收款人（商家或个人）的电子邮箱账号。

步骤 3：接着 PayPal 向收款人发出电子邮件，通知其有等待领取或转账的款项。

步骤 4：若收款人也是 PayPal 用户，其决定接受后，付款人所指定的款项即转给收款人。若收款人不是 PayPal 用户，则需要依 PayPal 电子邮件内容指示链接进入网页注册取得一个 PayPal 账户，收款人可以选择将取得的款项转换成支票寄到指定的处所、转入其个人的信用卡账户或另一个银行账户。

2．Payoneer

Payoneer 译为派安盈，成立于 2005 年，总部设在美国纽约，是万事达国际组织授权的具有发卡资格的机构，旨在为支付人群分布广而多的联盟提供简单、安全、快捷的转款服务。数千家联盟及数百万名收款人的加入使 Payoneer 成为支付行业的领先者。Payoneer 的合作伙伴涉及的领域众多，并已将服务覆盖了全球 210 多个国家和地区。Payoneer 标识如图 2-14 所示。

图 2-14　Payoneer 标识

1）Payoneer 的产品体系

（1）全域收款：Payoneer 通过平台系统对接、本地账户收款的形式，向全球电商商家提供便捷综合的收款方案。

（2）全场景付款：全场景付款，满足各类商业支付的需要。

（3）余额原币种直付：不用多重汇兑，方便轧差结汇兑换目的国币种直付。

（4）全球跨境收款：提供外贸收结付整体解决方案、电子钱包收款解决方案、移动应用出海收款解决方案等适合跨境贸易的资金收款服务。

2）Payoneer 账户的分类

Payoneer 账户分为实体卡和虚拟账户：实体卡是预付万事达实体卡，具有提现和消费功能；虚拟账户则用于接收资金，具有收款功能。虚拟账户已开放有美元、英镑、欧元、日元、加元、澳元收款功能，可在线接收美国公司、欧洲各国公司、日本公司的资金。

虚拟账户支持公司及个人注册，完成 Payoneer 账户审核后，将随账户自动签发美国和欧洲各国支付服务。

Payoneer 账户对比如表 2-2 所示。

表 2-2　Payoneer 账户对比

项目	虚拟账户	实体卡
注册类型	支持公司及个人注册	仅支持个人注册
签发服务	注册后自动签发美国和欧洲各国支付服务	注册后默认签发美国支付服务，提交申请后签发欧洲各国支付服务

续表

项目	虚拟账户	Payonner 实体卡
收取资金	账户审核通过即可收款和提现	账户审核通过即可收款
提现方式	支持提现至本地银行账户和多币种转账	激活卡后，支持提现至银行账户和多币种转账；也可在自动取款机取现和 POS 机消费
卡片费用	无相关费用	收取相关费用，消费时收取跨境费或货币兑换费
提现与取款费用	二者相同（以 Payoneer 官网公布的费用为准）	

3）Payoneer 支付与结算流程

目前，Upwork、Airbnb、Fiverr、99designs、iStock 等众多顶尖平台网络均选择 Payoneer 作为其官方支付工具，实现轻松收款。Payoneer 支付与结算流程具体如下。

步骤 1：选择 Payoneer 作为平台收款选项中的首选支付服务商。

步骤 2：款项直接收入 Payoneer 账户，付款方数量不限。

步骤 3：款项既可提现至本地银行账户，又可在自动取款机取现。

3．Western Union

Western Union，译为西联汇款，是西联国际汇款公司的简称。该公司成立于 1851 年，是世界上领先的特快汇款公司，它拥有先进的电子汇兑金融网络，代理网点遍布全球近 200 个国家和地区。该公司是美国财富五百强之一的第一数据公司（FDC）的子公司，在中国拥有众多合作伙伴，如中国光大银行、中国邮政储蓄银行、中国建设银行、浦发银行等。Western Union 标识如图 2-15 所示。

图 2-15　Western Union 标识

1）Western Union 的汇款方式

Western Union 的汇款方式比较简单，一般可以通过在线电子渠道办理，或者是在线下网点办理。

（1）在线电子渠道。用户在合作银行的网点申请开通电子银行业务后，可以通过此银行的网上银行和手机银行进行汇款。

（2）线下网点。用户可以在合作银行的线下网点办理汇款业务。

2）Western Union 的汇款流程

用户需要到最近的合作银行的网点办理，具体汇款流程如下。

步骤 1：填写汇款表单。客户需填写汇款表单，然后向 Western Union 的合作银行出示身份证或其他要求的证件。

步骤 2：支付汇款手续费。客户需将要汇出的款额连同手续费一起交给 Western Union

的合作银行。

步骤 3：签名并接收收据。在确认收据上的所有信息均无误之后，客户要签署一张收据。收据所打印的内容之一是客户的汇款监控号码（Money Transfer Control Number，MTCN）。客户可使用 MTCN 联机（在网上）跟踪汇款的状态。

步骤 4：通知收汇人。Western Union 与收汇人取得联系，将一些必要信息告诉收汇人，如汇款人的姓名、汇款金额、MTCN 和汇款国家或地区。若收汇人是第一次使用直接收汇至中国银行卡账户的服务，则应在北京时间早 8:00 至晚 8:00 间拨打中国服务热线核实必要信息。若收汇人不是第一次使用直接收汇服务，则无须再拨打中国服务热线。但是，当收汇人的必要信息有所改变时（如汇款至同一银行的另一银行卡账户），则需要再次拨打中国服务热线以核实必要信息。

通知收款时，需核实以下信息：

① 收汇人的中文姓名和 MTCN；
② 收汇人和汇款人的有效身份证号码；
③ 收汇和汇款银行的名称及银行卡账号。

步骤 5：跟踪汇款的状态。单击 Western Union 网站主页上的"跟踪"链接后，可通过输入客户姓名的拼音（汇款人姓名）和 MTCN 来跟踪汇款的状态。

步骤 6：检查汇款的状态。收汇人和汇款人可以拨打所属区域的热线电话来了解汇款的状态。

4. WebMoney

WebMoney 是由成立于 1998 年的 WebMoney Transfer Technology 公司开发的一种在线电商支付系统。截至 2018 年 4 月，其注册用户已接近 3000 万人，其支付系统可以在包括中国在内的全球 70 个国家和地区使用。在俄语系国家、欧美国家及日本都有相当的使用人群，是俄语系国家的三大在线支付工具之一（另外两个是 Yandex Wallet 和 Qiwi Wallet）。WebMoney 标识如图 2-16 所示。

图 2-16　WebMoney 标识

1）WebMoney 的特点

① 安全性：转账有手机短信验证、异地登录 IP 保护等多重保护措施。
② 迅速性：即时到账。
③ 稳定性：俄罗斯最主流的电子支付方式之一，用户在俄罗斯各大银行均可自主充值取款。
④ 国际性：人人都能在网上匿名免费开户，可以零资金运行。
⑤ 方便性：只需要知道对方的账号即可转账汇款。

⑥ 隐私性：匿名申请，隐私保护。

⑦ 通用性：全球许多投资类站点、购物网站都可以使用 WebMoney 收付款。

2）WebMoney 的核心业务

WebMoney 的核心业务包括个人业务和对公业务，具体业务类型及内容如下。

① 充值/提现：WebMoney 可以通过电子货币、银行账户、加密货币、现金等方式充值或提现。

② 支付：WebMoney 支持用户在多种生活服务领域进行付费，如网络付费、话费充值、旅游支出等。

③ 贷款：WebMoney 系统可以向用户提供信贷或贷款服务。

④ 筹集资金：WebMoney 可根据自愿捐款、参与团购和活动策划的原则实施创意、科学、工业和慈善项目，从而进行筹款。

⑤ 收款：在线商店可以通过 WebMoney 进行收款。

⑥ 付款：用户可以通过 WebMoney 的钱包进行付款。

5. WorldFirst

WorldFirst 译为万里汇，属于蚂蚁集团旗下品牌，主营业务是跨境收付款服务。WorldFirst 自 2004 年在英国伦敦成立以来，一直致力于为全球中小型企业提供优质的支付服务，2019 年加入蚂蚁集团成为其重要组成之一。WorldFirst 标识如图 2-17 所示。

图 2-17　WorldFirst 标识

想一想

1. 信用卡支付的风险有哪些？
2. 除上述常见的第三方支付渠道外，你还知道其他哪些渠道？

任务实操

一、任务目标

本任务的实操演练活动要求根据提供的任务背景，结合所学知识，深入了解跨境电子支付方式，熟悉跨境电子支付的操作流程，掌握跨境电子支付账户的注册方法。

项目二　跨境电子支付

任务背景

某企业是一家专注于创意家居产品研发、生产和销售的现代化企业,在家居行业内占据较高的市场份额。近期,该企业决定由国内市场转向国际市场,积极开拓跨境电商业务。在开展跨境电商业务前,企业负责人最关心的便是国际收款问题,迫切想要了解跨境电子支付方式。

二、任务内容

(一)跨境电子支付方式分析

以小组为单位,结合所学知识,通过互联网搜索查询,对常见的跨境电子支付方式进行总结,完成表2-3。

表2-3　跨境电子支付方式总结

	支付方式	支付类型	优势	风险
线下	汇付			
	托收			
	信用证			
线上	网上银行			
	国际信用卡			
	第三方支付渠道			

(二)跨境电子支付流程梳理

1. 汇付流程总结

(1)根据图2-18,用简洁的语言准确描述信汇的流程。

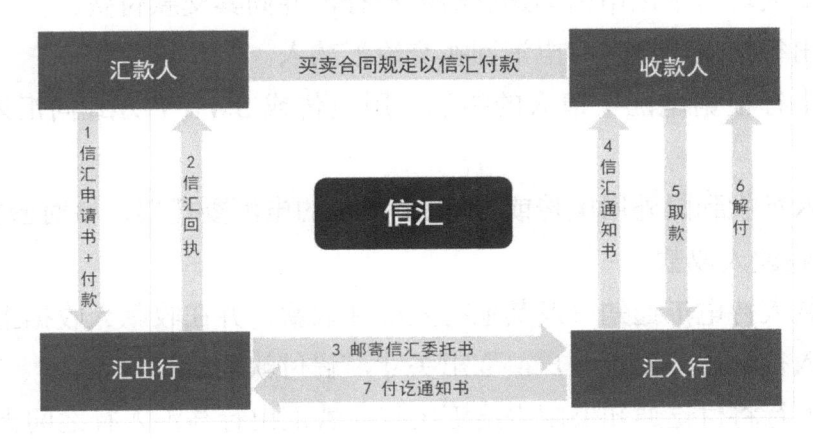

图2-18　信汇流程示意图

信汇的流程具体如下。

步骤1：汇款人委托汇出行办理信汇汇款，填写汇款申请书，注明"信汇"，交款付费。

步骤2：汇出行受理汇款业务，收妥汇款金额及费用，将汇款申请书第二联作为回执交给汇款人，从而确定双方的委托关系。

步骤3：汇出行根据汇款申请书的内容，缮制信汇委托书，并将其邮寄给汇入行。

步骤4：汇入行缮制信汇通知书通知收款人。

步骤5：收款人凭信汇通知书及有效证件取款。

步骤6：汇入行核对相关凭证无误，解付款项。

步骤7：汇入行寄送付讫通知书至汇出行，告知款项付讫。

（2）根据图2-19，用简洁的语言准确描述电汇的流程。

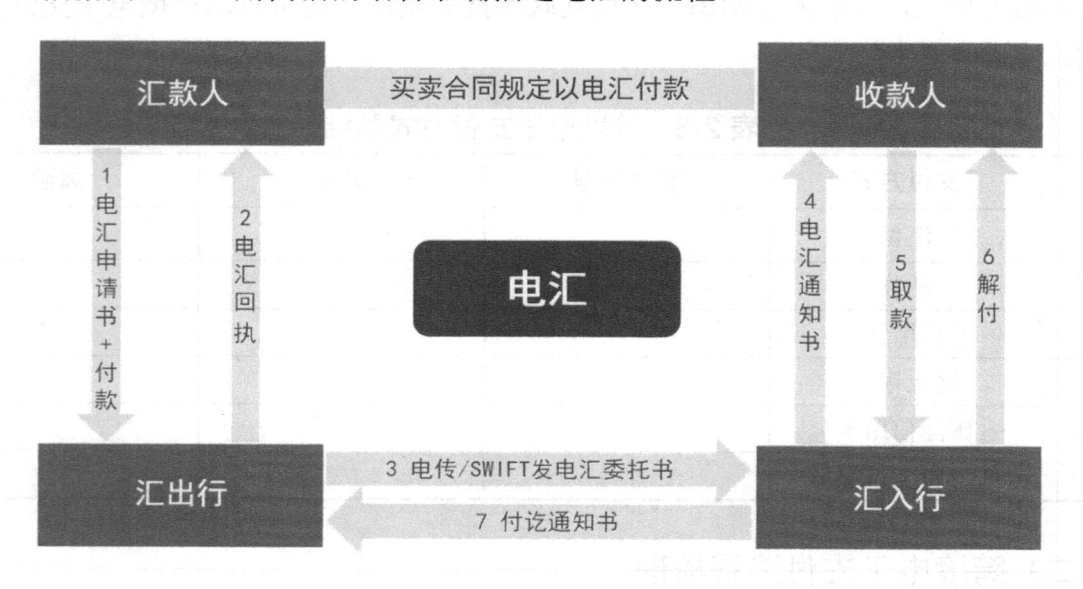

图 2-19　电汇流程示意图

电汇的流程具体如下。

步骤1：汇款人填写电汇申请书递交给汇出行，并向其交款付费。

步骤2：汇出行接受申请，将电汇回执交给汇款人。

步骤3：汇出行根据电汇申请人的指示，用电传或SWIFT方式向汇入行发出电汇委托书。

步骤4：汇入行收到国外用电传或SWIFT发来的电汇委托书，核对密押无误后缮制电汇通知书，通知收款人取款。

步骤5：收款人持电汇通知书及其他有效证件取款，并在收款人收据上签字。

步骤6：汇入行解讫汇出行账户，取出头寸，解付款项给收款人。

步骤7：汇入行将付讫通知书邮寄给汇出行（若汇出行与汇入行之间无直接账户关系，则须进行头寸清算）。

（3）根据图 2-20，用简洁的语言准确描述票汇的流程。

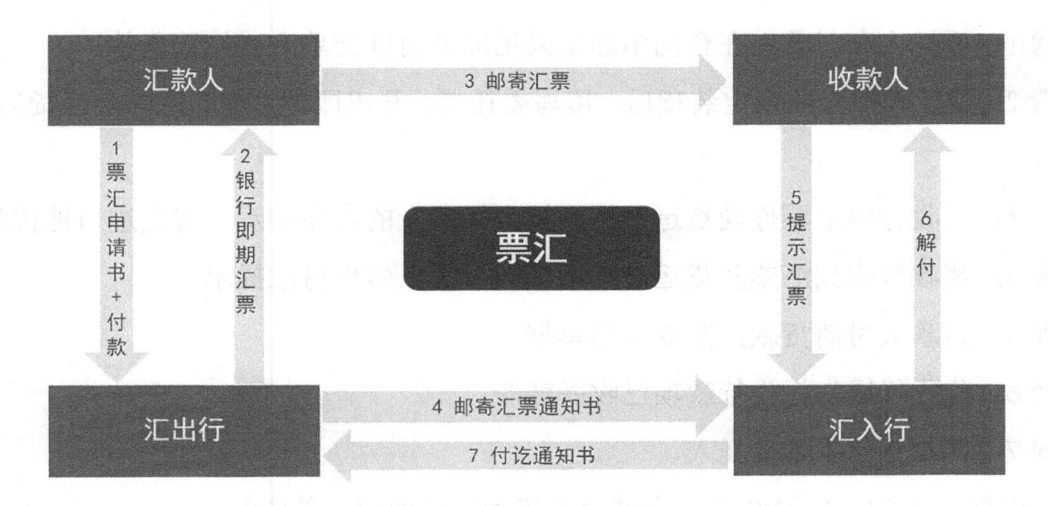

图 2-20 票汇流程示意图

票汇的流程具体如下。

步骤 1：汇款人委托汇出行办理票汇汇款，填写汇款申请书，注明"票汇"，交款付费。

步骤 2：汇出行开立银行即期汇票，并将其交给汇款人。

步骤 3：汇款人邮寄汇票给外国收款人或自己携带出国。

步骤 4：汇出行将汇票通知书（票根）邮寄给汇入行。

步骤 5：收款人向汇入行提示汇票，要求取款。

步骤 6：汇入行核对票汇与票根无误，解付款项。

步骤 7：汇入行寄送付讫通知书至汇出行，告知款项付讫。

2. 托收流程总结

（1）根据图 2-21，用简洁的语言准确描述即期付款交单的流程。

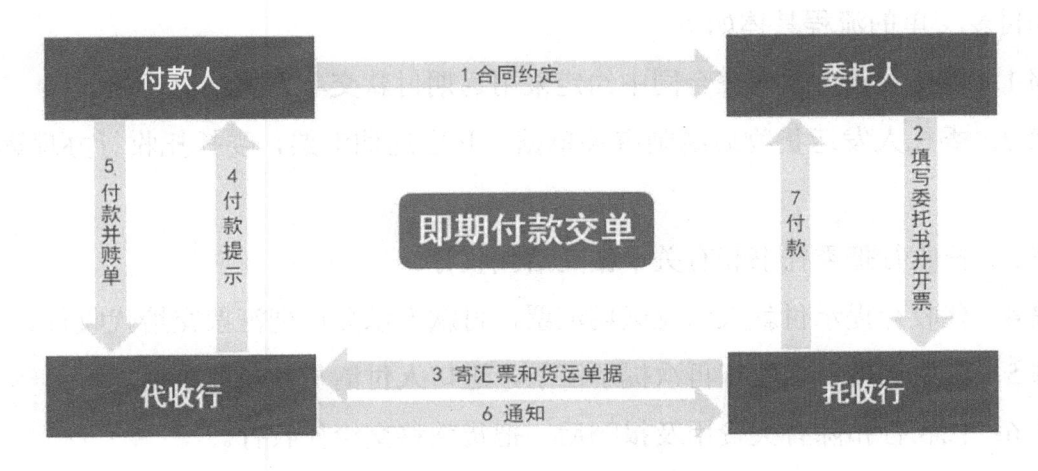

图 2-21 即期付款交单流程示意图

即期付款交单的流程具体如下。

步骤1：委托人和付款人在合同中约定采用即期付款交单方式结算货款。

步骤2：委托人按合同规定装货后，填写委托书，开出即期汇票，连同全套货运单据送交托收行。

步骤3：托收行将汇票连同货运单据，按委托书上的各项指示，寄交进口地代收行。

步骤4：代收行收到汇票及货运单据后，向付款人做出付款提示。

步骤5：付款人付清货款，赎取全套单据。

步骤6：代收行通知托收行款项已收妥转账。

步骤7：托收行付款给委托人。

（2）根据图2-22，用简洁的语言准确描述远期付款交单的流程。

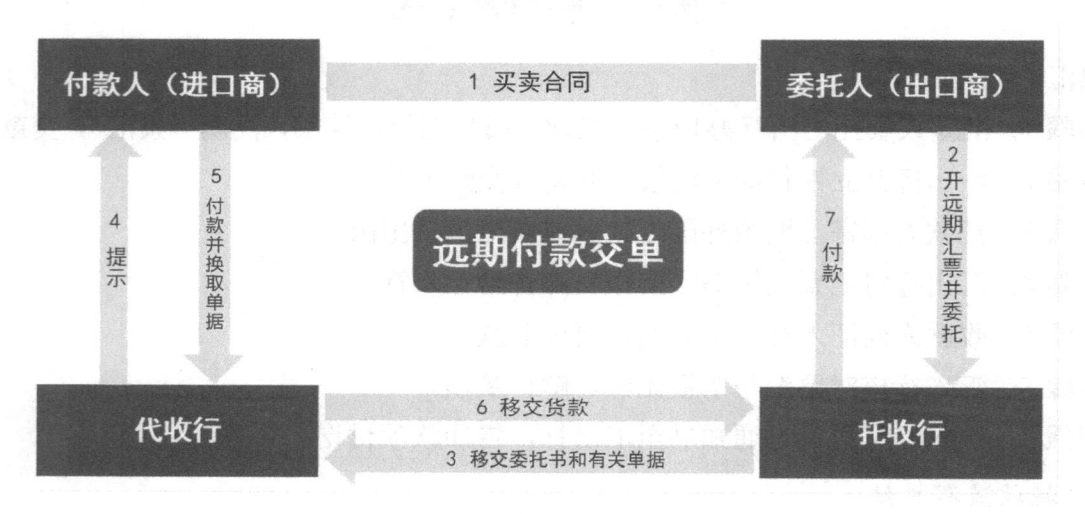

图2-22 远期付款交单流程示意图

远期付款交单的流程具体如下。

步骤1：委托人和付款人在合同中约定采用远期付款交单方式结算货款。

步骤2：委托人发运货物后缮制有关单据，开出远期汇票，委托托收行办理远期付款托收。

步骤3：托收行把委托书和有关单据交给代收行。

步骤4：代收行提示付款人承兑远期汇票，付款人承兑后把汇票交给代收行。

步骤5：汇票到期日代收行再次提示汇票，进口人付清货款换取单据。

步骤6：代收行扣除有关费用及报酬后，把货款移交给托收行。

步骤7：托收行付款给委托人。

（3）根据图2-23，用简洁的语言准确描述承兑交单的流程。

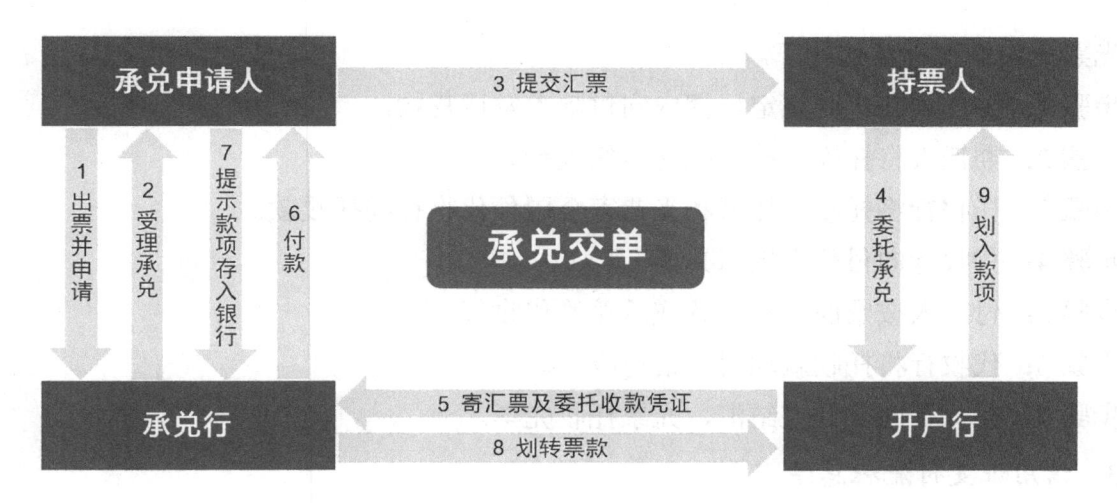

图 2-23 承兑交单流程示意图

承兑交单的流程具体如下。

步骤 1：承兑申请人出示未到期且合法有效的汇票及申请书等材料向承兑行提出承兑申请。

步骤 2：承兑行经审查同意后，在商业汇票上签字承兑，保证此票到期时无条件付款。

步骤 3：承兑申请人将有效的汇票提交给持票人。

步骤 4：持票人将汇票及委托申请书等材料送交给开户行，委托承兑。

步骤 5：开户行将要到期的承兑汇票连同委托收款凭证寄送给承兑行。

步骤 6：承兑申请人于承兑汇票到期前将款项付给承兑行。

步骤 7：承兑行收到款项后向承兑申请人发出付款通知，提示款项存入银行，承兑申请人据以编制付款凭证。

步骤 8：承兑行将收到的款项划转给开户行。

步骤 9：开户行将款项划入持票人账户，承兑交单完毕。

（4）根据图 2-24，用简洁的语言准确描述光票托收的流程。

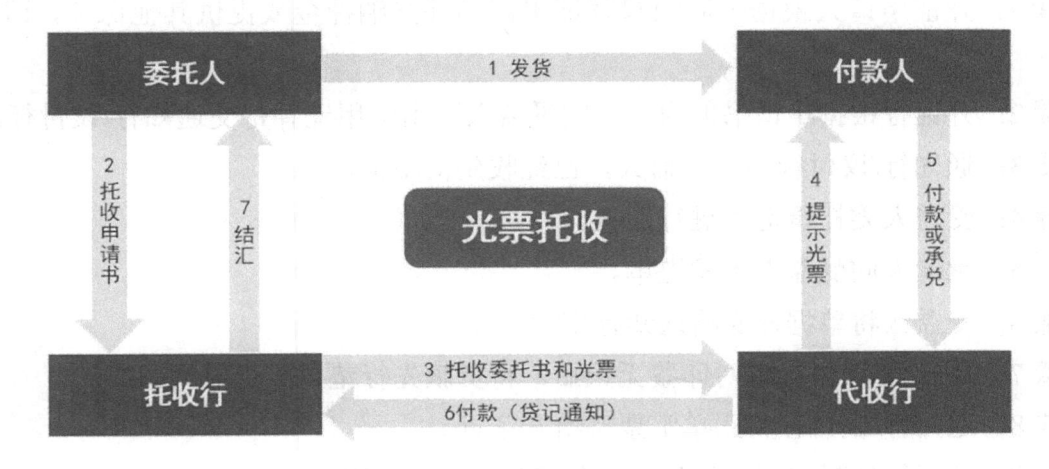

图 2-24 光票托收流程示意图

光票托收的流程具体如下。

步骤1：委托人在合同规定日期内向付款人发运货物。

步骤2：委托人将托收申请书提交给托收行。

步骤3：托收行将托收委托书和光票寄至国外代收行委托收款。

步骤4：代收行向付款人提示光票。

步骤5：付款人按票面金额付款或承兑给代收行。

步骤6：代收行将托收款项付款给托收行。

步骤7：托收行向委托人结汇，光票托收完毕。

3. 信用证支付流程总结

根据图2-25，用简洁的语言准确描述信用证支付的流程。

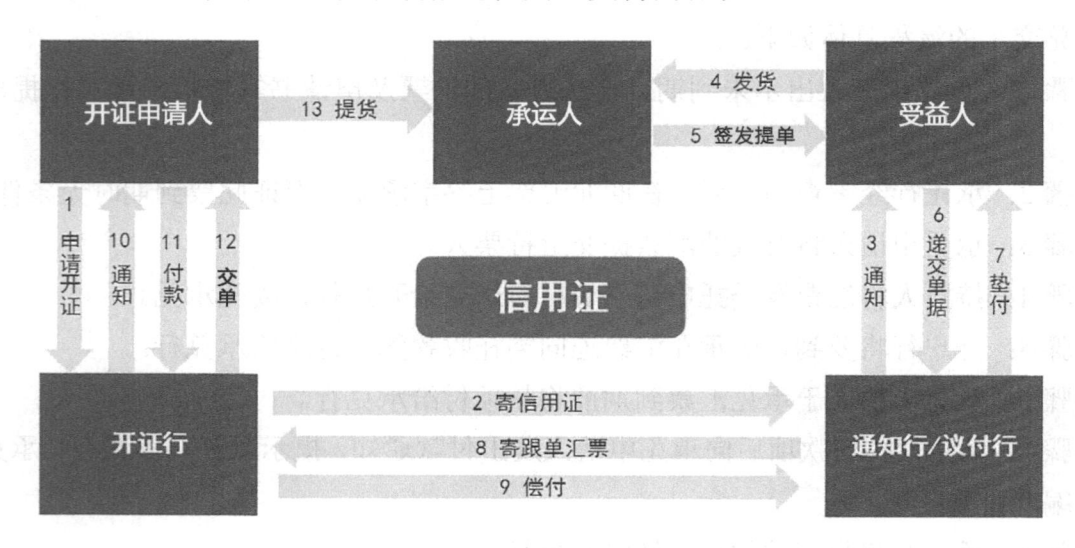

图2-25 信用证支付流程示意图

信用证支付的流程具体如下。

步骤1：开证申请人根据合同填写开证申请书并交纳押金或提供其他保证，请开证行开证。

步骤2：开证行根据申请书的内容，向受益人开出信用证并寄交通知行/议付行。

步骤3：通知行/议付行通知受益人，已经收到信用证。

步骤4：受益人委托承运人进行发货。

步骤5：承运人向受益人签发提单。

步骤6：受益人将单据递交给通知行/议付行。

步骤7：通知行/议付行核对印鉴无误后，将货款先行垫付给受益人。

步骤8：通知行/议付行将跟单汇票寄给开证行。

步骤9：开证行核对单据无误后，偿付给通知行/议付行。

步骤 10：开证行通知开证申请人付款赎单。

步骤 11：开证申请人核实无误后，向开证行付款。

步骤 12：开证行在开证申请人付款后将单据交给开证申请人。

步骤 13：开证申请人通过单据向承运人提货。

（三）跨境电子支付账户注册

根据以下步骤，完成 Payoneer 个人账户的注册。

步骤 1：登录 Payoneer 官网并单击"马上注册"按钮，如图 2-26 所示。

步骤 2：选择业务类型，如"个人"，按提示依次填写名、姓氏、电邮地址、出生日期等信息，如图 2-27 所示，单击"下一步"按钮。

图 2-26　单击"马上注册"按钮　　　　图 2-27　填写个人信息

步骤 3：填写联系信息，包括地址信息、手机号码，完成手机短信验证，如图 2-28 所示，单击"下一步"按钮。

步骤 4：填写安全信息，包括用户名、登录密码、安全问题、身份信息等，如图 2-29 所示。

图 2-28　填写联系信息　　　　　　　　　图 2-29　填写安全信息

步骤 5：填写个人账户信息，勾选同意条款，如图 2-30 所示。

步骤 6：单击"提交"按钮即申请成功，待系统审核通过后即可激活 Payoneer 账户，如图 2-31 所示。

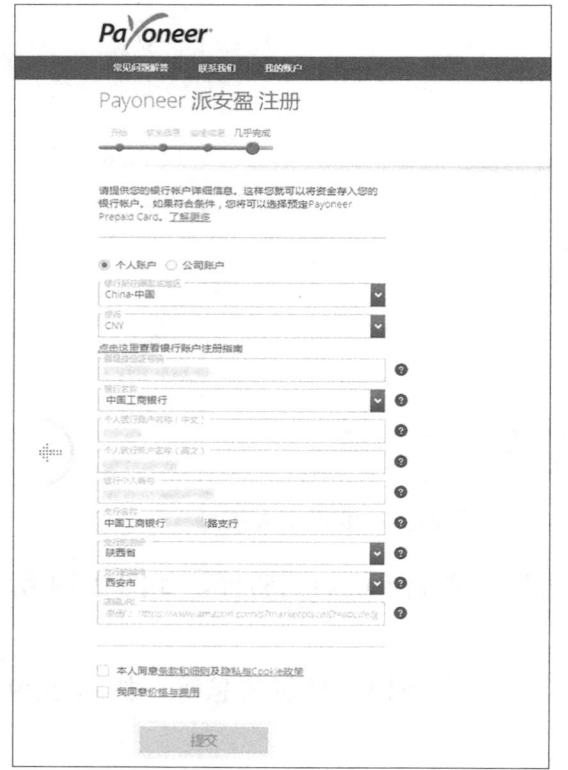

图 2-30　填写个人账户信息　　　　　　　　图 2-31　等待系统审核

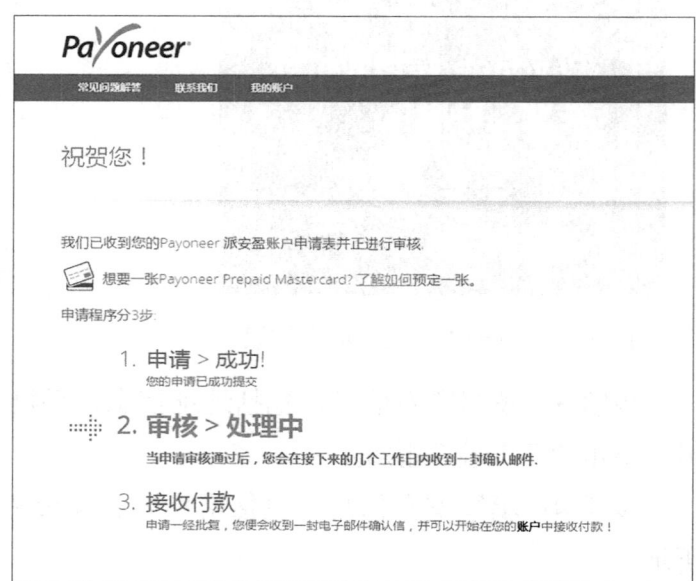

三、任务评价

完成演练活动后，根据活动过程的表现进行三方评价与打分，完成表 2-4。

表 2-4　跨境电子支付方式实训评价表

活动名称	跨境电子支付方式的认知			
完成方式	小组协作完成			
演练内容	评价点	自我评价	小组评价	教师评价
实训活动 （100 分）	能够进行任务背景解读与梳理（10 分）			
	能够总结线下跨境电子支付方式（10 分）			
	能够总结线上跨境电子支付方式（10 分）			
	能够总结汇付的流程（20 分）			
	能够总结托收的流程（20 分）			
	能够总结信用证支付的流程（10 分）			
	能够实施跨境电子支付账户的注册（20 分）			
	合计			
综合得分（满分 100 分，其中自我评价占 20%，小组评价占 20%，教师评价占 60%）				
存在的主要问题				

任务二　跨境电子支付与外汇管理

知识速递

一、外汇与外汇管理

（一）外汇

1. 外汇的定义

外汇是货币行政当局以银行存款、财政部库券、长短期政府证券等形式所保有的，在国际收支逆差时可以使用的债权。外汇包括外国货币、外币存款、外币有价证券（如政府公债、国库券、公司债券、股票等）、外币支付凭证（如票据、银行存款凭证、邮政储蓄凭证等）。

2. 外汇的特点

外汇具备三个特点：可支付性（必须是以外国货币表示的资产）、可获得性（必须是在国外能够得到补偿的债权）和可换性（必须是以自由兑换为其他支付手段的外币资产）。

3. 外汇的作用

外汇能够促进国际经济和贸易的发展，调节国际资金余缺。它是一个国家国际储备的重要组成部分，也是清偿国际债务的主要支付手段。

4. 外汇的分类

1）普遍分类

（1）按受限程度，外汇可分为自由兑换外汇、有限自由兑换外汇和记账外汇。

① 自由兑换外汇是指在国际结算中用得最多、在国际金融市场上可以自由买卖、在国际金融中可以用于清偿债权债务，并可以自由兑换其他国家货币的外汇。例如，美元、港币、加拿大元等。

② 有限自由兑换外汇是指未经货币发行国批准，不能自由兑换成其他货币或对第三国进行支付的外汇。国际货币基金组织规定，凡对国际性经常往来的付款和资金转移有一定限制的货币均属于有限自由兑换货币。世界上有一大半的国家货币属于有限自由兑换货币，其中包括人民币。

③ 记账外汇，又称清算外汇或双边外汇，是指记账在双方指定银行账户上的外汇，不能兑换成其他货币，也不能对第三国进行支付。

（2）按来源用途，外汇可分为贸易外汇、非贸易外汇和金融外汇。

① 贸易外汇，又称实物贸易外汇，是指来源于或用于进出口贸易的外汇，即由于国际商品流通所形成的一种国际支付手段。

② 非贸易外汇是指除贸易外汇以外的一切外汇，即一切非来源于或用于进出口贸易的外汇，如劳务外汇、侨汇和捐赠外汇等。

③ 金融外汇属于一种金融资产外汇，如银行同业间买卖的外汇，既非来源于有形贸易或无形贸易，又非用于有形贸易，而是为了管理各种货币头寸。

（3）按市场走势，外汇可分为硬外汇和软外汇（也称强势货币和弱势货币）。

硬外汇（强势货币）是指汇率相对稳定、波动较小的货币。这些货币通常具有较高的经济和政治稳定性，因此它们的价值在市场上相对较为稳定。这些货币的币值坚挺，购买能力较强，且汇价呈上涨趋势，因此它们被视为自由兑换的货币。

软外汇（弱势货币）与硬外汇相反，软外汇是指汇率波动较大的货币。这些货币可能因为各种原因，如国内外经济、政治情况的变化等，其币值和汇率的波动较大。在特定的时间段内，软外汇可能会经历贬值或升值的过程，汇率走势较为不稳定。

2）我国的分类

（1）按照管制，外汇可分为现汇和购汇。

① 现汇是指《中华人民共和国外汇管理条例》所称的外汇，分别是外币现钞、外币支付凭证或者支付工具、外币有价证券、特别提款权、其他外汇资产。现汇是可以立即作为国际结算的支付手段。

② 购汇是指国家批准的可以使用的外汇指标。若想把指标换成现汇，必须按照国家外汇管理局公布的汇率牌价，用人民币在指标限额内向指定银行买进现汇（购汇）。

（2）按照性质，外汇可分为贸易外汇和非贸易外汇。

① 贸易外汇是指来源于出口和用于支付进口的货款，以及与进出口贸易有关的从属费用，如运费、保险费、宣传费用、推销费用等。

② 非贸易外汇是指进出口贸易以外收支的外汇，如侨汇、旅游、港口、民航、保险、银行、对外承包工程等收入和支出的外汇。

3）其他类别

（1）留成外汇是指为鼓励企业创汇的积极性，企业收入的外汇在卖给国家后，根据国家规定将一定比例的外汇（指额度）返还企业及其主管部门或所在地使用的外汇。

（2）调剂外汇是指通过外汇调剂中心相互调剂使用的外汇。

（3）自由外汇是指经国家批准保留的靠企业本身积累的外汇。

（4）营运外汇是指经过外汇管理局批准的可以用收入抵支出的外汇。

（5）居民外汇和非居民外汇：境内的机关、部队、团体、企事业单位，以及住在境内的中国人、外国侨民和无国籍人所收入的外汇属于居民外汇；驻华外交代表机构、领事机构、商务机构的外汇属于非居民外汇。

（二）外汇管理

1. 外汇管理的定义

外汇管理，广义上是指一国政府授权国家的货币金融当局或其他机构，对外汇的收支、买卖、借贷、转移，以及国际结算、外汇汇率和外汇市场等实行的控制和管制行为；狭义上是指对本国货币与外国货币的兑换实行一定的限制。

2. 外汇管理的基本原则

（1）实行以供求为基础的、单一的、有管理的、浮动的人民币汇率。

（2）外商投资企业原则上要做到外汇自求平衡，并落实外汇平衡措施。

《中华人民共和国外汇管理条例》放松了对外汇境外存放的管制，不再强制要求外汇收入必须调回境内，而是规定原则上境内机构、境内个人的外汇收入可以调回境内或存放境外。

(3) 加强国际收支统计监测，建立国际收支应急保障制度。

① 凡是中国居民与非中国居民之间发生的一切经济交易，都应当向国家外汇管理机关进行申报。

② 《中华人民共和国外汇管理条例》要求经营外汇业务的金融机构应当按照规定为客户开立外汇账户，并通过外汇账户办理外汇业务。

③ 对于有零星外汇收支的客户，银行可以不为其开立外汇账户，但应通过银行以自身名义开立的"银行零星代客结售汇"账户为其办理外汇收支业务。

(4) 维护人民币主权货币地位。

中华人民共和国境内禁止外币流通，并不得以外币计价结算，但国家另有规定的除外。

3. 外汇管理的主要内容

外汇管理的主要内容包括外汇管制、货币兑换管理、黄金管制和汇率管理。而跨境电商支付中常涉及的是外汇管制。外汇管制主要是指对贸易外汇、非贸易外汇及资本输出输入的管制，具体内容如下。

1) 对贸易外汇的管制

(1) 对出口收汇的管制。对于出口收汇，实行比较严格外汇管制的国家一般都规定出口商必须将其所得外汇结售给国家指定银行，也就是说，出口商必须向外汇管理机构申报出口价款、结算所使用的货币、支付方式和期限等。在收到出口货款后还必须向外汇管理机构申报，并按官方汇率和管理规定，将全部或部分外汇结售给国家指定银行。此外，许多国家为了鼓励出口，实行出口退税、出口信贷等措施。而对一些国内急需的、供应不足的或对国计民生有重大影响的商品、技术及战略物资则是限制出口，通常实行出口许可证制度。

(2) 对进口付汇的管制。实行严格外汇管制的国家，为了限制某些商品进口，减少外汇支出，一般采取如下措施。

一是进口存款预交制，即进口商在进口某种商品时，应向指定银行预存一定数额的进口货款，银行不付利息，数额根据进口商品类别或所属国别按一定比例确定。

二是进口许可证制，即进口商只有取得有关当局签发的进口许可证，才能购买进口所需的外汇。进口许可证的签发通常要考虑进口数量、进口商品的结构、进口商品的生产国别、进口支付条件等。

2) 对非贸易外汇的管制

对非贸易外汇的管制一般采取的方式有直接限制、最高限额、登记制度、特别批准。

3) 对资本输出输入的管制

资本是国际收支的重要内容，无论是发达国家还是发展中国家，都非常重视资本的输出输入，并根据不同的需求对资本输出输入实行不同程度的管制。

发展中国家由于外汇资金短缺，一般对资本输入实行各种优惠政策，以吸引有利于该国经济发展的外资，如对外商投资企业给予税收减免的优惠并允许其汇出利润等。

与发展中国家相比，发达国家对资本输出输入采取的限制性措施较少，即使采取一些措施，也是为了缓和其汇率和官方储备所承受的压力。虽然限制资本输入、鼓励资本输出是发达国家的一个总趋势，但各国也会根据国际收支和汇率变动情况对外汇管制不断进行调整。

4. 外汇管制的作用

1) 促进国际收支平衡或改善国际收支状况

长期的国际收支逆差会给一国（或地区）经济带来显著的消极影响，因此维持国际收支平衡是政府的基本目标之一。政府可以用多种措施来调节国际收支，但是对于发展中国家来说，外汇管制外的其他调节措施可能意味着要付出较大代价。例如，虽然政府实行紧缩性财政政策或货币政策可能会改善国际收支不平衡的状况，但它会影响经济发展速度，并使失业状况恶化。

2) 稳定货币汇率，抑制通货膨胀

汇率频繁地大幅度波动所造成的外汇风险，会严重阻碍一国（或地区）对外贸易和国际借贷活动的进行。拥有大量外汇储备的国家（或地区）或有很强借款能力的国家（或地区），可以通过动用或借入储备来稳定汇率。对于缺乏外汇储备的国家（或地区），外汇管制是稳定本币对外币的汇率的重要手段。

3) 维护金融市场的稳定

经济实力较弱的国家（或地区）存在着较多可供投机资本利用的缺陷。例如，在经济高速发展时，商品价格、股票价格、房地产价格往往高于其内在价值。在没有外汇管制的情况下，这会吸引投机资本流入，并显著加剧价格信号的扭曲。一旦经济泡沫破灭，投机资本外逃，又会引发一系列连锁反应，并导致经济局势迅速恶化。外汇管制则是这些国家（或地区）维护该国（或地区）金融市场稳定运行的有效手段。

4) 保持一定数量的国际储备

外汇管制有助于政府实现增加国际储备的目的。国际储备不足的国家（或地区）虽然可以通过多种措施来增加国际储备，但是其中多数措施需要长期施行才能取得明显效果。

5) 有效利用外汇资金，推动重点产业优先发展

外汇管制使政府拥有更大的对外汇运用的支配权。政府可以利用它限制某些商品进口，以保护该国（或地区）的相应幼稚产业，或者向某些产业提供外汇，以扶持重点产业优先发展。

6) 增强产品的国际竞争力

在企业不足以保证产品的国际竞争力的情况下，政府可以借助外汇管制为企业开拓国外市场。规定官方汇率也是外汇管制的重要手段之一，如政府直接调低本币汇率，或者限制短期资本流入，都有助于该国（或地区）增加出口。

7) 增强金融安全

金融安全指一国（或地区）在金融国际化的条件下，具有的抵抗内外金融风险和外部

冲击的能力。开放程度越高，一国（或地区）维护金融安全的责任和压力就越大。影响金融安全的因素既包括不良贷款、金融体制改革和监管等内部因素，又包括外债规模和使用效益、国际游资冲击等外部因素。发展中国家的经济发展水平较低，经济结构有种种缺陷，尤其需要把外汇管制作为增强该国金融安全的重要手段。

二、跨境电子外汇管理

2015年1月，为了积极支持跨境电商发展，防范互联网渠道外汇支付风险，国家外汇管理局发布了《关于开展支付机构跨境外汇支付业务试点的通知》（汇发〔2015〕7号），提出在全国范围内开展部分支付机构跨境外汇支付业务试点，允许支付机构为跨境电商交易双方提供外汇资金收付及结售汇服务，这标志着与跨境电商相关的外汇管理制度初步建立。

（一）跨境电子支付方式

随着我国与国际货币资金往来交易量的不断扩大，跨境电子支付市场逐渐成熟，其中第三方支付机构已经广泛参与跨境电子支付行业，推动跨境电子支付方式更加多元化，给跨境电子支付交易者带来便利的同时也推动了行业的发展。

国内第三方支付机构主要通过与境外机构合作来实现跨境电子支付，跨境电子支付的方式包括购汇支付和收汇支付两种。

《非金融机构支付服务管理办法》规定，在购汇支付和收汇支付过程中发生的货币兑换和付款流程，由支付机构的合作银行来完成。

1. 购汇支付

国内买家在境外购物网站消费时，需要用当地货币进行结算，通过第三方支付机构，用人民币就可以完成支付。第三方支付机构给国内买家提供的这种用人民币购买、用外汇结算的服务即为购汇支付。购汇支付分为两类。

一类是以支付宝的境外收单业务为典型的代理购汇支付。支付宝的境外收单业务是针对境内个人零星购买国外商家的产品而开通的，它的具体购汇支付方法如下：支付宝将这些产品的标价（外币）根据实时外汇价格转换成人民币价格，境内买家支付给支付宝人民币，支付宝再代理购汇支付。在这一支付过程中，支付宝只是代理购汇支付的中间人，实际的购汇主体仍是境内买家。

另一类是以好易联为代表的线下统一购汇支付。好易联的统一购汇支付是以广州银联网络支付有限公司（广银联）的名义，在线下通过外汇指定银行统一购汇，购汇的主体是好易联这个第三方支付机构。

2. 收汇支付

与购汇支付相反，在出口业务中境内企业从境外买家处收取款项时，境外买家使用外币支付，转到国内账户后再用人民币结算，第三方支付机构为境内企业提供的这种结算服务即为收汇支付。

国外第三方支付机构目前都提供了直接提现到国内银行结汇成人民币的服务，但这种提现服务可以是没有真实贸易背景的资金流入，因此容易造成管理漏洞。我国的第三方支付机构（如支付宝）目前已开始提供真实贸易背景下的结汇服务，境外买家先直接汇款到支付宝的境内银行账户，然后支付宝系统集中统一到银行结汇，最后付款给国内商家。

（二）跨境电子支付市场发展现状

2019年4月，国家外汇管理局发布了《支付机构外汇业务管理办法》（汇发〔2019〕13号），着重强调了跨境支付业务的合法资质、持牌经营的重要性和牌照的国界性。至此，跨境外汇支付牌照已成为各机构开展跨境支付业务的硬性要求，跨境支付市场将愈发合规健康。

1. 跨境外汇持牌支付机构的数量和业务领域。

截至2021年，持有外汇管理局下发的跨境外汇支付牌照的第三方支付机构数量保持在30家，其业务都覆盖了电商领域（货物贸易），并且北京、上海地域持牌的第三方机构数量领先全国。跨境外汇持牌支付机构明细如图2-32所示。目前，持牌机构及覆盖的业务维持不变，未来随持牌机构数量的变动，机构所覆盖的业务也会有所变动。

序号	品牌所属机构	主要业务	公司所在地
1	支付宝（中国）网络技术有限公司	货物贸易、留学教育、航空机票及酒店住宿	杭州
2	财付通支付科技有限公司	货物贸易、航空机票及酒店住宿	深圳
3	银联商务有限公司	货物贸易、留学教育、航空机票及酒店住宿	上海
4	上海汇付数据服务有限公司	货物贸易、留学教育、航空机票及酒店住宿	上海
5	智付电子支付有限公司	货物贸易、国际运输	深圳
6	通联支付网络服务股份有限公司	货物贸易、留学教育、航空机票及酒店住宿	上海
7	块钱支付清算信息有限公司	货物贸易、留学教育、航空机票及酒店住宿	上海
8	上海盛付通电子支付有限公司	货物贸易、留学教育、航空机票及酒店住宿	上海
9	连连银通电子支付有限公司	货物贸易、留学教育、航空机票、酒店住宿、旅游服务	杭州
10	易宝支付有限公司	货物贸易、留学教育、航空机票、酒店住宿、旅游服务、国际运输、国际展览	北京
11	网银在线（北京）科技有限公司	货物贸易、留学教育、航空机票及酒店住宿	北京
12	拉卡拉股份有限公司	货物贸易、留学教育、航空机票、酒店住宿、旅游服务、国际运输、国际展览	北京
13	迅付信息科技有限公司	货物贸易、留学教育、航空机票及酒店住宿	上海
14	北京千代宝支付技术有限公司	货物贸易、留学教育、航空机票及酒店住宿	北京
15	联动优势电子商务有限公司	货物贸易、留学教育、航空机票、酒店住宿、旅游服务、国际运输、国际展览、通信服务	北京
16	网易宝有限公司	货物贸易、留学教育、航空机票及酒店住宿	杭州
17	南京苏宁易付宝网络科技有限公司	货物贸易、留学教育、航空机票及酒店住宿	南京
18	海南新生信息技术有限公司	货物贸易、留学教育、航空机票、酒店住宿、旅游服务、国际运输、国际展览、国际贸易物流	海口
19	上海附有支付服务有限公司	货物贸易、留学教育、航空机票及酒店住宿	上海
20	重庆易极付科技有限公司	货物贸易	重庆
21	北京安衣驿站科技服务有限公司	货物贸易、留学教育、航空机票、酒店住宿、国际展览、国际贸易物流	北京
22	北京银联商务有限公司	货物贸易、留学教育、酒店住宿	北京
23	宝付网络科技（上海）有限公司	货物贸易	上海
24	东方电子支付有限公司	货物贸易	上海
25	重庆钱宝科技有限公司	货物贸易	重庆
26	浙江贝付科技有限公司	货物贸易、留学教育	杭州
27	银盈通支付有限公司	货物贸易、航空机票及酒店住宿	北京
28	成都摩宝网络科技有限公司	货物贸易	成都
29	北京首信易支付有限公司	货物贸易、留学教育、航空机票、酒店住宿、国际会议、国际展览、软件服务	北京
30	资和信网络支付有限公司	货物贸易、留学教育、航空机票及酒店住宿	北京

图2-32 跨境外汇持牌支付机构明细

2. 第三方支付机构的合规要求显著提高

监管机构对第三方支付机构的硬性合规要求主要体现在两方面：一是第三方支付机构需尽职核验市场交易主体身份的真实性和合法性，不得以任何形式为非法交易提供服务；二是第三方支付机构应履行反洗钱、反恐怖融资义务，维护市场交易主体的合法权益，对身份交易信息严格保密。

（三）跨境电子支付外汇管理政策

针对贸易新业态下外汇结算的堵点、难点，国家外汇管理局就经常项目管理出台了一系列便利化措施。

1. 拓宽结算渠道

2013年，试点支付机构开始办理跨境外汇支付业务，支持符合条件的支付机构通过银行为跨境电商交易双方提供外汇集中收付和结售汇服务。2019年，出台制度性管理办法，并同步支持符合条件的银行凭交易电子信息开展跨境电商结算，为市场主体提供更加便捷、多样、低成本的结算渠道。截至2021年年底，已有21家支付机构和12家合格银行可凭交易电子信息提供跨境结算业务。目前，跨境业务的结算渠道仍在不断地拓宽中。

2. 降低经营成本

支持跨境电商企业扣减境外仓储、物流费用后轧差进行资金结算，降低资金占用成本。优化市场采购结算机制，如银行可依托互联网平台记录的各环节交易信息，便捷办理个体工商户委托第三方出口的收结汇，互联网信息平台商户也可自助办理收结汇，减少结算时间及汇兑成本。

3. 服务小微主体

中小型企业、个体工商户等小微主体日益活跃，逐渐成为外贸新业态的重要参与者。国家外汇管理局积极出台针对性便利化举措，为小微主体提供更安全、高效、低成本的政策环境，包括年涉外收支20万美元以下的小微跨境电商无须进行名录登记，支持个体工商户通过个人外汇账户办理跨境电商、市场采购贸易项下的外汇结算。

想一想

1. 购汇支付和收汇支付有什么区别？
2. 主流的跨境外汇支付机构有哪些？

任务实操

一、任务目标

本任务的实操演练活动要求根据提供的任务背景,结合所学知识,完成跨境电子支付与外汇管理的实施过程训练。

任务背景

因跨境电子支付涉及外汇管理,国家已出台的政策规定支付企业必须与合作银行的系统对接,将发生支付的消费信息录入国家的相关系统。小刘所在的跨境电商贸易公司从事的是家居类目的出口贸易业务,因此公司负责人需要对跨境电子支付与外汇管理的相关政策进行深入了解。

二、任务内容

(一)换算商品外汇价格

结合所学知识,通过互联网查询各币种对应的外汇汇率,换算出各商品的外汇价格,将结果填入表2-5中。

表2-5 外汇价格换算表

商品价格	外汇币种	汇率	外汇价格
¥100	美元		
¥150	欧元		
¥200	英镑		

(二)查询跨境电子支付与外汇管理的法规文件

结合所学知识,通过互联网查询并解读近年来外汇管理领域涉及的跨境电子支付业务的里程碑式的法规文件,完成表2-6。

表2-6 法规文件解读

法规文件	颁布时间	重要举措
《关于开展支付机构跨境外汇支付业务试点的通知》(汇发〔2015〕7号)		
《支付机构外汇业务管理办法》(汇发〔2019〕13号)		

三、任务评价

完成演练活动后,根据活动过程的表现进行三方评价与打分,完成表2-7。

表2-7 跨境电子支付与外汇管理实训评价表

活动名称	跨境电子支付与外汇管理			
完成方式	小组协作完成			
演练内容	评价点	自我评价	小组评价	教师评价
实训活动（100分）	能够进行任务背景解读与梳理（10分）			
	能够了解外汇的概念（10分）			
	能够了解汇率的概念（10分）			
	能够进行外汇价格的换算（20分）			
	能够查询跨境电子支付与外汇管理的法规文件（20分）			
	能够解读跨境电子支付与外汇管理的政策（30分）			
	合计			
综合得分（满分100分，其中自我评价占20%，小组评价占20%，教师评价占60%）				
存在的主要问题				

任务三 跨境电子支付的风险与防范

知识速递

一、跨境电子支付的现状

（一）交易体量快速增长

我国是世界上数一数二的进出口贸易大国，依托庞大的跨境交易市场，跨境电子支付的交易体量也随之快速增长。近年来，我国跨境出口电商规模、出国留学生规模、中国境外游客规模的快速增长为跨境电子支付市场持续稳定的增长提供了动力。

（二）政策鼓励行业发展

随着我国跨境电商的高速发展，跨境电子支付行业也进入了新的发展阶段。一方面，监管层逐渐放开了行业的市场准入条件；另一方面，主导跨境支付城市试点方案落地实施。2013年起，国家相继出台多条政策，在加强监管的同时推动行业继续发展。

（三）第三方支付机构推动跨境支付体系多元化发展

随着互联网及移动互联网的发展，跨境支付组织、支付介质、支付渠道、支付账户形式及支付模式等都发生了很大的变化。现金的使用量逐渐减少，电子票据逐渐取代纸制票据，银行卡成为主要的支付工具之一；手机银行和电话银行等新兴支付渠道不断涌现，无卡支付正蓬勃发展；支付账户从传统的银行账户发展到第三方支付账户，第三方支付机构大量涌现。中国现代化支付体系呈现多元化、多样化、多层次的发展态势。

（四）第三方支付机构的信用背书具有一定壁垒

跨境支付涉及不同国家和地区不同的支付方式及货币，监管要求和环境差异较大，因此第三方支付机构办理结售汇业务需要持有国家外汇管理局下发的跨境支付牌照。已具备一定市场认可度的品牌更容易获得境外商家和客户的信任，这说明第三方支付机构的信用背书具有一定壁垒。

二、跨境电子支付的风险

跨境电子支付是跨境电商的重要组成部分。在跨境电商中，由于买卖双方所持有的币种不同，需要通过一定的结算工具和支付系统来实现资金转换，完成交易。目前，我国跨境电子支付面临着监管不严、资金不安全、法律法规不完善等一系列问题，在跨境电子支付风险的规避方面仍然有着较大的上升空间。

（一）交易真实性识别风险

跨境电子支付关系到个人与企业交易的资金安全和信息安全，涉及金融稳定，与一般进出口贸易相比，跨境电子支付的交易真实性更加难以把握。

相对于目前较为成熟的银行监管系统而言，通过第三方支付机构进行支付的交易真实性难以保证。交易真实性包括交易主体的真实性和交易内容或背景的真实性，确保交易真实是国际收支申报、个人结售汇管理、反洗钱义务履行的前提和保证。

（二）交易信用风险

跨境贸易可能会出现款项已付而货物未收，或者货物已发而款项未收等现象，再加上第三方支付机构对该过程的监管也只是停留在虚拟的层面上，很难确定交易的实际情况。因此，在跨境贸易的过程中，买卖双方都承担着对方可能违约的信用风险。此外，若产生交易纠纷，在申请第三方支付机构介入时也存在诸多困难。例如，PayPal 在针对海外贸易纠纷时，可能会对其他国家有意偏袒，使我国企业的合法权益得不到保障。

（三）网络支付安全风险

跨境电子支付是通过互联网来支付钱款的，因此在交易转账的过程中会产生一系列网络安全问题。跨境电子支付交易数据在传输过程中有时会出现因信息故障或系统崩溃导致支付信息丢失的情况。此外，部分非法人员也会利用钓鱼网站或其他技术盗取支付账户信息，造成交易信息的泄露。此外，电子支付的虚拟化特点也使相关的交易单据审核困难。

（四）法律风险

跨境电子支付涉及多个国家，这些国家的法律和监管体系各有不同，因此支付过程中产生的矛盾和纠纷会引发跨境电子支付的法律风险。例如，在跨境贸易中，每个国家的法律都倾向于保护自己的企业，这可能会给交易中的另一方造成损失。

三、跨境电子支付的风险防范措施

（一）完善跨境电子支付监管体系

第三方支付机构需加强对于信息的甄别和审核，以降低跨境电子支付中的风险。完善跨境电子支付监管机制可以从以下几方面着手。

1. 完善相关的法律法规

我国的第三方支付行业起步较晚，相关的法律法规还不够完善，因此难以有效保障交易主体的合法权益。尽管我国相关部门在这方面做了很多努力，出台了一系列相关的法律法规，但还没有形成一个比较完善的法律保障体系来维护交易主体的合法权益。

第三方支付行业的法律法规不仅需要细化，防止一些企业钻法律漏洞，还需要加大违法惩治力度，对于情节严重、性质恶劣的违法企业负责人可以给予刑事处罚，以免企业被利益蒙蔽双眼。另外，立法时要合理考虑买家的处境，做到公正合理。

2. 建立有效的信用评级制度

信用评级制度有利于加深买家和第三方支付机构的相互了解，避免信息不对称风险，使网上交易更加透明、公正。

我国是通过中央银行发放牌照的方式来准许第三方支付机构营业的，虽然起到了一定的监管作用，但信用评级制度还不够完善，获得牌照的第三方支付机构质量参差不齐，不能有效降低信用风险。造成该现象的原因之一就是监管部门所获得的信息有限。对此，可以将第三方支付机构庞大的数据库纳入我国的信用体系，并完善信用评级系统。以第三方支付机构庞大的信息资源为基础建立的信用评级制度，可以使相关机构对第三方支付机构的审核更加准确、合理，也能够促使信用评级较低的企业改进服务，降低信用风险。

3. 建立较高的市场准入门槛

建立较高的市场准入门槛，可以将刚达及格线，并具有较大风险的企业从一开始就拒之门外，以便形成一个良好的市场环境，促进行业发展。《非金融机构支付服务管理办法》对从事不同服务类型的支付机构市场准入门槛做了相关规定，提高了第三方支付机构的进入标准，有效避免了不合规商家进入市场，降低了市场风险。

4. 加强第三方支付行业自律

随着第三方支付行业的发展，越来越多的支付机构加入这个行业，其用户也越来越多。对此，仅仅依靠外部监管是远远不够的，第三方支付机构也要加强自我监督，履行好自己的责任和义务，建立统一的行业服务标准，维护市场秩序。建立统一的行业服务标准能使第三方支付机构更好地为买家服务，提高行业透明度，提高服务水平，更好地保障买家的合法权益，从而赢得其信任。同时，第三方支付机构也要加强与外界的信息交流，接受来自各方的意见和建议，提高自身解决问题的能力和服务水平，使自身能够走得更长远。

（二）完善线上线下征信体系

1. 充分发挥政府的政策引导作用

许多国家的信用体系基本都是在政府监管下成长起来的，我国也不例外。互联网金融是我国新时代征信的特色，需要特别注意。除此之外，信用建设涉及的企业、行业较多，复杂程度难以估量，更需要政府发挥政策引导作用，将征信信息收集和使用的范围从银行扩大到所有受政府监管的信贷公司，包括网络借贷（Peer to Peer Lending，P2P 借贷）平台和民间小额贷款公司等。

2. 建立社会信用的基础性法律法规和标准体系

在加强跨境电子支付风险防范的过程中，我国政府需要加速各类基础性法律法规的建立，不断完善标准体系，并加强个人基本生活保障、信息安全保护等方面法律法规的建设。同时，对失信行为给予严厉处罚，通过科学界定失信程度、建立失信行为分类管理机制来实现一处失信，处处受制的目的。

3. 引入先进信息技术，打造大数据共享平台

考虑到数据自身的公益性、商业性，以及使用权、所有权的问题尚未经过明确的认定，数据的确权流转及基于数据产生关系的确立将成为未来数据建设的重点。若想真正打破"数

据孤岛",解决信息不对称等问题,需要政府、企业和个人等多方主体的通力合作。在这个过程中,还需要突破传统路径,采取线上线下相结合的模式:线上整合社交电商雏形等相关信用数据平台;线下整合中央银行、税务、工商等部门的信用记录,构建成熟完善的安全信用机制。

(三)提高第三方支付机构信息的安全性

首先,信息安全教育和培训是信息安全管理工作的基础。第三方支付机构需要不断提升自身的安全意识,加强信息安全体系的建设。在实际工作中,许多信息技术风险仍然需要依靠员工进行有效的控制。因此,在这个过程中,第三方支付机构需要加强日常的宣传引导和培训,不断提高相关工作人员的信息安全认知,发挥员工在信息安全管理中的主观能动性。

其次,第三方支付机构应建立成熟完善的信息安全管理机制,组建人员结构合理的安全组织,建设信息安全管理队伍,完善监管机制,制定成熟的信息安全策略,其中包括信息安全规章制度、信息安全操作流程和设备操作指南等多方面的内容。第三方支付机构还应完善应急恢复体系,推进信息风险评估的有效发展。

最后,制定相关的安全防护措施对于系统的正常运行至关重要。第三方支付机构需要不断加大安全检查力度,积极修复安全漏洞。在系统不断更新的同时,第三方支付机构还要充分考虑到操作系统和代码漏洞等一系列问题,加大安全测评力度。

想一想

国内外现有的跨境电子支付相关法律法规有哪些?

任务实操

一、任务目标

本任务的实操演练活动要求根据提供的任务背景,结合所学知识,完成跨境电子支付风险的分析与防范的实施过程训练。

任务背景

2020年3月,杭州一家跨境电商巨头被推到了舆论的风口浪尖,法人蒋某因涉嫌通过其名下的跨境电商公司进行巨额洗钱被刑拘。小刘所在的跨境电商贸易公司负责人在听到该消息后,引以为戒,立即带领小刘及其他员工对跨境电子支付的风险进行深入学习,了解当前主要贸易国家的跨境电子支付相关法律法规。

二、任务内容

（一）跨境电子支付风险分析

根据所学知识，结合小刘所在的跨境电商贸易公司的业务背景，对该公司在支付过程可能遇到的风险进行分析，按以下步骤将结果填入表 2-8。

步骤 1：对风险的类型进行总结。

步骤 2：概括每类风险的内容及引起风险的原因。

步骤 3：通过互联网进行搜索，列举每类风险所对应的案例。

表 2-8　跨境电子支付风险分析

序号	风险的类型	风险的内容	引起风险的原因	风险案例
1				
2				
3				
4				

（二）跨境电子支付相关法律法规梳理

以小组为单位，通过互联网搜索国外现有的跨境电子支付相关法律法规。通过比较，分析美国、欧盟等国家和地区有关第三方支付业务的监管模式和监管原则，进而对我国跨境电子支付业务监管政策提出建议，完成表 2-9。

表 2-9　跨境电子支付相关法律法规

地区	支付相关法律法规	监管模式	监管原则
美国	《电子资金划拨法》 《数字签名法》 《统一电子交易法》		
欧盟	《欧盟电子签名统一框架指令》 欧盟《电子货币指令》 《关于电子货币机构业务开办、经营与审慎监管的 2000/46/EC 指令》 《欧洲议会与欧盟理事会关于电子商务的法律保护指令（2000/31/EC）》		
对我国跨境电子支付业务监管政策的建议			

三、任务评价

完成演练活动后，根据活动过程的表现进行三方评价与打分，完成表2-10。

表2-10 跨境电子支付风险与防范措施实训评价表

活动名称	跨境电子支付风险的分析与防范			
完成方式	小组协作完成			
演练内容	评价点	自我评价	小组评价	教师评价
实训活动（100分）	能够进行活动任务解读与梳理（10分）			
	能够了解跨境电子支付存在的风险（20分）			
	能够了解引起风险的原因（10分）			
	能够区分每类支付风险（20分）			
	能够了解现有的跨境电子支付相关法律法规（20分）			
	能够了解我国跨境电子支付业务监管政策（20分）			
合计				
综合得分（满分100分，其中自我评价占20%，小组评价占20%，教师评价占60%）				
存在的主要问题				

名词解释

第三方支付：具备一定实力和信誉保障的独立机构通过与银联或网联对接，促成交易双方进行交易的网络支付模式。

国际收支逆差：也被称为国际收支赤字，是指某一国的国际收支支出大于收入。国际收支逆差会导致本国对外币的供给减少、需求增加，从而使外汇的汇率上涨、本币的汇率下跌。

信用评级：也称为信用评估、资信评估、资信评级，是以一套相关指标为考量基础，标示出个人或企业偿付其债务能力和意愿的过程。

素能加油站

2023年外汇业务问答案例明确了结售汇等相关规定

《国家外汇管理局关于支持贸易新业态发展的通知》（汇发〔2020〕11号）的相关规定明确了以下相关内容。

一、市场采购贸易项下委托第三方报关出口的市场主体，具备以下条件的，可以自身名义办理收汇。

（一）从事市场采购贸易的市场主体已在地方政府市场采购贸易联网平台（以下简称市场采购贸易平台）备案。市场采购贸易平台应能采集交易、出口全流程信息，并提供与企业、个体工商户对应的出口明细数据。

（二）经办银行具备接收、存储交易信息的技术条件，系统与市场采购贸易平台对接，采取必要的技术手段，识别客户身份，审核交易背景的真实性，防范交易信息重复使用。

二、境内个人办理跨境电子商务项下结售汇，提供有交易额的证明材料或交易电子信息的，不占用个人年度便利化额度。

三、境内国际寄递企业、物流企业、跨境电子商务平台企业，可为客户代垫与跨境电子商务相关的境外仓储、物流、税收等费用，代垫期限原则上不得超过12个月。涉及非关联企业代垫或代垫期限超过12个月的，应按规定报备所在地外汇局。

四、在满足客户身份识别、交易电子信息采集、真实性审核等条件下，银行可按照《国家外汇管理局关于印发〈支付机构外汇业务管理办法〉的通知》（汇发〔2019〕13号），申请凭交易电子信息为跨境电子商务和外贸综合服务等贸易新业态市场主体提供结售汇及相关资金收付服务，支付机构可凭交易电子信息为跨境电子商务市场主体提供结售汇及相关资金收付服务。

职业技能训练

一、单项选择题（共5题）

1. 信用证是指开证行根据（　　）的请求，开给（　　）的一种保证承担支付货款责任的书面凭证。

　　A. 出口人　进口人　　　　B. 出口商　进口商
　　C. 开证申请人　受益人　　D. 卖方　买方

2. 汇款人即汇出款项的人，在进出口贸易中通常是指（　　）。
   A. 出口商　　　　　　　　　　B. 进口商
   C. 进口地银行　　　　　　　　D. 出口地银行

3. （　　）是指在 B2B 跨境电商贸易中，出口商开具以进口商为付款人的汇票，委托出口地银行通过其在进口地的分行或代理行向进口商收取货款的一种结算方式。
   A. 汇付　　　B. 信汇　　　C. 托收　　　D. 信用证

4. （　　）的发布标志着与跨境电商相关的外汇管理制度初步建立。
   A.《非金融机构支付服务管理办法》
   B.《关于开展支付机构跨境外汇支付业务试点的通知》
   C.《支付机构外汇业务管理办法》
   D.《国家外汇管理局关于支持贸易新业态发展的通知》

5. （　　）是国际收支申报、个人结售汇管理、反洗钱义务履行的前提和保证。
   A. 资金安全　　　　　　　　　B. 信息安全
   C. 交易真实　　　　　　　　　D. 金融稳定

二、多项选择题（共 5 题）

1. 跨境电子支付的主要类型有（　　）。
   A. 网络支付　　B. 现金支付　　C. 电话支付　　D. 移动支付
2. 线下跨境电子支付方式包括（　　）。
   A. 汇付　　　　B. 托收　　　　C. 信用证　　　D. 国际信用卡
3. 常用的第三方支付渠道包括（　　）。
   A. VISA 卡　　B. PayPal　　　C. Payoneer　　D. WebMoney
4. 跨境支付外汇管理政策包括（　　）。
   A. 拓宽结算渠道　　　　　　　B. 降低经营成本
   C. 减少汇率损失　　　　　　　D. 服务小微主体
5. 我国跨境电子支付过程中面临（　　）风险。
   A. 交易真实性识别风险　　　　B. 交易信用风险
   C. 网络支付安全风险　　　　　D. 法律风险

三、判断题（共 5 题）

1. 国际信用卡主要包括 VISA 卡、Master Card、运通卡、大来卡和 JCB 卡。（　　）
2. 承兑交单又可分为即期付款交单和远期付款交单。（　　）

3. 我国实行以市场供求为基础的、单一的、有管理的、浮动的人民币汇率。（　　）

4. 第三方支付行业在我国虽起步晚，但相关的法律法规还算完善，可以做到有法可依、有法必依。（　　）

5. 部分非法人员利用钓鱼网站或其他技术盗取支付账户信息属于交易真实性识别风险。（　　）

学习笔记

项目三　跨境交流翻译工具

项目概述

在跨境贸易沟通过程中，由于买卖双方所处的国家和地区不同及所使用的语言不同，常常需要使用翻译工具。本项目选取三款国内最常使用的翻译工具，即搜狗翻译、网易有道和百度翻译，作为跨境贸易沟通中的辅助工具，引导学生利用翻译工具阅读并理解外语材料、与贸易方进行基本的书面沟通和对话交流，从而使学生理解跨境贸易语言的特点、翻译技巧和语法特点。

学习目标

知识目标

1. 了解搜狗翻译、网易有道和百度翻译的概况和主要功能。
2. 知悉跨境贸易语言的特点。
3. 熟悉跨境贸易语言的语法特点。

技能目标

1. 能够掌握跨境贸易语言的翻译技巧。
2. 能够掌握单词、词组、句子和文档的翻译方法。
3. 能够进行屏幕取词与划词。
4. 能够掌握拍照翻译的方法。
5. 能够利用翻译工具对撰写的英文内容进行修改。

6. 能够利用翻译工具进行语法学习与分析。

素养目标

1. 培养学生的国家情怀,提升学生的文化自觉,使其建立文化自信。
2. 培养学生的国际视野,真正实现不同文化间的有效交流。

思维导图

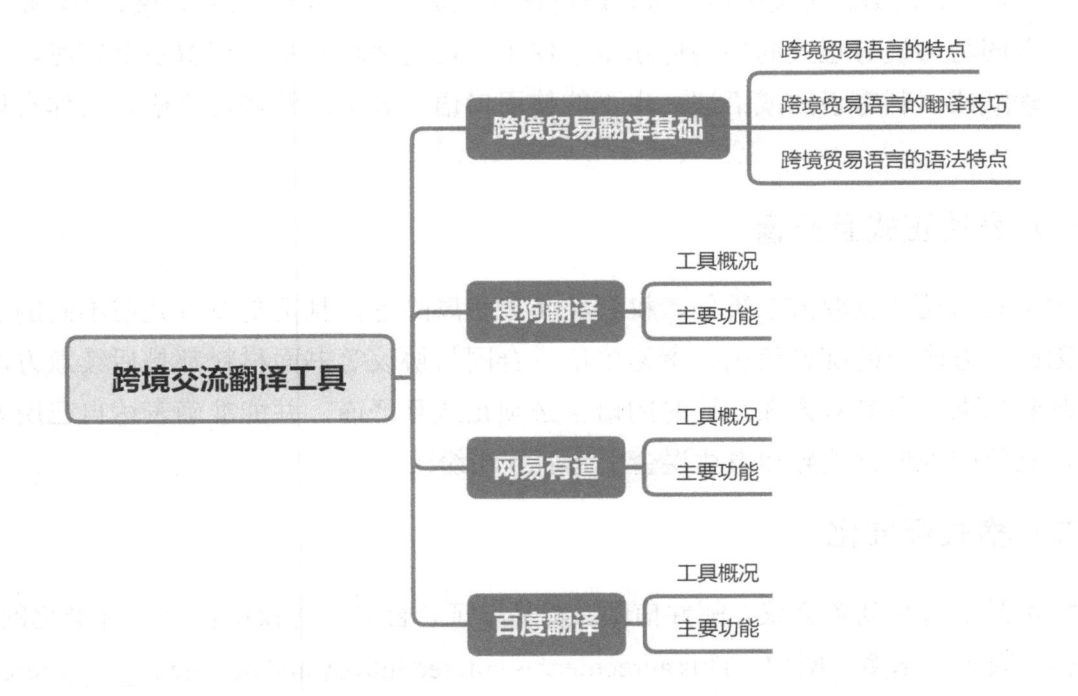

```
跨境交流翻译工具
├── 跨境贸易翻译基础
│   ├── 跨境贸易语言的特点
│   ├── 跨境贸易语言的翻译技巧
│   └── 跨境贸易语言的语法特点
├── 搜狗翻译
│   ├── 工具概况
│   └── 主要功能
├── 网易有道
│   ├── 工具概况
│   └── 主要功能
└── 百度翻译
    ├── 工具概况
    └── 主要功能
```

自学探究

请同学们对本项目即将讲解的主要内容进行资料查询与学习,自主思考,完成表 3-1。

表 3-1　本项目的主要内容

知识内容	经验认知	资料结论	自我总结
跨境贸易翻译基础			
搜狗翻译			
网易有道			
百度翻译			

任务一　跨境贸易翻译基础

知识速递

一、跨境贸易语言的特点

当今世界，跨境贸易语言中英语是最常用的，除此之外，使用较多的语言还有汉语、法语、西班牙语、俄语、阿拉伯语。这些语言在跨境贸易中一般在商务会议、邮件信函、贸易单证、合同与协议等正式商务沟通场景中使用。在这些场景中使用贸易语言时，不能使用夸张、幽默或讽刺等手法或语法，也不能使用口语化表达。跨境贸易语言具体有以下三个特点。

（一）表达正式且严谨

跨境贸易活动涉及双方的责任、权利、义务和风险等，且贸易双方处在不同的法律体系下，因此双方沟通的邮件信函、贸易单证、合同与协议等书面材料都是后续双方产生纠纷时的判断依据。贸易双方在沟通时的语言必须正式且严谨，并能准确表达自己所要传递的信息，避免因为理解差异和表达误会引起后续纠纷。

（二）格式标准化

跨境贸易语言在商务会议、邮件信函、贸易单证、合同与协议中都具有标准化的特点，规律性强、固定话术多。例如，This agreement is entered into by and between _____(hereinafter referred to as _____) and _____(hereinafter referred to as _____), whereby it is agreed as follows:...[译文：本协议由以下双方___（以下简称___）和___（以下简称___）签署，达成如下协议：……]。这段话是一段格式非常标准化的合同用语，表明了合同双方的身份及成交的意愿，是合约不可或缺的组成部分。在跨境贸易中，这种格式标准化的语言被运用于多个场合。

（三）语气有礼且平缓

在与海外客户沟通时，使用全球通用语言或客户当地的语言均可。在沟通时，要以表达清晰、互相理解为目的，尊重对方当地的风俗习惯。建议在表达时使用官方语言，讨论商品时使用专业技术语言，对待客户有礼貌，着重叙述客观事实，语句简洁、明了，语气平缓、不急躁。

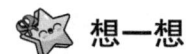

> **想一想**
>
> 在商务场合和日常生活中，语言的差异具体表现在哪些方面？

二、跨境贸易语言的翻译技巧

（一）选择合适的单词

翻译的目的是让受众能够以自己熟悉的语言了解原文的意思，因此要求翻译者要对全文的内容有足够的理解，并用另一种语言准确地表达出来。翻译过程中涉及单词、语句和段落，单词的组成会影响原文的意思，因此选择合适的单词是翻译过程中的核心问题。例如，将"基于中国工业智能化背景，分析归纳了劳动力技能结构升级的影响因素"译为"Based on the background of industrial intelligence in China, this paper analyzes and summarizes the factors that would influence the upgrading of the labor skill mix"。这里之所以将"劳动力技能结构"翻译为"the labor skill mix"，而不是"the labor skill structure"，是因为劳动力技能结构更偏向于多重技能的组合，而structure虽然有"结构"的意思，但更偏向于层级结构，所以翻译者在这里将其翻译为"the labor skill mix"。由此可见，能否在恰当的位置选择合适的单词是衡量翻译质量的一条重要准则。

（二）增补法

翻译者在翻译原文的基础上，可以增添一些词语使译文更加符合目标语种的语法和结构，使表达出来的意思更清晰明了，更容易被受众理解。

（三）省略法

在翻译过程中，除可以新增一些词语使受众更容易理解外，还可以省略原文中的某些词语，使译文更符合目标语种的语言习惯。如果有些词语在译文中重复，或者不符合译文的表达习惯，则翻译者可以适当地省略。例如，冠词"a""an"在英语中使用极其普遍，但是在汉语中就没有这类词，在翻译时，可以根据需要将其省略。

（四）调整语序

语序强调词语在句子中的组合和次序。因为西方语言在句型结构和组织方式上都与汉语有一定的差异，所以翻译时调整语序是非常必要的。例如，"We are going to have a meeting at nine tomorrow morning"，译为"我们明天上午9点开会"，明显可以看到时间状语"at nine tomorrow morning""明天上午9点"在这两种语言中所放的位置存在差异。在翻译时，翻译者要根据语言习惯进行调整，使语句更通顺。

三、跨境贸易语言的语法特点

跨境贸易语言没有独立的语法结构，但其鲜明的行业特征使其语法与日常用语之间存在一定差异，主要表现为以下四个特点。

（一）固定沟通句型

跨境贸易沟通中，买卖双方涉及询盘、发盘、还盘和接受等环节，需要使用邮件或以会议形式沟通，在这些环节中逐渐形成了固定的沟通句型。例如，"Thank you for getting in touch with us about×××"译为"感谢您就×××的事情联系我们"，在收到客户邮件后，常用其作为回复的开头语句。"If you need any further information, please do not hesitate to contact me"译为"如果您需要进一步的信息，请随时与我联系"，经常用于解答客户疑问后。

（二）语句结构复杂

在邮件信函、贸易单证、合同与协议中，跨境贸易的语句一般比较长且结构复杂，每句话都遵循逻辑严谨的原则，以完整表达所要陈述的意思。一般使用陈述句，偶尔使用疑问句或祈使句。时态上，常用一般现在时、一般将来时和一般过去时，在买卖双方商议未来合作事宜时，可能会使用过去完成时和现在完成时。跨境贸易语言比较注重理性与逻辑性，少有夸张与想象。例如，"Contract law governs the legality of agreements made between two or more parties when there is an exchange of some sort intended to take place"翻译为"合同法规定了双方或双方以上当事人之间在有意进行某种交换时所达成协议的合法性"，是一般现在时，为了表达清楚合同法规定使用的合法性的时间和条件，通过时间状语从句和限定性定语从句进行解释，这样在一句话中便可将意思表达清楚。

（三）多用被动语态

在跨境贸易语言中，尤其是在英语表达中，多使用被动语态。因为不需要指明主语，在表达意思方面非常客观，所以被动语态非常适用于商务沟通。例如，"This order will be produced in compliance with the Fair Labor Standards Act"翻译为"该订单将按照《公平劳动标准法》生产"。在此例句中，"be produced"是英语的被动语态，强调订单要按照《公平劳动标准法》生产。

（四）单词重复

跨境贸易语言在表达上经常出现同一单词在语段中重复的现象。这种现象主要是为了避免语言使用者对语言不熟悉而产生歧义的情况，从而达到准确表达的目的。例如，在商业合同中，使用相同的单词进行强调，同时还可以进一步表明自己的观点和立场。但是，在使用中也需要注意不要一味地追求重复，使语句变得冗长、复杂，适当的时候使用代词表明其含义即可。

任务实操

一、任务目标

本任务的实操演练活动要求根据提供的任务背景，结合所学知识，完成英文邮件撰写的训练任务。

任务背景

悦乐是一家服装制造企业，近期与美国凯里服装公司达成交易意向。销售助理需要参考以下内容通过电子邮件的方式与凯里服装公司的采购人员布朗先生再次确认服装材质、尺码和数量等要求，以便后续生产。

服装材质：90%的棉和10%的聚酯纤维。

尺码：M, L, XL, XXL。

数量：每个尺码1000件。

二、任务内容

在了解了需要确定的信息后，开始准备向客户撰写邮件。结合前面所学的内容，注意语言表达。

步骤1：查询服装材质的英文表达，如"棉"译为"Cotton"，"聚酯纤维"译为"Polyester"。

步骤2：参考下文提供的商务邮件或自行利用互联网查找商务邮件，总结并整理商务邮件的标准格式，填入表3-2。

参考邮件：

Subject: Product Details Confirmation（邮件主题：商品细节确认）

Dear Mr. Brown,（尊敬的布朗先生，）

Please allow me to take the liberty of introducing myself. My name is ×××. I am the sales assistant of YueLe Clothing Co., Ltd. Mr. David Rui suggested that I get in touch with you reconfirming the details of the clothing. （请允许我借此机会自我介绍一下，我是×××，是悦乐服装公司的销售助理。大卫·芮建议我与您联系，再次确认服装的细节。）

We are going to produce the coats you ordered on October 15th. Before that, we need to confirm that these coats are made of 90% cotton and 10% polyester, and there are 4 models of M,

L, XL and XXL, each with 1000 pieces. （我们将在 10 月 15 日生产贵司订购的外套。在此之前，我们需要确认这些外套的材质是 90%的棉和 10%的聚酯纤维，有 M，L，XL，XXL 4 个型号，每个型号各 1000 件。）

Please reply to me if the above information is correct. I'm looking forward to your reply. （请告诉我上述信息是否正确。期待着您的回复。）

Thank you in advance. （谢谢。）

Yours sincerely，（谨启）

×××（姓名）

Sales Assistant（销售助理）

YueLe Clothing Co., Ltd（悦乐服装公司）

表 3-2　商务邮件的标准格式

邮件主题	
称呼	
正文	
结尾敬语	
签名	

步骤 3：结合前述步骤内容，将电子邮件填写在下方空白处。

邮件主题：

邮件内容：

三、任务评价

完成演练活动后，根据活动过程的表现进行三方评价与打分，完成表 3-3。

表 3-3　跨境贸易翻译基础实训评价表

活动名称	英文邮件撰写			
完成方式	独立完成			
演练内容	评价点	自我评价	小组评价	教师评价
实训活动（100 分）	能够理解任务背景和内容（10 分）			
	能够掌握跨境贸易语言的特点（15 分）			
	能够掌握跨境贸易语言的语法特点（15 分）			
	能够总结商务邮件的格式（25 分）			
	能够撰写邮件（35 分）			

续表

	合计			
	综合得分（满分 100 分，其中自我评价占 20%，小组评价占 20%，教师评价占 60%）			
	存在的主要问题			

任务二　搜狗翻译

知识速递

一、工具概况

搜狗翻译是搜狗搜索旗下基于业界前沿技术，使用网络机器翻译的工具，其结合了语音识别、图像识别、文本识别等多种技术，使用形态包括 PC 网页版、手机 App、微信小程序，支持中、英、法、日等 50 多种语言之间的互译，提供字词、短语、文本等翻译服务，能满足用户在学习、生活和工作等多个场景下的使用需求。搜狗翻译的界面十分简洁，操作也相对简单。打开 PC 网页版后，在顶部工具栏可以看到"翻文字""翻文档""翻图片""改英文"4 个模块，用户可以快速上手使用，如图 3-1 所示。

图 3-1　搜狗翻译网页版

二、主要功能

（一）拍照翻译

用户可以对图书、试题、路牌、菜单、广告单、外语新闻、游戏界面、漫画等页面进行拍照，及时获取翻译结果，如图 3-2 所示。

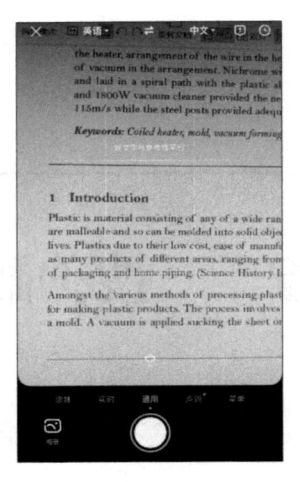

图 3-2　拍照翻译

（二）语音翻译

搜狗翻译提供准确、极速和专业的语音翻译，用户可以通过语音输入，实时进行翻译，适用于学术会议、职场沟通、网课学习等场景，如图 3-3 所示。

图 3-3　语音翻译

（三）文档翻译

搜狗翻译支持上传 PDF 和 Word 文件，可以对整篇文档直接进行翻译，并且支持双语导出，适合教师、学生和职场人士学习外国的文献资料，如图 3-4 所示。

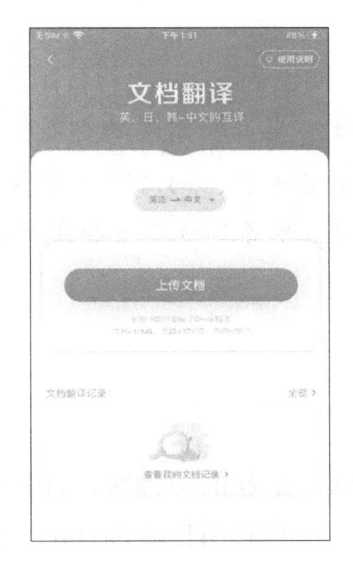

图 3-4　文档翻译

（四）AI 写作助手

AI 写作助手可以自动识别单词拼写是否正确，进行句子纠错，对句子表达进行升级，如图 3-5 所示。

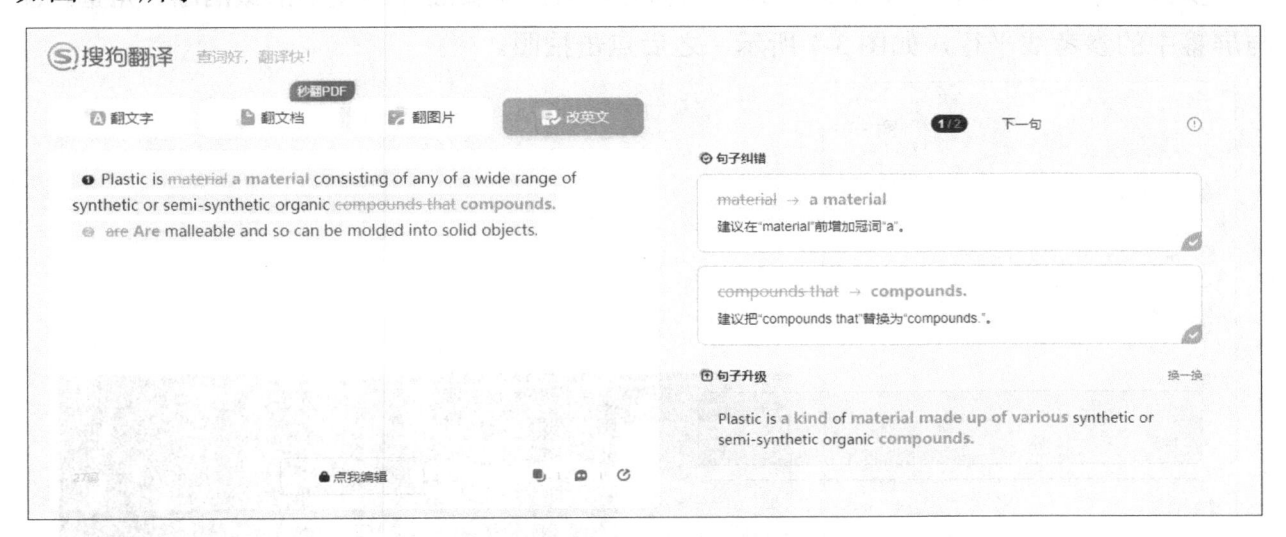

图 3-5　AI 写作助手

任务实操

一、任务目标

本任务的实操演练活动要求根据提供的任务背景，结合所学知识，利用搜狗翻译，完成拍照翻译、文段翻译和英文批改等训练任务。

跨境电商平台运营

任务背景

某企业是一家专注于礼盒设计、生产和销售的企业，近两年注意到海外市场对礼盒的需求日益增长，于是决定入驻速卖通平台，向海外买家售卖礼盒。在开设速卖通店铺时，运营人员需要结合自己企业的优势，参考其他企业的文案，撰写自己企业的英文介绍信息。

二、任务内容

（一）拍照翻译

该企业运营人员在浏览其他同类企业的店铺时，注意到许多企业将品牌介绍与企业视频或图片组合搭配展示在网页上，于是利用搜狗翻译的拍照翻译功能，对其他企业的英文介绍进行查看和学习，具体操作如下。

步骤1：打开搜狗翻译App，点击界面中间的"拍照翻译"，在最上方选择需要翻译的语种。该运营人员浏览的网站是英文网站，因此设置为"英语"翻译成"中文"，如图3-6所示。

步骤2：将手机摄像头对准需要翻译的内容，保证需要翻译的文字拍摄清晰、完整，且与屏幕中的参考线平行，如图3-7所示，之后点击拍照。

图3-6　设置翻译的语种　　　　图3-7　拍摄需要翻译的内容

步骤3：对拍摄的照片进行简单调整，如旋转、裁剪等，保证需要翻译的内容在照片中间，之后点击"对号"图标确认，开始翻译，如图3-8所示。

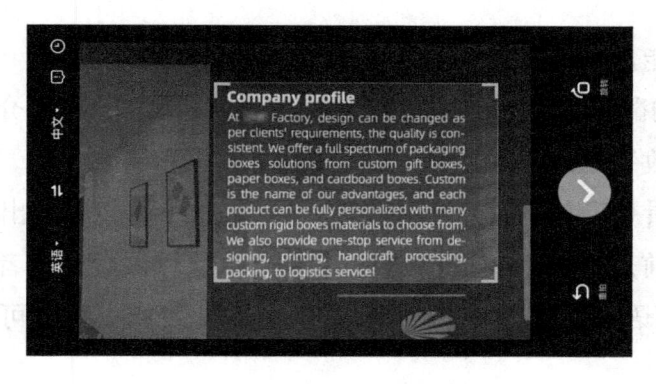

图 3-8 调整并确认需要翻译的内容

步骤 4：翻译工具完成翻译后，查看翻译结果，如图 3-9 所示。对于翻译结果，可以选择"对照"，按句子查看原文意思；也可以选择"点词"，查看原文中某个或某几个词的意思。

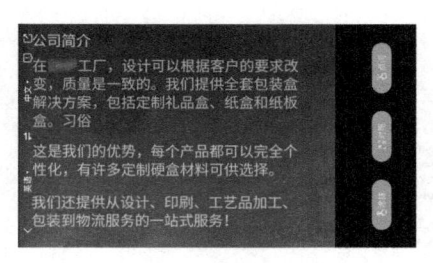

图 3-9 查看翻译结果

（二）文段翻译

在了解了其他企业的文案都包含哪些信息后，该运营人员用中文撰写了一段自己企业的介绍，准备使用搜狗翻译将整段话翻译为英文，具体操作如下。

打开搜狗翻译 App，设置为"中文"翻译成"英语"，之后输入企业的中文介绍，软件将自动将其翻译成英文，如图 3-10 所示。

图 3-10 文段翻译

（三）英文批改

该企业的另一名运营人员（小组其他成员）编写了一段企业的英文介绍，可以使用搜狗翻译的英文批改功能，对其文段进行优化，具体操作如下。

步骤1：打开搜狗翻译App，点击"英文批改"，将写好的英文介绍输入或粘贴至空白区域，点击"点我批改"，如图3-11所示。

步骤2：按句查看批改结果。搜狗翻译的AI批改助手会识别出可以提升的部分，并突出显示，运营人员前后对照后，可以选取其中一种进行保存，或者可以点击右侧的"换一换"，查看更多优化语句，如图3-12所示。在采纳批改意见后，可将本次批改后的文段复制、保存。

图3-11 输入需要批改的内容　　　　图3-12 查看批改内容

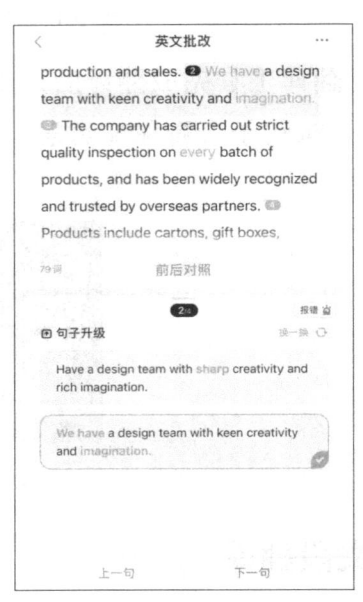

三、任务评价

完成演练活动后，根据活动过程的表现进行三方评价与打分，完成表3-4。

表3-4 搜狗翻译实训评价表

活动名称	利用搜狗翻译进行翻译			
完成方式	小组协作完成			
演练内容	评价点	自我评价	小组评价	教师评价
实训活动（100分）	能够进行任务背景解读与梳理（10分）			
	能够进行拍照翻译并理解文段内容（30分）			
	能够进行文段翻译（30分）			
	能够利用翻译工具进行英文批改并选择合适的表达语句（30分）			

续表

合计			
综合得分（满分 100 分，其中自我评价占 20%，小组评价占 20%，教师评价占 60%）			
存在的主要问题			

任务三　网易有道

知识速递

一、工具概况

有道是网易旗下提供移动互联网应用的子公司。该公司在语言翻译方向，推出了网易有道，包含有道词典和有道翻译，涵盖了词典、文字翻译、文档翻译、图片翻译、语音翻译等功能。

网易有道是全球第一个基于搜索引擎技术推出的全能免费语言翻译工具，首页如图 3-13 所示。用户可以通过 PC 网页版和客户端、手机 App，以及浏览器插件使用该工具。该工具完整收录了新牛津、牛津、柯林斯、韦氏、新世纪日汉、龙朝中韩等多种权威词典，以及网络最新词汇、原声音频和视频等，可以实现 100 多种语言互译。此外，网易有道具有图解、百科和单词本的功能，能够有效帮助用户理解并记忆新单词。

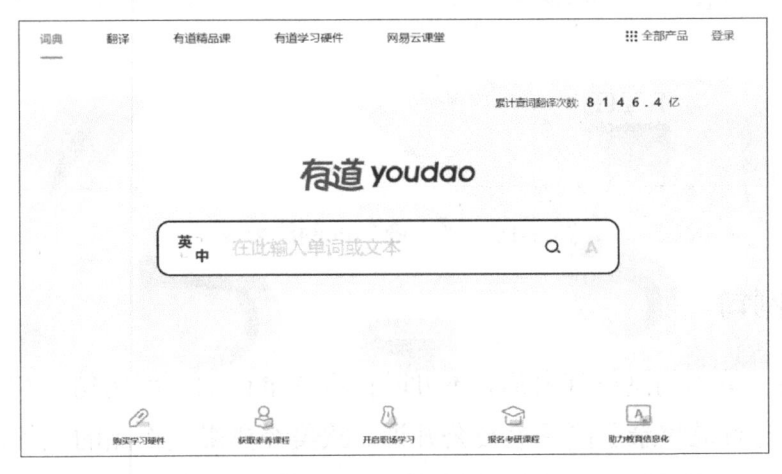

图 3-13　网易有道首页

有道翻译提供免费在线翻译服务，首页如图 3-14 所示。其不仅支持中英、中日、中韩、中法、中俄、中西互译，还支持网页翻译。同时，有道翻译提供人工翻译服务，能帮助有精细翻译需要的用户。

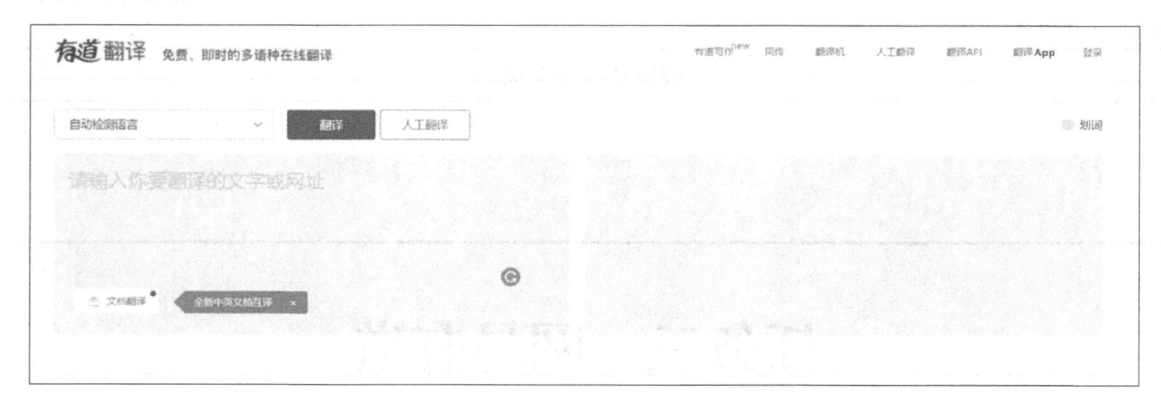

图 3-14　有道翻译首页

二、主要功能

（一）网络释义

基于有道的搜索引擎、实时网页抓取数据和信息存储技术，网易有道形成了一套没有上限、自动扩充、实时更新的词典数据库。用户在使用其进行网络释义时，可以检索到目前网络的流行词汇、影视作品名称、名人姓名、品牌名称、地名、专业术语等新词、热词。"电商"的网络释义如图 3-15 所示。

图 3-15　"电商"的网络释义

（二）原声例句

用户在查询某一单词的网络释义后，还可以查看该单词的使用例句。传统的词典展示的例句比较简单，而网易有道收录了国际名校公开课、欧美经典影视作品的视频，以及来自 VOA、BBC 的权威英语广播，旨在向用户还原真实的使用场景。"贸易"的原声例句如图 3-16 所示。

项目三　跨境交流翻译工具

图 3-16　"贸易"的原声例句

（三）智能划词与取词

使用网易有道 PC 客户端时，用户可以开启"划词"和"取词"功能。"划词"是指用户阅读中文或英文文档时，用鼠标选中一段文字，随后单击右上角出现的"查询"图标，即可将选中的文字翻译为英文或中文，如图 3-17 所示。

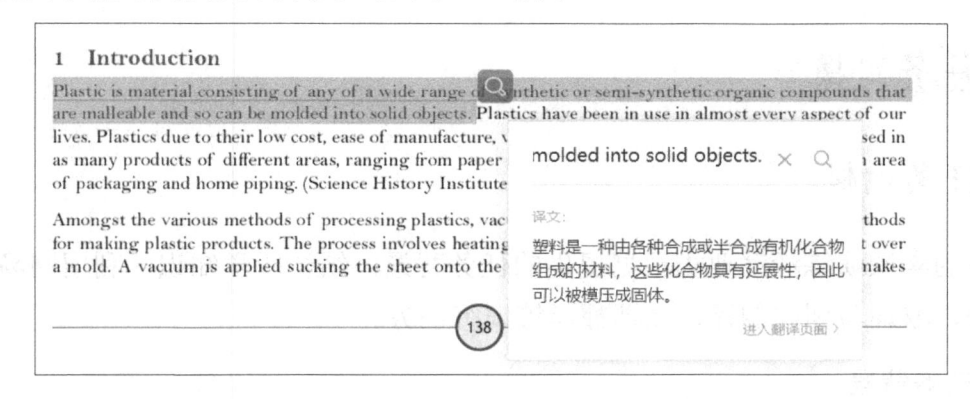

图 3-17　划词翻译

"取词"是指网易有道可以自动识别出大多数中、英文词组和常用短语。当用户把鼠标光标停留在屏幕的一段文本（中文或英文）上时，有道词典会自动取词、自动翻译所指的单词或词组，如图 3-18 所示。

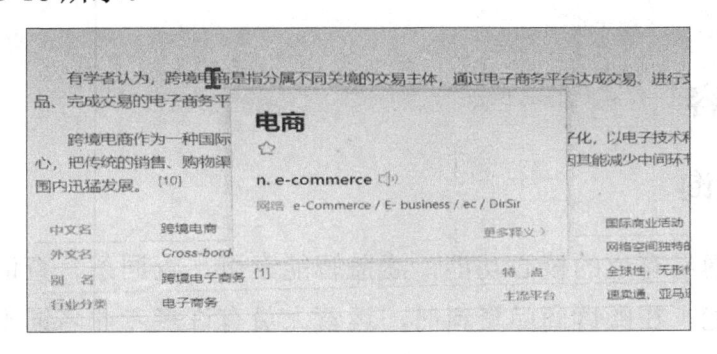

图 3-18　取词翻译

109

（四）丰富百科

网易有道融入了百度百科、维基百科等百科网站的内容，涵盖各领域的信息，能使用户在查询单词时，一站式了解对应参考知识，满足用户对信息的需求。"贸易"的百科释义如图 3-19 所示。

图 3-19 "贸易"的百科释义

任务实操

一、任务目标

本任务的实操演练活动要求根据提供的任务背景，结合所学知识，利用网易有道，完成词组查询、取词与划词翻译、文档翻译等训练任务。

任务背景

某企业是一家专注于吸尘器研发、生产和销售的外贸企业，海外市场主要集中在北美洲、欧洲、南美洲等地区。刚刚入职该企业的运营人员需要快速了解商品信息，但是企业提供的商品资料都是英文资料，该运营人员有很多专业名词不理解，需要借助翻译工具来学习。

二、任务内容

（一）词组查询

单词查询作为网易有道的核心功能，涵盖智能索引、查词条、查词组、模糊查词和相关词扩展等具体功能。在阅读商品资料时，运营人员有许多专业名词不理解，这时可以查询其中文含义，如吸尘器的专业词组"HEPA Filter"，具体操作如下。

步骤1：打开网易有道PC客户端，在"词典"选项卡的搜索框中输入要查询的单词"HEPA Filter"。

步骤2：单击"查询"按钮或按回车键查询其中文意思。查询到结果后，还可以通过单击"百科""网络释义"下的词条、"专业释义"等选项卡或链接，了解该词组的具体含义，如图3-20所示。

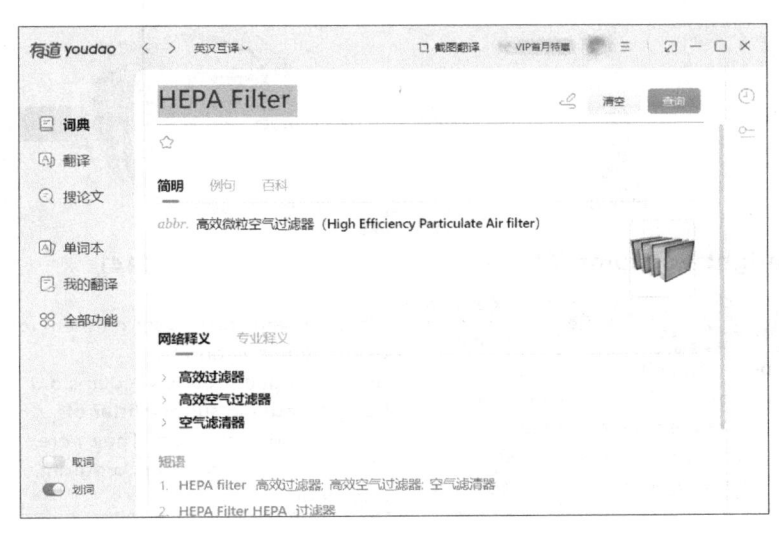

图3-20　输入需要查询的单词

（二）取词与划词翻译

在互联网上浏览2022年海外热门的吸尘器商品的英文网页时，遇到不熟悉的单词和语句可以使用网易有道的取词和划词功能，快速理解其意思，具体操作如下。

步骤1：打开网易有道PC客户端，在主窗口的左下角，开启"取词"和"划词"功能，按钮为深色即为开启状态，如图3-21所示，按钮为浅色即为关闭状态。

步骤2：打开需要阅读的英文文档，将鼠标光标悬停在需要解释的单词上，如"surfaces"，此时将自动显示该单词的释义，如图3-22所示。

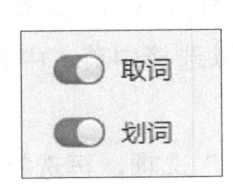

图3-21　开启"取词"和"划词"功能　　　　图3-22　取词翻译

步骤3：在文档中，拖曳鼠标光标选择需要翻译的句子，鼠标停止选取后，单击右上方的"查询"图标，即显示该句的释义，如图3-23所示。单击右下角的"进入翻译页面"链接，可以选择将句子翻译为除中文以外的其他语种，或者查看句子在不同专业领域的释义，如图3-24所示。

图3-23 划词翻译

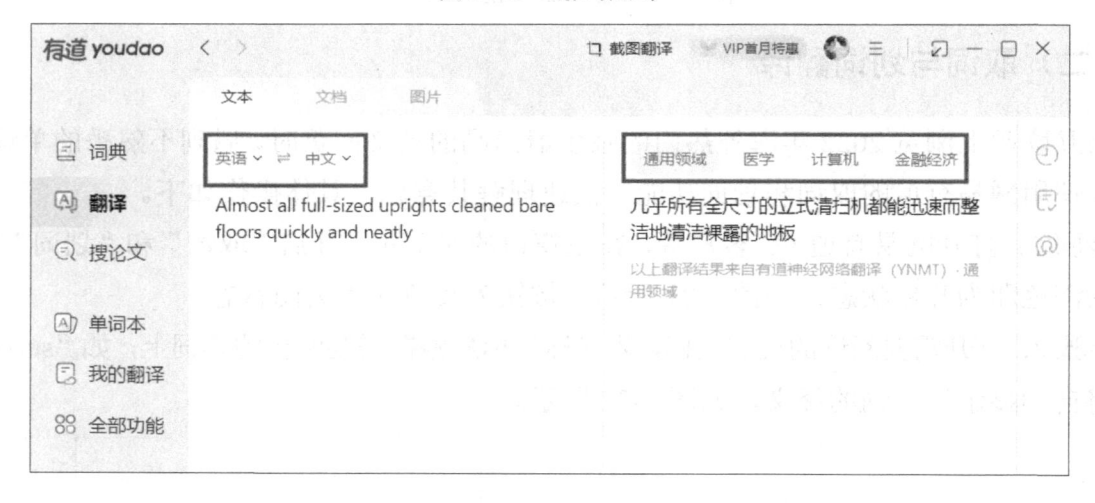

图3-24 设置目标翻译语种与专业领域

（三）文档翻译

当阅读企业提供的英文商品资料有困难时，可以借助网易有道的"文档翻译"功能，将文档翻译为中文之后进行学习。此外，翻译文档时，还可以选择中英、中韩、中日互译，具体操作如下。

步骤1：打开网易有道PC客户端，先选择左侧的"翻译"选项，再选择"文档"选项卡，将需要翻译的文档"Design and simulation of components of vacuum forming machine using household vacuum cleaner"[①]直接拖曳至空白区域，并选择"英文-中文"及知识领域，一般默认知识领域为"通用领域"。之后，单击右下角的"立即翻译"按钮即可，如图3-25所示。

图3-25 添加需要翻译的文档

步骤2：文档大小不同，翻译所需要的时间也有差异，待文档全部翻译完成后，将两个文档以左右对照的形式展现，如图3-26所示。

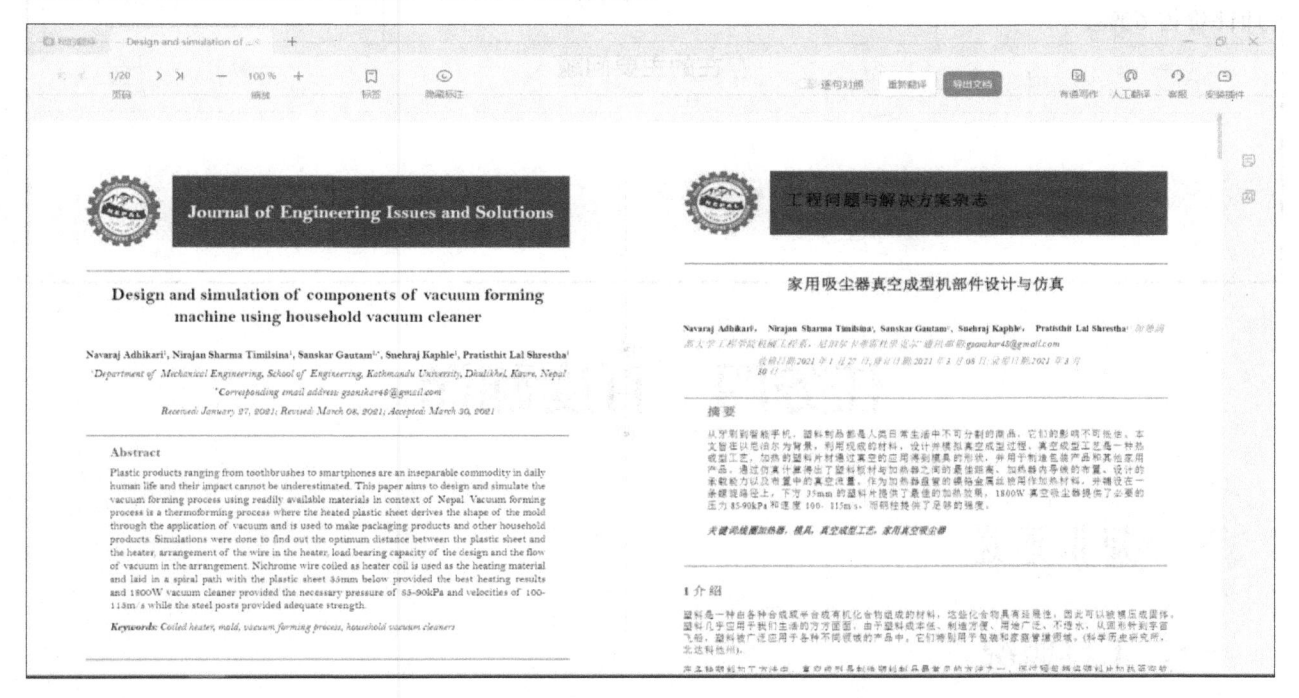

图3-26 两个文档左右对照

[①] 此论文由 Navaraj Adhikari, Nirajan Sharma Timilsina, Sanskar Gautam, Snehraj Kaphle, Pratisthit Lal Shrestha 于 2021 年发表于《工程问题与解决方案》杂志。

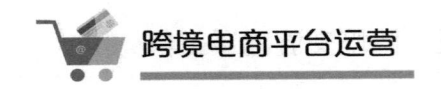

三、任务评价

完成演练活动后,根据活动过程的表现进行三方评价与打分,完成表 3-5。

表 3-5 网易有道实训评价表

活动名称	利用网易有道进行翻译			
完成方式	独立完成			
演练内容	评价点	自我评价	小组评价	教师评价
实训活动（100 分）	能够进行任务背景解读与梳理（10 分）			
	能够完成单词或词组的含义查询（20 分）			
	能够完成取词翻译（20 分）			
	能够完成划词翻译（20 分）			
	能够完成文档翻译（30 分）			
合计				
综合得分（满分 100 分,其中自我评价占 20%,小组评价占 20%,教师评价占 60%）				
存在的主要问题				

任务四　百度翻译

知识速递

一、工具概况

百度翻译支持 200 多个语种互译、覆盖 4 万多个语言方向,能帮助用户跨越语言鸿沟,其部分语种如图 3-27 所示。百度翻译针对开发者提供开放云接口服务,日均响应千亿字符的翻译请求。除文本、网页翻译外,百度翻译还具有文档翻译、语音翻译、图片翻译等多模式的翻译功能,以满足用户多样性的翻译需求。

项目三　跨境交流翻译工具

图 3-27　百度翻译部分语种

二、主要功能

（一）文档翻译

百度翻译利用高还原度的文档解析和机器翻译技术，支持 Word、PPT、Excel、HTML、XML、TXT、PDF 等格式的文档翻译，如图 3-28 所示。同时，支持源语言自动检测，只需上传文档并指定目标语言、文档格式等参数，即可快速获得翻译后的文档。

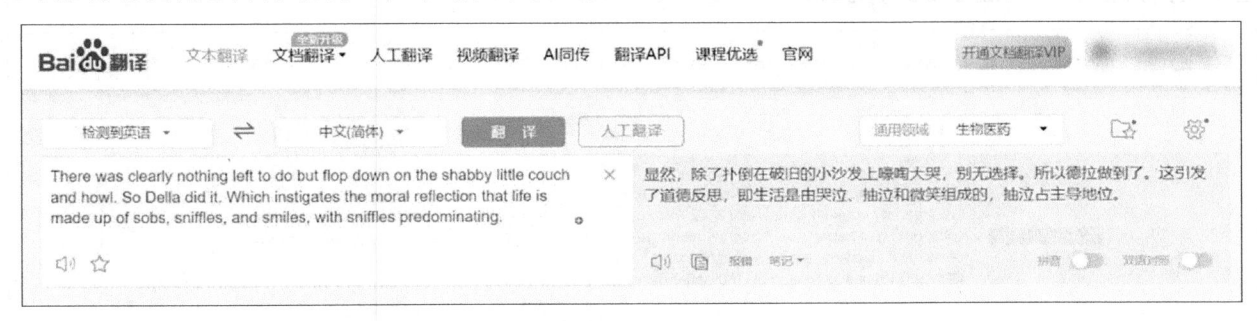

图 3-28　文档翻译

（二）语音翻译

百度翻译集语音识别、文本翻译、语音合成三大技术于一体，不仅可以将音频文件进行语音识别、转换成文本并翻译成目标语言，还支持译文语音播报，如图 3-29 所示。语音翻译支持中文、英语、日语、韩语、俄语、德语、法语、泰语、葡萄牙语、西班牙语、阿拉伯语的互译。

115

图 3-29　语音翻译

（三）图片翻译

百度翻译利用文字识别技术（Optical Character Recognition，OCR）及机器翻译技术，可以对图片中的文本内容进行文字识别、语种自动检测并将其翻译成目标语言，同时支持译文实景回填。用户只需要将图片粘贴到输入框，百度翻译即可快速识别图片中的文本内容并进行翻译，如图 3-30 所示。

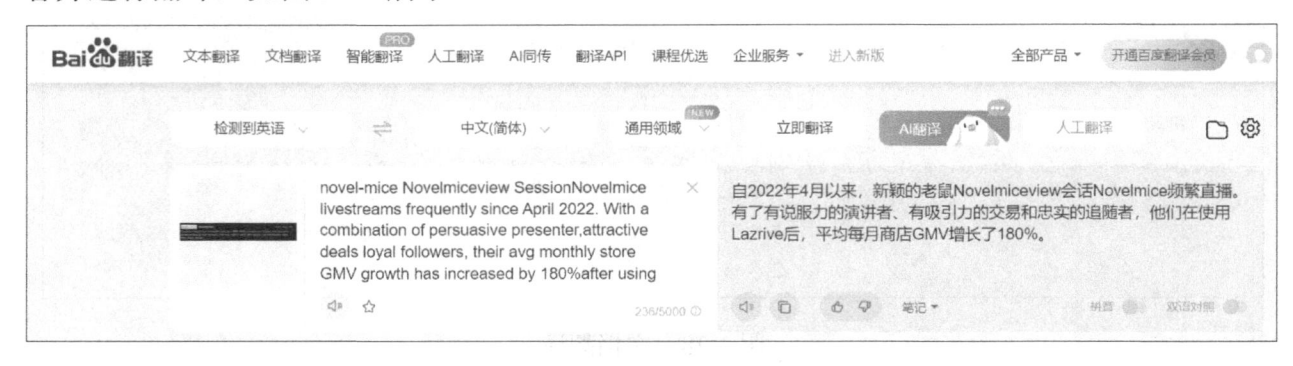

图 3-30　图片翻译

（四）垂直领域翻译

为了提升特定领域机器翻译的准确度，百度翻译针对多个垂直领域进行了优化，目前已开通学术论文、生物医药、信息技术、金融财经、新闻资讯、航空航天、机械制造、法律法规、人文社科9个垂直领域，如图3-31所示。

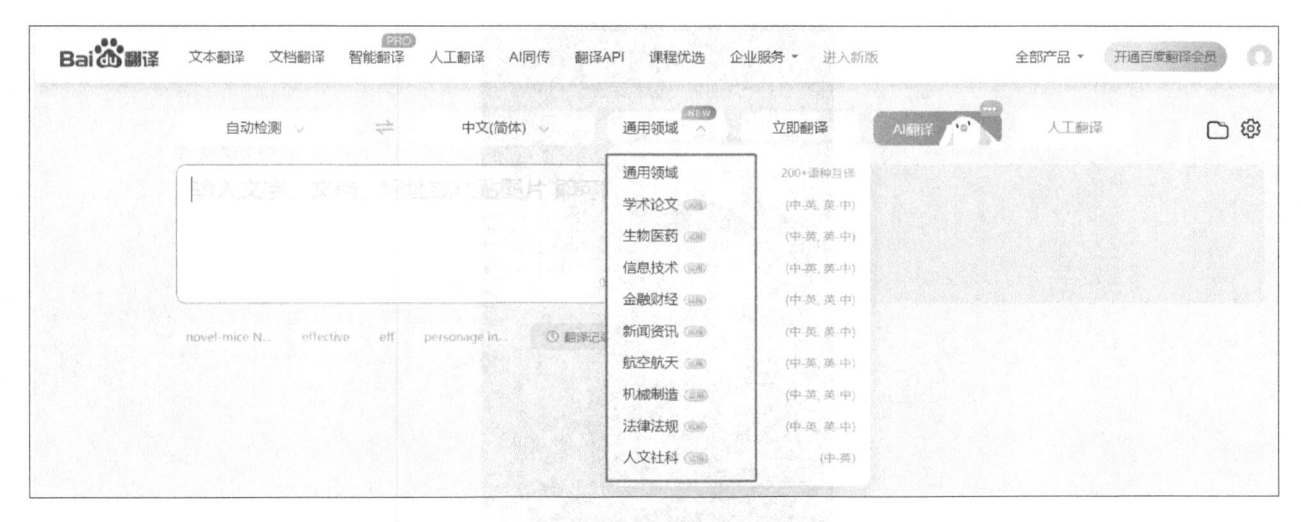

图 3-31　百度翻译的垂直领域

任务实操

一、任务目标

本任务的实操演练活动要求根据提供的任务背景，结合所学知识，利用百度翻译，完成对话翻译和语法分析训练任务。

任务背景

作为一名刚进入外贸公司实习的新人，小赵要不断提升自己的英语水平，确保拥有基本的英语交流能力。下周，小赵将要与部门经理一起参与和美国客户的吸尘器商品细节确认会议，部门经理要求小赵认真听讲并详细记录会议内容，明确美国客户的需求。

二、任务内容

（一）对话翻译

和小组成员模拟全英文会议，过程中可以使用百度翻译中的对话翻译功能，来理解客户所讲的内容，具体操作如下。

步骤 1：打开百度翻译 App，点击"对话"，在最上方选择目标语种，即"中英对话"。

步骤 2：在客户讲英文时，点击下方的"Speak English"，软件将自动识别客户所讲内容，将其自动翻译成英文，如图 3-32 所示。

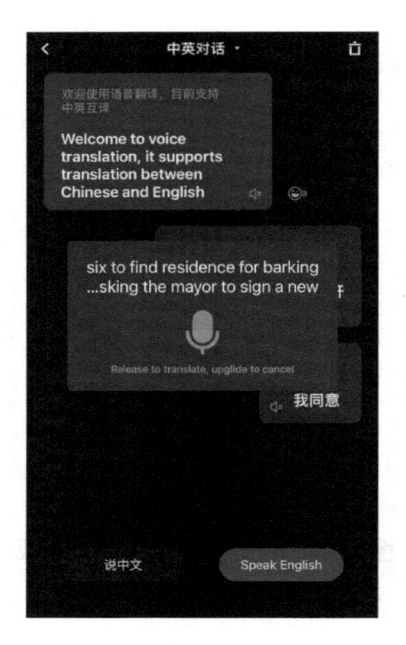

图 3-32　对话翻译

（二）语法分析

作为公司新人，要想和美国客户进行流畅交流，除利用翻译工具外，还需要在自己的空闲时间提升英语水平，可以通过百度翻译的"语法分析"功能学习英语语法，提升自己的书面表达能力和口语表达能力，具体操作如下。

步骤 1：打开百度翻译 App，选择"语法分析"功能，将复杂的英文段落粘贴至空白处，点击"语法分析"，如图 3-33 所示。

步骤 2：对分析结果进行认真阅读和学习，如图 3-34 所示。

图 3-33　输入需要学习的内容　　　　图 3-34　分析结果

三、任务评价

完成演练活动后,根据活动过程的表现进行三方评价与打分,完成表 3-6。

表 3-6　百度翻译实训评价表

活动名称	利用百度翻译进行翻译			
完成方式	小组协作完成			
演练内容	评价点	自我评价	小组评价	教师评价
实训活动 (100 分)	能够进行任务背景解读与梳理(20 分)			
	能够和小组成员实施对话翻译,进行基本的英文交流(40 分)			
	能够实施语法分析,整理所学英文语法要点(40 分)			
合计				
综合得分(满分 100 分,其中自我评价占 20%,小组评价占 20%,教师评价占 60%)				
存在的主要问题				

名词解释

同传翻译:又称"同传",是指翻译员在不打断讲话者讲话的情况下,将讲话者所说内容同步、口述翻译给听众的一种翻译方式。这种翻译方式适用于大型研讨会和国际会议,通常由两到三名翻译员轮换进行。

被动语态:英文中动词的一种形式,强调主语是动作的承受者。当动作执行者是受众心知肚明的或含糊不清时,多用被动语态。

OCR:对文本资料进行扫描,然后对图像文件进行分析处理,获取文字及版面信息的过程。

素能加油站

国内首款 AR 翻译眼镜上线，网易有道助力 INMO 商品升级

2022 年，网易有道助力 AR 智能眼镜品牌 INMO（影目科技）打破技术壁垒，上线了国内首款量产的同传翻译 AR 眼镜。该服务于 6 月 20 日正式上线 INMO Store 应用中心，AR 眼镜真正实现外语环境下的无障碍沟通的时代来了。

AR 智能眼镜在大家印象中一直是一款充满科幻概念的商品，随着时间的推移，它的发展可以用日新月异来形容。行业的发展离不开领域内领先进步的企业或品牌，INMO 无疑是 AR 智能眼镜领域内的一匹"黑马"。

而此次与网易有道的跨界融合，正是考虑到有了网易有道翻译能力赋能的 INMO Air，将会给用户在商务工作、学习成长、休闲旅行等生活、娱乐场景中带来更多的便利。用户无论是与外方进行商务工作会议、出境旅游时进行沟通交流，还是观看世界各地的视频直播，只要戴上 INMO Air，打开同传翻译，就能即刻体验到"为世界添字幕"，从而置身于虚拟与现实融合的世界。

网易有道在神经网络翻译技术领域的成就，大家有目共睹，该技术已被广泛应用于国际赛事、商务会议、休闲旅游、视频直播等场景，先后为亚洲蒙特梭利会议、中国公共关系发展大会、2022 年博鳌亚洲论坛等众多知名峰会提供核心技术支持，实现对连续音频流的实时识别翻译、边说边译。网易有道基于对海量互联网资源的主动收集及在自然语言处理技术领域的不断创新，目前其翻译技术处于行业领先地位，中英互译准确率高达 98%。

而此次有道翻译和 INMO 的通力合作，正是将有道同传翻译技术应用到 INMO Air 上，通过技术的加成，让 INMO AR 智能眼镜实现同传翻译。据悉，这是国内首款量产上线的 AR 翻译眼镜，对 AR 眼镜行业乃至元宇宙生态来说，都是很有代表性的。

网易有道与 INMO 的合作让我们看到了中国企业的创造力。期待在未来，网易有道在探索前沿 AI 技术的道路上不断突破，不断推动 AI 技术与日常生活的融合。也期待网易有道携手 INMO 推出更多"令人尖叫"的创新商品，在 AI 技术能力与 AR 眼镜的应用实践上再攀高峰，成为元宇宙生态创新领域的发展生力军。正如有道首席科学家段亦涛所说："我们不希望让技术停留在实验室，而是要让它真正应用到商品中去，给用户和社会带来更大的价值。"

案例思考：

1. AR 翻译眼镜对于人们日常生活和工作有哪些帮助？
2. 如何保障 AR 翻译眼镜在使用中能够遵守国家法律法规？

职业技能训练

一、单项选择题（共5题）

1. 在商务场合，和客户交流时，要注意语言的（　　）。
   A. 快捷性　　　　B. 趣味性　　　　C. 夸张性　　　　D. 严谨性

2. 在（　　）中要注意语言的标准化使用。
   A. 贸易单证　　　　　　　　　　B. 日常问候
   C. 商品促销的广告　　　　　　　D. 拜访朋友

3. 在进行文章翻译时，翻译者根据原作者当地的风俗习惯，在译文中进行补充解释。该翻译者在翻译时运用了（　　）的技巧。
   A. 增补法　　　　　　　　　　　B. 选择合适的单词
   C. 省略法　　　　　　　　　　　D. 调整语序

4. 在商务场合，买卖双方协商合同时，语言具有（　　）的特点。
   A. 表达正式且严谨　　　　　　　B. 表达多用缩写
   C. 表达口语化　　　　　　　　　D. 态度急躁

5. 以下（　　）是搜狗翻译不能完成的。
   A. 拍照翻译　　　　B. 语音翻译　　　　C. 文档翻译　　　　D. 同传翻译

二、多项选择题（共5题）

1. 网易有道具有（　　）功能。
   A. 网络释义　　　　B. 原声例句　　　　C. 屏幕取词　　　　D. 手动划词

2. 跨境贸易语言的语法具有（　　）特点。
   A. 语句结构复杂　　　　　　　　B. 单个词语简洁表达
   C. 多用被动语态　　　　　　　　D. 多用主动语态

3. 单词"competitive"的意思有（　　）。
   A. 竞争的　　　　B. 好胜的　　　　C. 好奇的　　　　D. 激烈的

4. 以下属于翻译技巧的有（　　）。
   A. 增补法　　　　B. 省略法　　　　C. 调整语序　　　　D. 选择合适的单词

5. 百度翻译支持翻译的语言包括（　　）。
   A. 德语　　　　B. 阿拉伯语　　　　C. 西班牙语　　　　D. 泰语

三、判断题（共5题）

1. 搜狗翻译可以免费使用同传翻译。（   ）
2. 英语一般多使用主动语态，汉语多使用被动语态。（   ）
3. 在跨境贸易沟通中，可以使用固定的语句形式进行交流。（   ）
4. 拍照翻译是网易有道的专利功能，因此百度翻译不能使用。（   ）
5. 跨境贸易语言要多使用重复的单词，用重复的单词才能将意思表达清楚。（   ）

学习笔记

项目四　店铺开通

项目概述

根据"SimilarWeb"2022年7月的统计数据，跨境电商平台中速卖通的访问量排名第五。速卖通是面向全球市场的跨境新零售平台，其品类覆盖全面，月访问量达5.26亿人次，是比较适合新手入驻的平台之一。本项目以速卖通平台为基础，引导学生了解在速卖通平台账户注册的基础知识，并掌握店铺入驻、品牌商标资质申请，以及个人账户信息完善等实际操作内容。

学习目标

知识目标

1. 了解店铺入驻需要准备的资料。
2. 了解主账号和子账号的功能权限。
3. 熟悉品牌商标资质申请的流程。
4. 熟悉子账号的创建流程。

技能目标

1. 能够掌握账户注册、实名认证的方法。
2. 能够掌握账户信息设置的内容。
3. 能够掌握子账号创建的方法。

跨境电商平台运营

素养目标

1. 培养学生独立自主的能力，使学生能够主动学习跨境电商相关法律法规。
2. 培养学生遵纪守法的精神。

思维导图

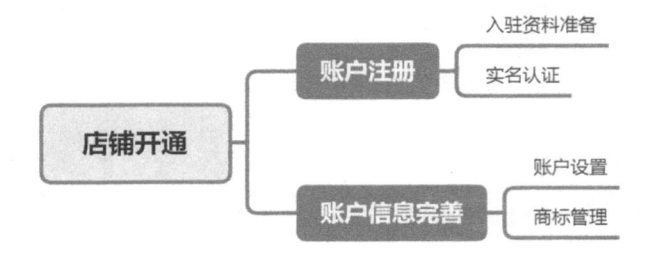

店铺开通
- 账户注册
  - 入驻资料准备
  - 实名认证
- 账户信息完善
  - 账户设置
  - 商标管理

自学探究

请同学们对本项目即将讲解的主要内容进行资料查询与学习，自主思考，完成表4-1。

表4-1 本项目的主要内容

知识内容	经验认知	资料结论	自我总结
账户注册			
账户信息完善			

任务一 账户注册

知识速递

一、入驻资料准备

（一）营业执照

速卖通仅支持企业商家入驻，也就是说商家的营业执照必须属于企业性质，其中大陆企业可以在国家企业信用信息公示系统网站上查询，如图4-1所示。速卖通不支持个体工商户进行注册，同时部分类目实施定向招商制度。例如，泛欧区（欧盟国家、英国）男女服饰行业，根据服饰行业特性对全球市场采取分区独立运营模式，泛欧区为优先试点，以便更好、更专业地服务好全球不同区域消费者的差异化需求。

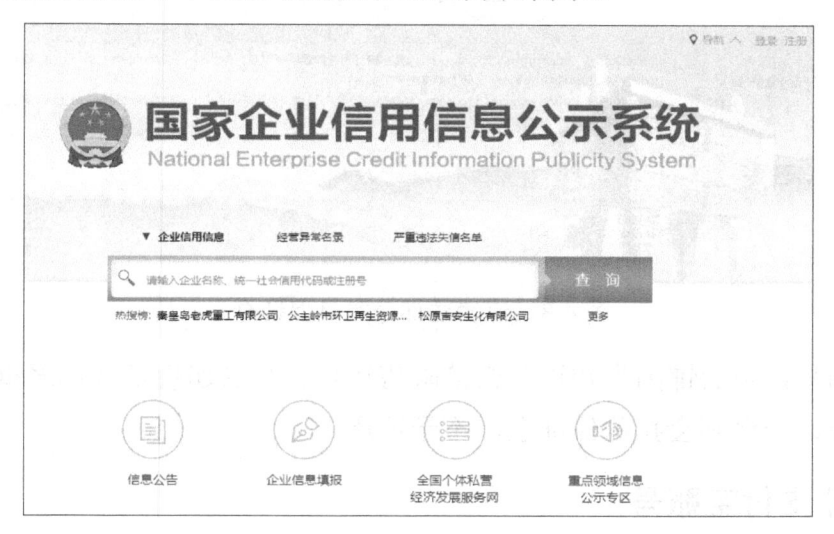

图 4-1　国家企业信用信息公示系统

（二）品牌商标

速卖通要求商家必须拥有品牌商标才可以入驻。平台要求的商标需要满足以下三个条件。

（1）英文注册商标。

（2）注册地为中国或海外。

（3）拥有商标注册证（R 标）或商标注册申请受理通知书（TM 标），如图 4-2 所示。

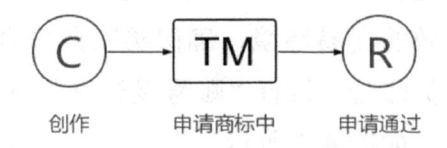

图 4-2　商标注册

需要注意的是，品牌授权书中的品牌名称需要与速卖通认证人申请的品牌名称一致；若不一致，商标资质审核则不会通过。

（三）入驻费用

速卖通虽然是免费入驻的，但需要商家缴纳开店保证金，经营大类不同，保证金数额也不同。目前，店铺只能选择一个经营大类，保证金也就收取该经营大类的费用。例如，手机类目的保证金为 3 万元人民币，3C 数码类目的保证金为 1 万元人民币。速卖通部分类目保证金如图 4-3 所示。

	3C数码（除【内置存储】、【移动硬盘、U盘、刻录盘】、电子烟、手机、电子元器件）（投影仪定向邀约）	1万	Security & Protection 安全防护 Office & School Supplies 办公文教用品 Phones & Telecommunications 电话和通信 Computer & Office 电脑和办公 Consumer Electronics 消费电子	表格下载
10	内置存储,移动硬盘,U盘,刻录盘	1万	Computer & Office Internal Storage 内置存储【包含内置固态硬盘、存储卡、存储卡配件（读卡器、存储卡卡套/适配器/转卡器/内存卡盒）、固态硬盘托架和支架】 Computer & Office External Storage 移动硬盘,U盘,刻录盘（包含刻录盘、外置机械移动硬盘、外置固态硬盘、硬盘壳包、硬盘盒、U盘）	表格下载
	电子烟	3万	Electronic Cigarettes 电子烟	表格下载
	手机	3万	Mobile Phones 手机	表格下载

图 4-3　速卖通部分类目保证金

需要注意的是，若店铺因为知识产权禁限售违规、交易违规及其他严重违规等被扣 48 分直接关闭账号，平台则会扣除保证金，不予退还。

（四）企业支付宝账号

店铺实名认证需要企业支付宝账号或法人的个人支付宝账号。企业支付宝账号绑定的企业需要与营业执照上的企业一致，法人也需要与营业执照上的法人一致。

> **想一想**
>
> 为什么入驻速卖通需要品牌商标？

二、实名认证

店铺注册完成后，还需要进行实名认证。这也是为了保障速卖通平台商家身份的真实有效，为买家营造更加真实有效的交易环境，确保买家在平台上放心交易。

商家登录速卖通平台管理员账号，执行"账号及认证"→"账户中心"命令，打开"账户中心"页面并填写必要信息，如图 4-4 所示。

图 4-4　"账户中心"页面

商家完成实名认证后，登录企业支付宝账号，与速卖通账户进行关联，如图 4-5 所示。若商家还未注册企业支付宝账号，可以直接注册并进行关联，如图 4-6 所示。

图 4-5　登录企业支付宝账号

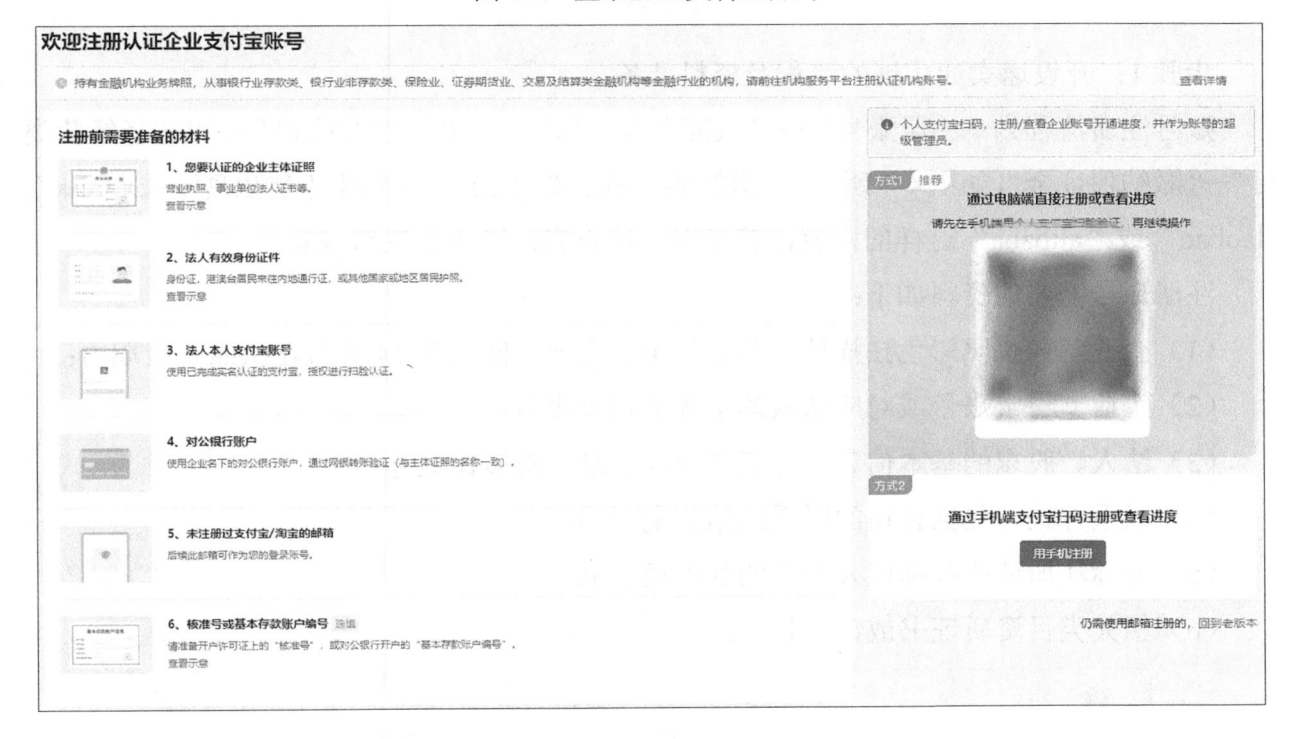

图 4-6　注册企业支付宝账号

想一想

速卖通平台为什么需要企业进行实名认证？

任务实操

一、任务目标

本任务的实操演练活动要求根据提供的任务背景，结合所学知识，完成速卖通店铺开通的实施过程训练。

任务背景

> 某企业是一家专注于家居纺织用品的研发、生产和销售的现代化企业，近几年市场规模一直保持着稳定、快速的增长。该企业在各大电商平台（如淘宝、京东等）均开设了旗舰店，并且有多家授权店铺。随着跨境电商的快速发展，该企业想进入国际市场，了解各跨境电商平台后打算入驻速卖通。

二、任务内容

步骤1：开设速卖通店铺的流程及资料准备。

账号注册流程为"注册账号"→"认证企业信息"→"开通资金账户"→"选择经营类目"→"缴纳保证金"，如图4-7所示。这里需要注意的是，注册的邮箱中不能出现"aliexpress"、"taobao"或"alibaba"这样的内容，若出现这些内容，则不会注册成功。

注册账号需要的资料如下：

（1）企业营业执照彩色扫描件，其上显示的注册时间大于14天且在执照有效期内；

（2）企业支付宝账号或对应法人的个人支付宝账号；

（3）法人、股东的基本信息，包括身份证信息、持股比例等；

（4）联系方式，包括公司的联系邮箱、电话等；

（5）商标注册证或商标权人出具的独占授权书；

（6）相关类目资质证书或证明材料。

| ① 注册账号 | ② 认证企业信息 | ③ 开通资金账户 | ④ 选择经营类目 | ⑤ 缴纳保证金 |

图4-7　账号注册流程

步骤2：注册账号。

进入速卖通卖家中心的登录页面，单击"入驻跨境卖家中心"按钮，如图4-8所示。

在弹出的页面中选择开店类型后单击"下一步"按钮,如图4-9所示。

图4-8 单击"入驻跨境卖家中心"按钮

图4-9 选择开店类型

进入注册账号信息填写页面,使用邮箱进行注册并验证,同时设置登录密码并确认,勾选相关协议后,单击"立即注册"按钮,验证手机号码,即可完成账号的注册,如图4-10和图4-11所示。

图4-10 填写注册信息

图 4-11 验证手机号码

步骤 3：认证企业信息。

如图 4-12 所示，准备企业注册地址、营业执照复印件、法人证件，完成支付宝认证，根据页面提示核对并补充完整企业经营信息、法人信息和联系人信息。

图 4-12 认证企业信息

步骤 4：开通资金账户。

需提供法人及企业受益人的信息，包括生日、国籍、证件、持股比例等，完成资金账户的开通。

步骤5：选择经营类目。

如图4-13所示，选择想要经营的大类，单击"提交"按钮即可。若为管控类目，则还需要根据页面提示补充相关信息和资质证明。

图4-13　选择经营类目

步骤6：缴纳保证金。

如图4-14所示，需要确保支付宝余额充足，然后绑定支付宝账号缴纳保证金，缴纳后即可完成店铺的开设。

图4-14　缴纳保证金

三、任务评价

完成演练活动后，根据活动过程的表现进行三方评价与打分，完成表4-2。

表 4-2　账户注册实训评价表

活动名称	开通速卖通店铺			
完成方式	独立完成			
演练内容	评价点	自我评价	小组评价	教师评价
实训活动（100 分）	能够进行任务背景解读与梳理（5分）			
	能够准备店铺入驻的资料（5分）			
	能够了解店铺开通的流程（10 分）			
	能够熟悉店铺认证的流程（10 分）			
	能够掌握店铺开通的方法（20 分）			
	能够注册速卖通账户（30 分）			
	能够完成实名认证（20 分）			
合计				
综合得分（满分 100 分，其中自我评价占 20%，小组评价占 20%，教师评价占 60%）				
存在的主要问题				

任务二　账户信息完善

知识速递

一、账户设置

（一）基础信息设置

基础信息设置主要包括账号信息、店铺联系人信息、企业信息的设置与修改，如图 4-15 所示。设置完成后，选择左侧"店铺"下的"金银牌权益中心"选项，可以参报速卖通平台的各种活动和申请中国好卖家，如图 4-16 所示。

图 4-15　账户信息设置

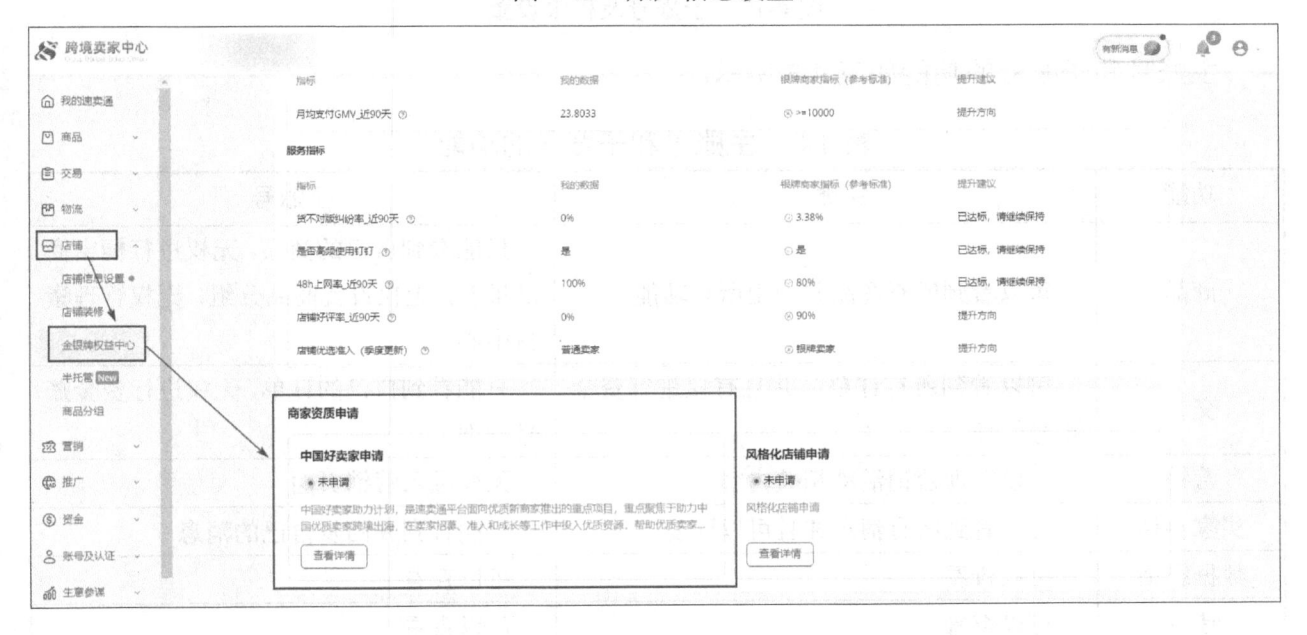

图 4-16　申请中国好卖家

（二）账号设置

主账号又称管理员账号，拥有店铺所有功能的使用权限。每个主账号可以设置 50 个子账号，岗位不同，子账号的使用权限也不同，如图 4-17 所示。

图 4-17 子账号及权限设置

主账号和子账号的功能如表 4-3 所示。

表 4-3 主账号和子账号的功能

功能	主账号	子账号
商品	可以看到所有商品并使用所有功能	只能看到自己的商品，无权进行橱窗商品推荐，无权设置商品分组，无权管理素材中心
交易	可以看到所有订单，并且有权进行资金账号管理	只能看到自己的订单，无权进行资金账号管理
营销	可以管理营销活动相关内容	无权进入营销页面
买家会话	可以看到所有消息并且可以回复	只能看到并回复自己的消息
数据纵横	可以查看	可以查看
违规	可以查看	可以查看
店铺	可以操作店铺页面所有功能	无权进行店铺装修，无权管理店铺资产，可以查看店铺表现

想一想

为什么要创建子账号？它有什么作用？

二、商标管理

（一）商标基础认知

商标是识别某商品、服务或与其相关的具体个人或企业的显著标志。图形®常用来表示某个商标经过注册，并受法律保护。文字、图形、字母、数字、三维标志、颜色组合和声音等均可以作为商标申请注册。

企业在政府有关主管部门注册登记以后，就享有某个品牌名称和品牌标识的专用权，这个品牌名称和品牌标识受到法律保护，其他任何企业都不得仿效使用。因此，商标实质上是一个法律名词，是指已获得专用权并受法律保护的一个品牌或品牌的一部分。

商标分为商品商标和服务商标。商品商标是出现在商品上标识商品来源的商标；服务商标是出现在服务类目上的商标，如船舶运输商标、航运商标等，如图4-18所示。

图4-18 服务商标

根据不同的维度，可以将商标分为平面商标和立体商标。平面商标一般由文字、字母、数字、颜色和平面设计等元素构成，用以标识商品来源。立体商标包括商品本身或其销售包装的外形。

（二）品牌商标资质申请

首先，登录速卖通跨境卖家中心，执行"账号及认证"→"我的申请"→"平台已有的品牌申请"命令，单击"申请新品牌"按钮，输入品牌关键词进行搜索，如图4-19所示。接着，选择申请的品牌类目，可以同时选择多个类目并上传商标资质申请资料，如图4-20所示。最后，等待平台审核，一般会在3~5个工作日内审核完（周末和节假日不审核，但大促等特殊时期除外）。

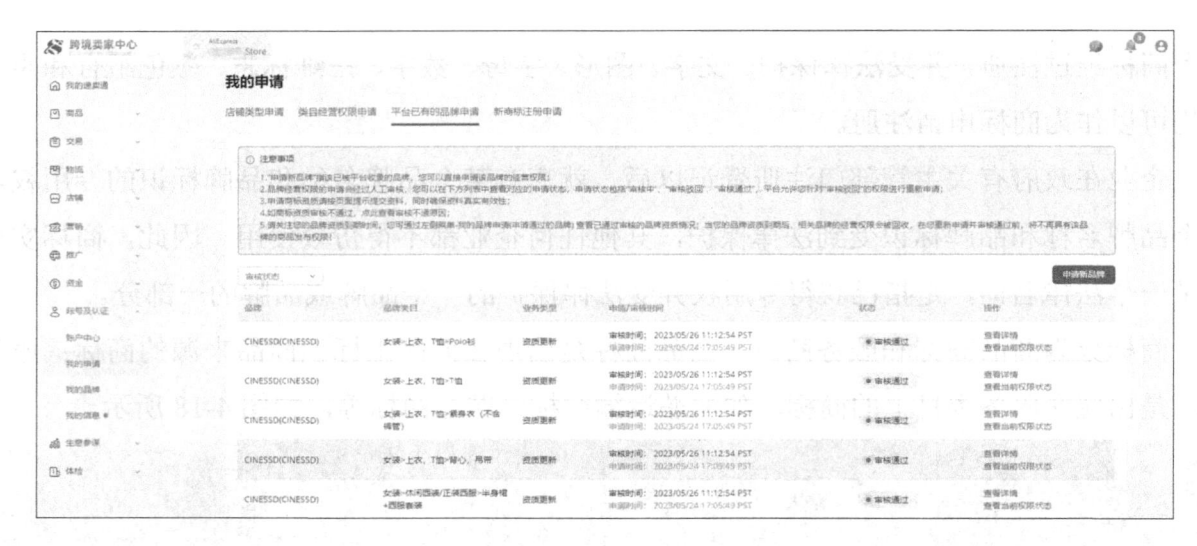

(a)

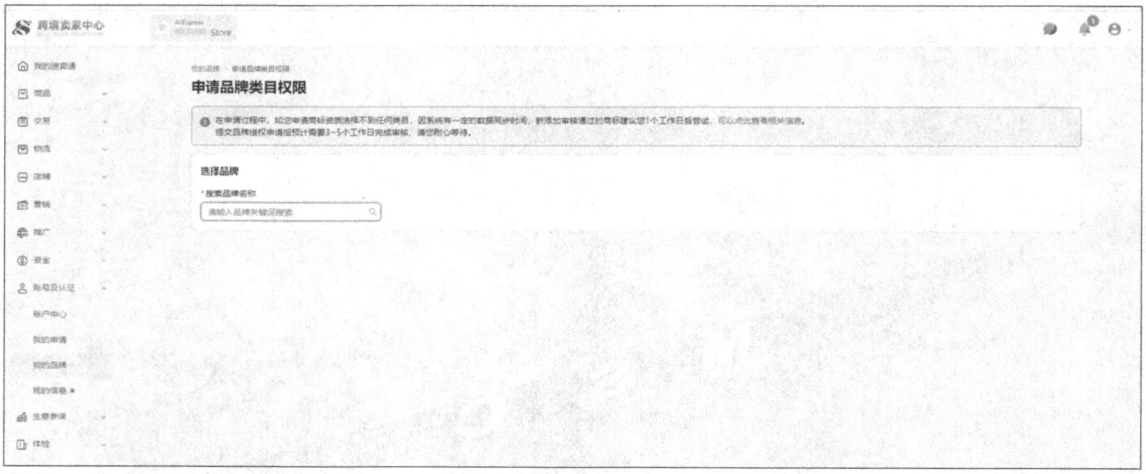

(b)

图 4-19　申请品牌授权

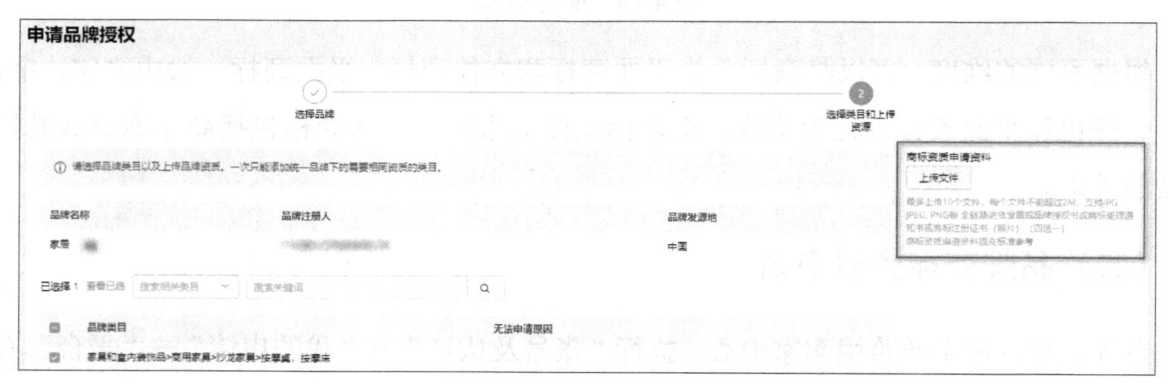

图 4-20　上传商标资质申请资料

商标资质申请资料包括商标注册申请受理通知书（见图 4-21）、商标注册证和商标驳回通知书。提交商标资料时，虽然不同类型的商标在申请步骤中会有不同的状态，但需要注意的是，只有在账号认证人与商标注册人一致时，才可以提交该类型的资料，否则需要提交品牌授权资料。

品牌授权资料包括注册商标使用许可授权书、品牌授权书，以及商品授权或品牌元素授权书。其中，注册商标使用许可授权书需要包含授权人信息、被授权人信息、商标信息、授权有效期限和有效签章等内容，如图 4-22 所示。

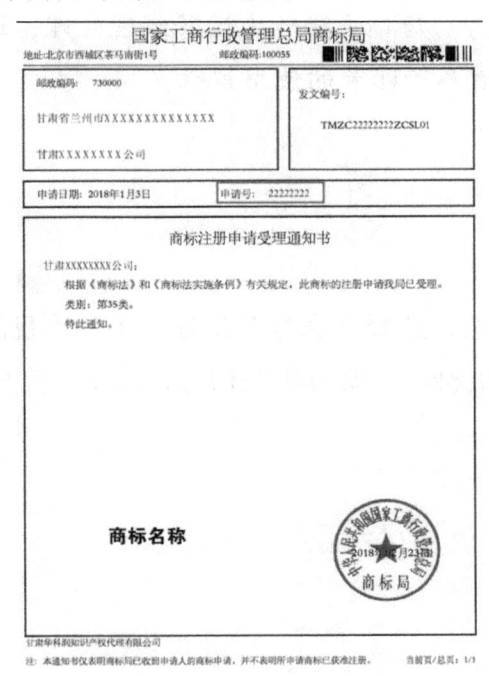

图 4-21　商标注册申请受理通知书

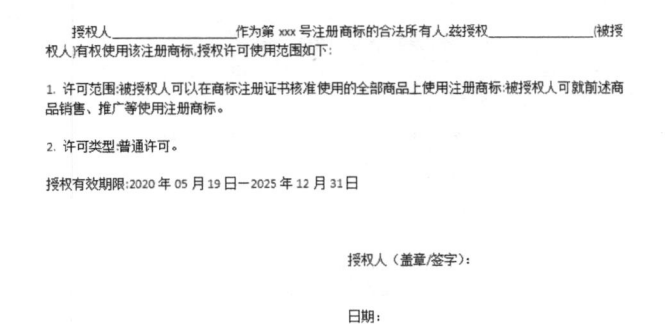

图 4-22　注册商标使用许可授权书

任务实操

一、任务目标

本任务的实操演练活动要求根据提供的任务背景，结合所学知识，完成速卖通会员信

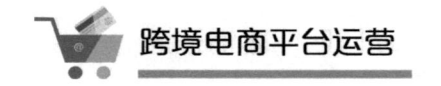

息填报和创建子账号的实施过程训练。

任务背景

某企业完成速卖通店铺的注册后,又进行了品牌认证。因为想要参加中国好卖家助力计划,所以需要填报会员信息。店铺主账号由运营经理管理,还需要创建其他运营人员的子账号,并根据业务内容设置各子账号的使用权限。

二、任务内容

(一)会员信息填报

登录速卖通跨境卖家中心,选择"账号及认证"下的"我的信息"选项,进入"会员信息填报"页面。编辑个人资料,并填写相关信息,提交后完成会员信息填报,如图4-23所示。

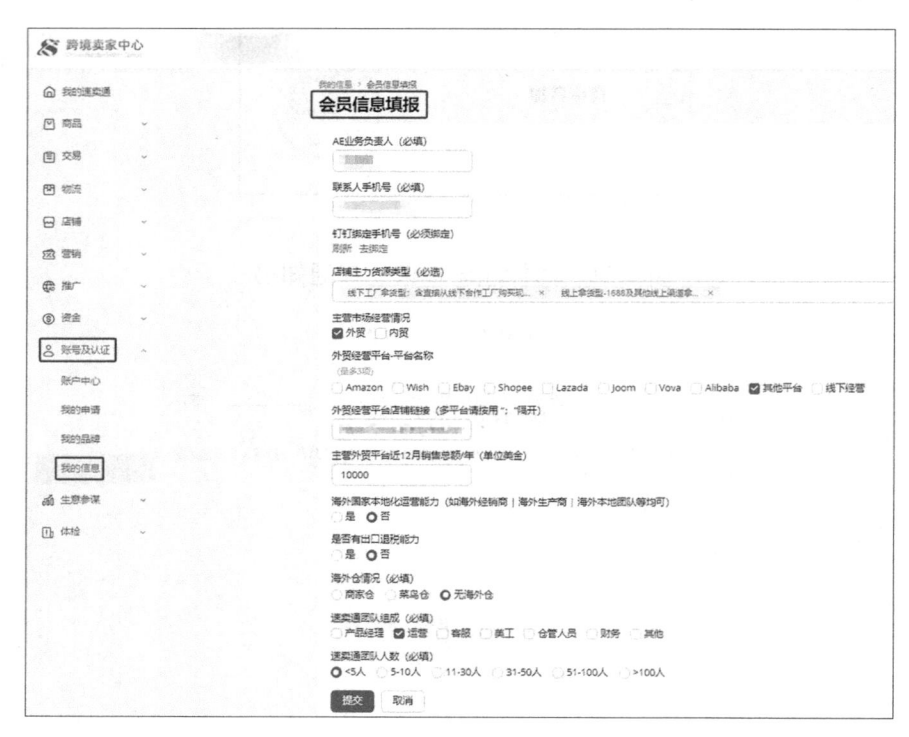

图 4-23 会员信息填报

(二)创建子账号

登录速卖通跨境卖家中心,执行"账号及认证"→"账户中心"→"子账号及权限设置"→"创建子账号"命令,打开"创建子账号"页面,填写岗位人员的基本信息,如图4-24所示。另外,可以根据运营人员工作内容的不同,创建多个具有不同权限的角色组,如图4-25所示。

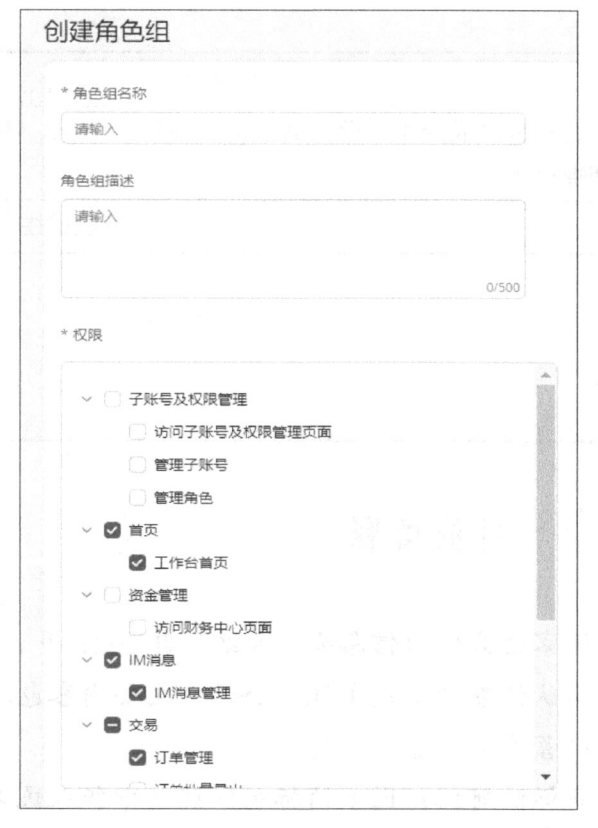

图 4-24 "创建子账号"页面　　　　图 4-25 创建角色组

三、任务评价

完成演练活动后，根据活动过程的表现进行三方评价与打分，完成表 4-4。

表 4-4　账户信息完善实训评价表

活动名称	会员信息填报和创建子账号			
完成方式	小组协作完成			
演练内容	评价点	自我评价	小组评价	教师评价
实训活动（100 分）	能够进行任务背景解读与梳理（10 分）			
	能够了解创建子账号的流程（10 分）			
	能够熟悉商标资质的申请流程（10 分）			
	能够熟悉不同子账号的权限内容（10 分）			
	能够进行会员信息的填报（20 分）			
	能够创建子账号（20 分）			
	能够创建具有不同权限的角色组（20 分）			

续表

合计			
综合得分（满分 100 分，其中自我评价占 20%，小组评价占 20%，教师评价占 60%）			

存在的主要问题

名词解释

国家企业信用信息公示系统：自 2021 年 11 月 26 日起，国家企业信用信息公示系统用户实名认证查询正式上线。公示的主要内容包括市场主体的注册登记、许可审批、行政处罚、经营异常状态等信息。

商标注册证：国家商标局依照《中华人民共和国商标法》的有关规定，颁发给商标注册人以证明其商标专用权范围的法律文书。记载的主要内容包括商标、商标注册号、商标注册人名义及地址、注册商标核定使用的商品或服务项目及其类别、商标专用权的起止日期。

R 标："R"是"Register"的缩写，指注册商标，即商标已在国家商标局进行申请注册并已经审查通过。

TM 标：商标符号的意思，即标注"TM"的文字、图形或符号是商标，但不一定已经注册。

素能加油站

品牌商标侵权解读

"楼外楼"是杭州一个知名的食品品牌。富阳的一家电商有限公司因假冒杭州知名品牌"楼外楼"，使用"楼外楼"包装、"楼外楼"各系列礼盒，在八宝饭、酱鸭等商品上使用与"楼外楼"注册商标近似的商标，被起诉至法院。

市场监督管理局执法队在前期勘察的基础上，联合市公安局富阳区分局，出动执法队全体人员，对被举报的富阳这家电商公司的生产场地进行检查，发现其两个生产场地有众多侵权商品，包括成品、半成品、包装及相关工具。侵权商品包括原材料 5380 千克、成品

569箱、包装2000只、用于制造侵权商品的工具2套。执法人员对上述侵权商品全部扣押，并运至富阳区涉案财物管理中心保管。

此案件涉及萧山和富阳的两家公司，萧山的公司为销售主体，富阳的公司主要为萧山的公司提供包装、烫印山寨版"楼外楼"商标等业务，两家公司共计罚没86万余元。

在注册申请新商标时，应该提前查询是否与他人商标近似，尽量避免与其他品牌重复，以尊重和保护同类商标及知识产权。此外，如果自己的商标权被他人侵犯，则应当主动出击，注重对商标权的维护，只有这样才能确保商标得到有效使用。

案例思考：

1. 保护品牌商标有何重要性？
2. 生活中，还有哪些品牌商标侵权的案例？

职业技能训练

一、单项选择题（共5题）

1. 入驻速卖通的费用是（　　　）元/年。
   A. 1 980　　　B. 10 000　　　C. 30 000　　　D. 免费

2. 手机类目的保证金是（　　　）元/年。
   A. 10 000　　　B. 20 000　　　C. 30 000　　　D. 50 000

3. 以下不属于速卖通平台要求的商标是（　　　）。
   A. 英文注册商标　　　B. 注册地为海外的商标
   C. R标　　　D. C标

4. 店铺违规扣（　　　）分直接关闭店铺。
   A. 12　　　B. 36　　　C. 48　　　D. 60

5. 店铺主账号可以创建（　　　）个子账号。
   A. 10　　　B. 20　　　C. 50　　　D. 100

二、多项选择题（共5题）

1. 店铺注册需要准备（　　　）。
   A. 个人支付宝账号　　　B. 公司联系邮箱
   C. 法人身份证信息　　　D. 公司营业执照

2. 企业认证的方法包括（　　　）。
   A. 企业支付宝　　　B. 法人支付宝

C. 个人身份证 D. 淘宝实名认证

3. 以下（　　）属于子账号的权限。

A. 查看所有产品 B. 管理营销活动

C. 查看违规信息 D. 数据纵横

4. 以下（　　）属于商标资质申请资料。

A. 商标注册证 B. 品牌授权书

C. 商标驳回通知书 D. 商品授权书

5. 注册店铺时，企业信息需要填写（　　）。

A. 企业统一社会信用代码 B. 企业注册地址

C. 企业法人信息 D. 企业支付宝账号

三、判断题（共5题）

1. 入驻速卖通，必须进行企业支付宝认证。（　　）
2. 速卖通支持个体工商户入驻。（　　）
3. 品牌注册商标不支持TM标，必须为R标。（　　）
4. 子账号无法报名营销活动。（　　）
5. 对于大类保证金，店铺违规被关闭后不予退还。（　　）

学习笔记

项目五 店铺装修

项目概述

随着电商的普及、互联网的发展和买家审美水平的提高，越来越多的企业注意到视觉营销的价值。无论是在销售效率方面，还是在营销效果方面，视觉营销的作用都无可替代。因此，本项目讲解视觉营销的概念、文案撰写、图片设计及速卖通店铺装修，使学生掌握店铺装修的工作技能，提升学生文案撰写与图片设计的能力，培养学生视觉营销的思维。

学习目标

知识目标

1. 了解视觉营销的概念。
2. 知悉文案撰写的内容。
3. 理解视觉营销的原则。
4. 掌握店铺色彩搭配的作用。
5. 熟悉速卖通店铺装修基础模块。

技能目标

1. 能够独立撰写商品文案。
2. 能够独立完成商品图片设计。
3. 能够独立完成店铺首页布局策划。
4. 能够独立完成速卖通店铺装修。

跨境电商平台运营

素养目标

1. 培养学生严谨认真的工作作风和精益求精的工匠精神。
2. 不断增强学生的"四个意识"和"四个自信",使学生争做时代新人。

思维导图

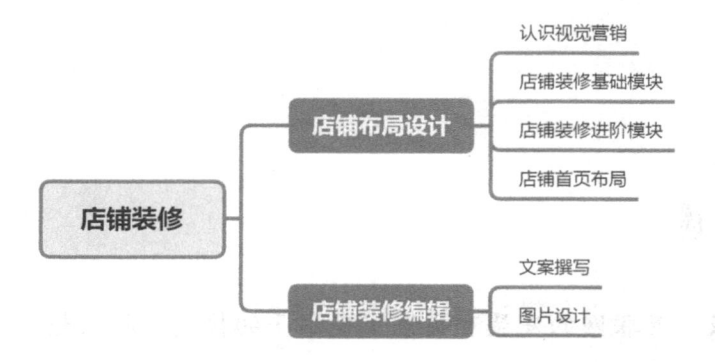

```
              ┌─ 店铺布局设计 ─┬─ 认识视觉营销
              │               ├─ 店铺装修基础模块
              │               ├─ 店铺装修进阶模块
店铺装修 ─────┤               └─ 店铺首页布局
              │
              └─ 店铺装修编辑 ─┬─ 文案撰写
                              └─ 图片设计
```

自学探究

请同学们对本项目即将讲解的主要内容进行资料查询与学习,自主思考,完成表5-1。

表 5-1 本项目的主要内容

知识内容	经验认知	资料结论	自我总结
店铺布局设计			
店铺装修编辑			

任务一 店铺布局设计

知识速递

一、认识视觉营销

(一)视觉营销的概念

视觉营销是指以商品计划或营销策略为核心,以买家为目标群体,综合所有视觉要素,将其作为营销信息传达与展现的载体，实现品牌、商品或服务的特性及差异化，即利用视觉要素和表现技巧向买家传递商品价值的营销过程。

随着跨境电商的发展，视觉营销的作用日益凸显。在传统外贸中，买家可以通过参加线下展会、到访工厂来获取样品，接触到商品实物，真实感受到商品的材质、做工等详细信息。但是，在线上销售时，买家无法直接接触到商品实物，而只能通过卖家提供的商品图片来了解商品。因此，一家店铺如果没有在图片中清晰地展示出商品独特的价值点和差异点，那么有很大可能会陷入同质化竞争和价格战中。例如，在电饭锅行业，大多数电饭锅的功能几乎是一样的，在没有特色的情况下，商家只能通过附送赠品或降价的方式吸引买家购买，从而增加商品销量。

视觉营销对跨境电商的意义：一方面体现在视觉营销和销售密不可分，商家可以利用效果较好的视觉表达来吸引买家，给他们留下良好的印象，从而将商品销售出去；另一方面视觉营销能够有效提升买家对品牌和商品的信任度，再配合商品本身质量较好，就可以不断提升买家对品牌的认可度和好感度。

（二）视觉营销的内容

只有在不同的场合展现不同的内容，才能发挥视觉营销的价值，促使买家购买商品。

（1）在销售商品时，需要突出商品及商品受众的照片，目的是将买家带入场景，使买家将商品与自身联系在一起，从而促使买家下单，如图 5-1 所示。

（2）在突出商品技术信息或工厂优势时，可以多运用工厂实景图（见图 5-2）、商品专利信息及报告等形式来进行展示。

图 5-1　模特使用图　　　　　　　　　　　图 5-2　工厂实景图

（3）在突出展示服务时，可以使用买家对商品或服务表示赞赏和满意的证据，如感谢邮件、评价、使用图片等，如图 5-3 所示。

图 5-3　客户满意证明图

（三）视觉营销的原则

（1）视觉营销的内容能够使买家了解商品信息，快速、准确、直观地向买家传递商品的优势和特点。

（2）视觉营销能够通过图片超链接的形式，让买家快速找到商品并购买。

（3）视觉营销能够让买家产生身临其境之感，想象自己使用该商品时会产生的良好使用体验。

（4）视觉营销能够给买家带来轻松、欢乐之感，让买家喜欢营销内容，而不是让买家在看到营销内容时产生厌恶之感，从而对品牌和商品产生消极印象。

（5）视觉营销通过创意、吸引人的展示方式，能让买家对营销内容感兴趣并愿意将其分享给他人。

二、店铺装修基础模块

（一）店招

店招承担着向买家展示店铺水平和店铺的个性化风格，以及吸引买家进店浏览更多商品的重要功能。装修好店招可以更好地传达店铺形象，提高买家的信任度。

店招一般在 PC 端和无线端店铺首页最上方进行展示，可以使买家了解店铺的基本情况，如图 5-4 所示。店招也可以在商品详情页中出现，引导买家进入店铺，如图 5-5 所示。

图 5-4　店铺首页店招

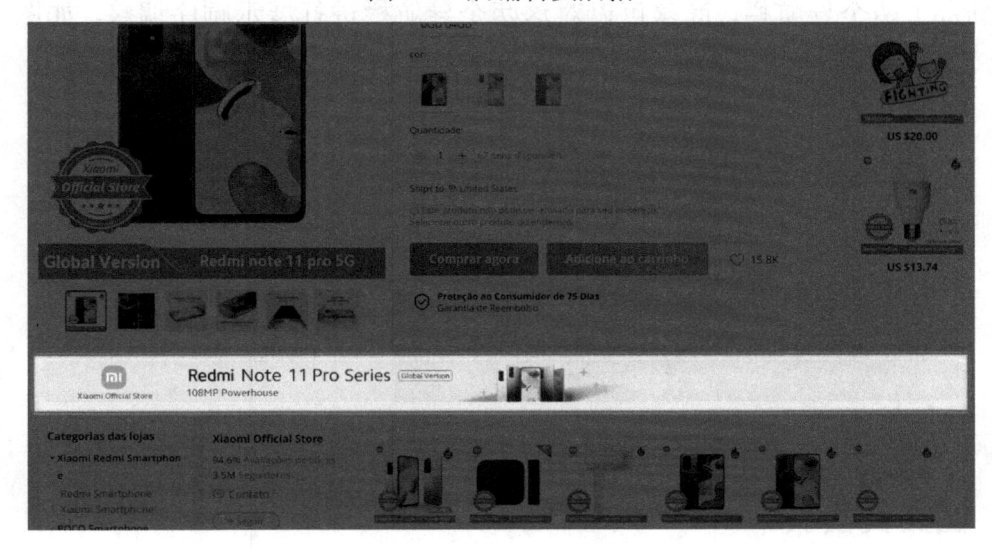

图 5-5　商品详情页店招

店招包括商家店铺名称、粉丝数、好评率等信息。PC 端店招可以设置店铺名称、店铺 Logo、自定义背景图。其中，店铺 Logo 的高度为 72px，宽度为 72~640px，支持 JPG、PNG 图片格式，大小不得超过 2MB；自定义背景图的尺寸为 1920px×90px，支持 JPG、PNG 图片格式，大小不得超过 2MB。

无线端店招的展示方式包括默认背景和自定义背景图。默认背景为纯色背景，更容易突出店铺信息，如图 5-6 所示。自定义背景图的尺寸为 750px×300px，支持 JPG、PNG 图片格式，大小不得超过 2MB。

图 5-6　无线端店招默认背景

店招既可以展示并强调品牌文化，又可以和当前的促销活动相结合，用商品优惠活动信息引流，提醒买家关注有礼，还可以配合当地节日，为店铺营造节日气氛。

（二）导航栏

导航栏暂时仅支持在 PC 端进行设计，且不支持调整文字样式、颜色等自定义内容。在速卖通后台可以对 PC 端导航栏进行装修，进入店铺装修页面，选择 PC 端装修，单击 PC 端店招位置，在右侧弹出框中单击"店铺导航"按钮，新增"Hot Sale"（热卖）和"New Arrival"（新品）两个导航栏，商家可以对这两个导航栏进行展示顺序调整，如图 5-7 所示。

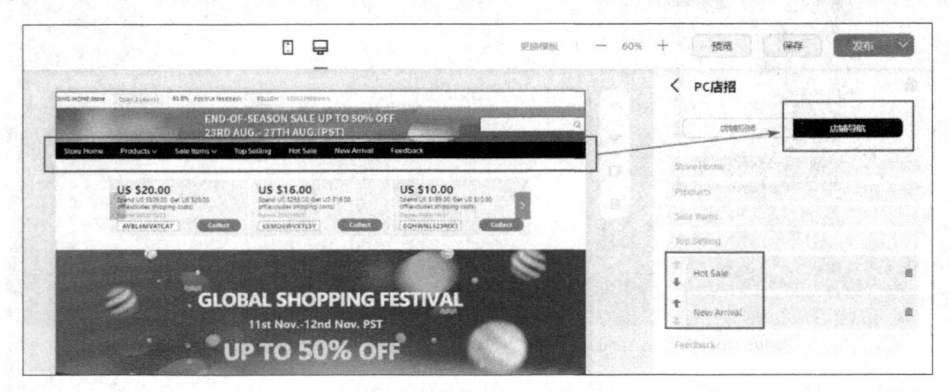

图 5-7　PC 端导航栏

（三）图文类模块

图文类模块包含文本、单列图文、双列图文、轮播图、热区图文、视频模块等。这些模块支持 JPG、PNG 图片格式，大小不得超过 2MB。

1. 文本

该模块只能输入文本信息，买家可以通过大标题、中标题、正文三个部分大小不同的字体，向买家展示重要信息，如图 5-8 所示。

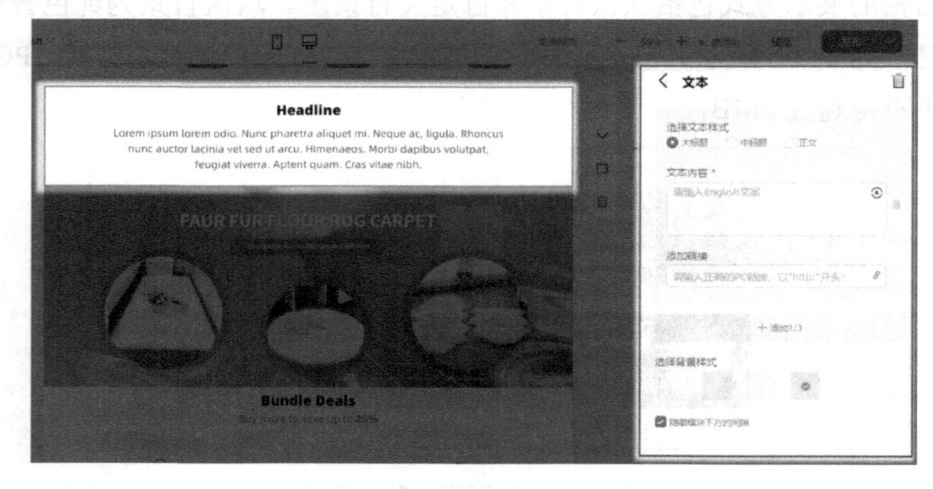

图 5-8　文本

2. 单列图文

单列图文是指单张图片搭配下方文字进行展示的模块，如图 5-9 所示。图片可以添加对应的商品链接，买家产生兴趣后可以点击链接直接跳转至商家设置的对应页面，如商品页面、首页、新品页、自定义页面等。该模块无线端建议图片宽度为 750px，高度不超过 1000px；PC 端建议图片宽度为 1200～1920px，高度不超过 1080px。

图 5-9　单列图文

3. 双列图文

双列图文是指两张图片并排，并在下方搭配文字进行展示的模块，如图 5-10 所示。该模块中每张图片可以分别添加对应的跳转链接，与单列图文一致。该模块无线端建议图片宽度为 351px，高度不超过 960px；PC 端建议图片宽度为 588px，高度不超过 1080px。

图 5-10　双列图文

4. 轮播图

轮播图支持添加五张图片并在店铺首页自动播放，如图 5-11 所示。商家可以根据需求对每张图片设置跳转链接。该模块无线端建议图片宽度为 750px，高度不超过 1000px；PC 端建议图片宽度为 1200～1920px，高度为 60～750px。

图 5-11　轮播图

5. 热区图文

热区图文主要支持上传单张图片并在图片上设置超链接，双击可新增热区模块，热区模块可任意拉大拉小，如图 5-12 所示。该模块无线端建议图片宽度为 750px，高度不超过 1000px；PC 端建议图片宽度为 1200～1920px，高度不超过 1080px。

图 5-12　热区图文

6. 视频模块

商家可以通过添加时长不超过 3 分钟，大小在 500MB 以内的视频展示主营商品、类目或商家资质，如图 5-13 所示。视频要求最小尺寸为 1200px×400px，画面长宽比为 1∶1、3∶4、16∶9，支持 WMV、AVI、MP4、MPG、MPEG、3GP、MOV、FLV 格式。上传视频后，只有通过速卖通平台的审核后才能展示在买家面前，一般视频审核时间不超过 24 小时。

图 5-13 视频模块

（四）营销类模块

商家可以预先根据店铺活动策划设置好对应的营销活动，再通过店铺装修将其展示在首页吸引买家的注意，促成订单。营销类模块包括单品折扣、满减活动、店铺 Code、高净值买家专享折扣、互动活动等，如图 5-14 所示。

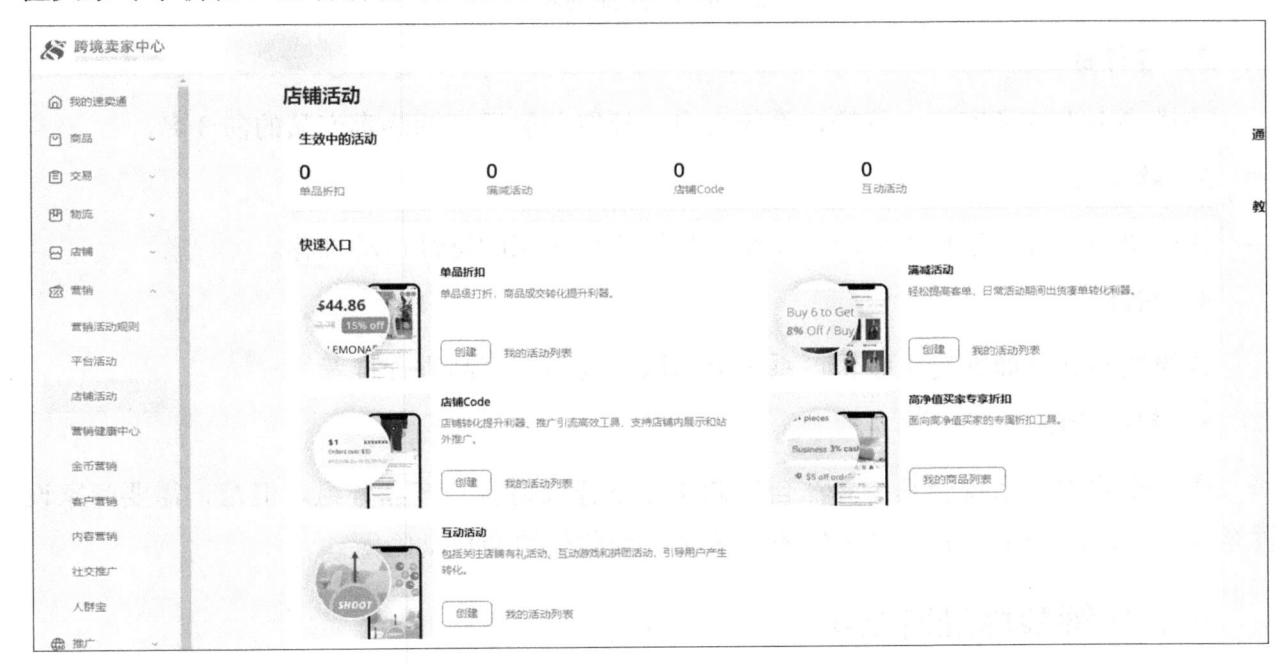

图 5-14 营销类模块

（五）产品类模块

产品类模块是指以多种形式展示店铺主营产品的模块，包括产品列表、排行榜、猜你喜欢、新品和智能分组等。

1. 产品列表

在这个模块中，商家可以手动选择想要推荐的产品，也可以由系统按照产品分组自动选品。该模块支持的展现方式有一行四列、一行三列和一行两列，可以展示多个产品，如图 5-15 所示。

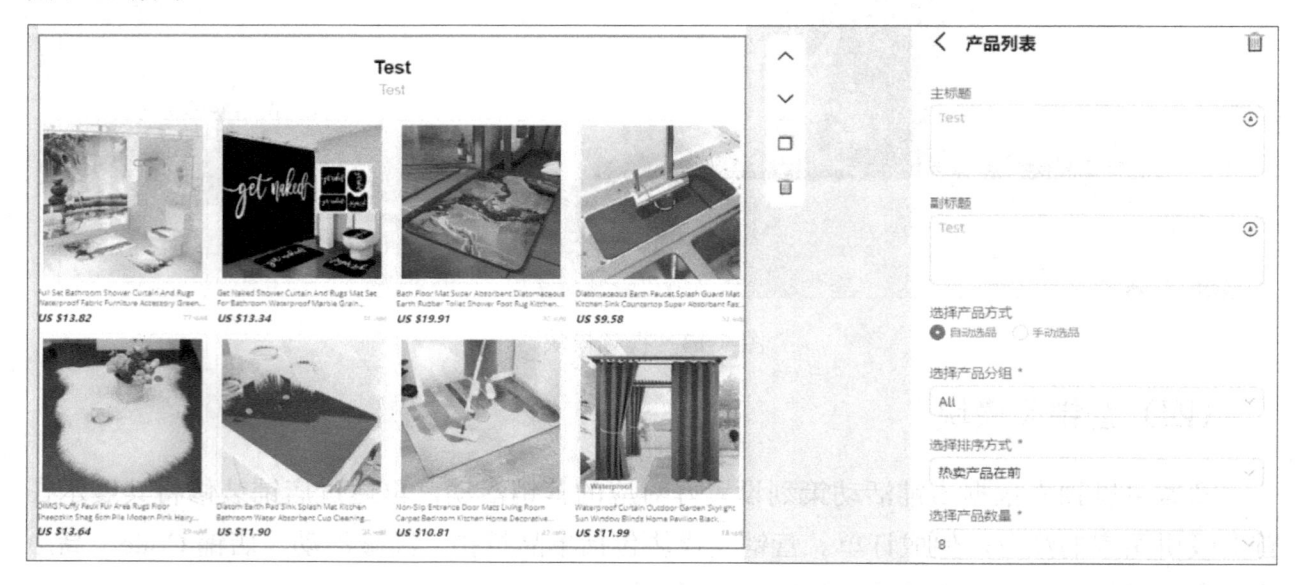

图 5-15　产品列表

2. 排行榜

该模块不支持商家自主编辑，系统会自动抓取并展示店铺热卖产品的前 3 名。

3. 猜你喜欢

该模块不支持商家自主编辑，系统会根据进店买家的特性自动推荐。

4. 新品

该模块不支持商家自主编辑，系统会抓取新发布的产品进行推荐。

5. 智能分组

在该模式中，系统会基于算法自动向买家推荐最适合的产品分组。但是，需要商家设置至少 3 个产品分组。若产品分组不足 3 个，则此模块会自动隐藏。

三、店铺装修进阶模块

（一）New Arrivals 页面

New Arrivals 页面是一个集中展示店铺近期新品的页面。商家在后台可以进行简单的半自动化装修，为买家提供集中的新品展示。该页面共有三个模块，分别是新品承接模块、推荐新品模块、新品日历模块。其中，只有推荐新品模块可以由商家进行手动编辑，商家可以在该模块中最多设置 5 个近期推广的新品，并为其设置推荐理由，完成后该模块将以轮播图的形式展示在买家面前。PC 端 New Arrivals 页面和无线端 New Arrivals 页面分别如图 5-16 和图 5-17 所示。商家设置推荐理由时，可以为对应商品撰写广告语或展示其主要卖点，以此来吸引买家。

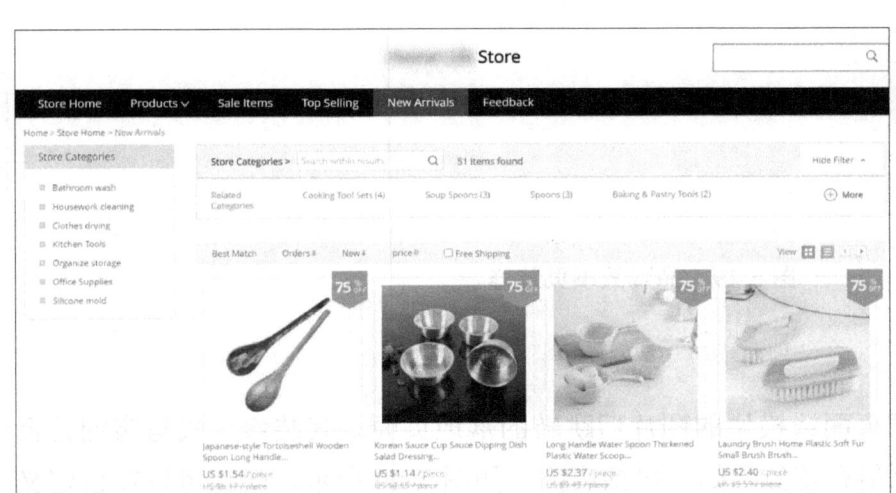

图 5-16　PC 端 New Arrivals 页面

图 5-17　无线端 New Arrivals 页面

（二）品牌故事页

在品牌故事页（Brand Story）中，商家可以展示自己店铺品牌的优势、特点、历史故事等内容。PC 端品牌故事页如图 5-18 所示。目前，品牌故事页仅支持官方店显示。

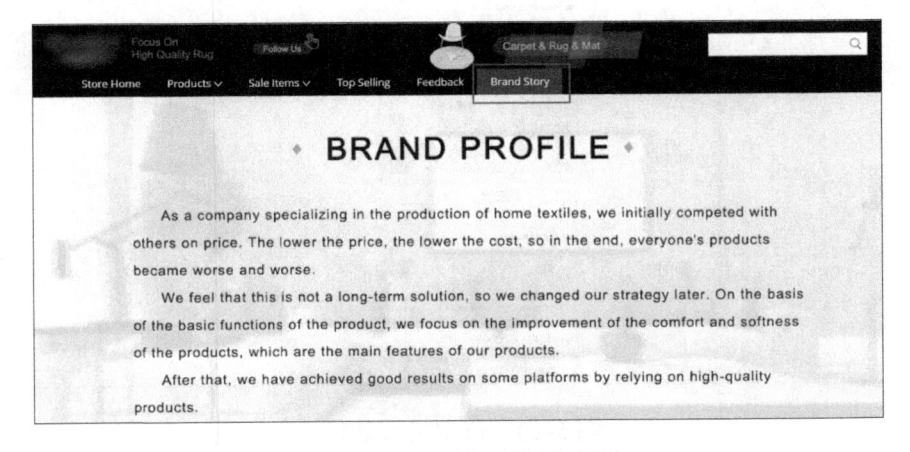

图 5-18　PC 端品牌故事页

打开商家店铺装修后台后，就可以对品牌故事页进行新建或编辑，如图 5-19 所示。

图 5-19　品牌故事页装修

（三）自定义页

自定义页是在点击不同页面或模块的图片后跳转的落地页面。其装修方式与店铺首页的装修方式一致，但模块上稍有差异，如不包括店招，如图 5-20 所示。商家可以在自定义页展示丰富的内容。例如，同品类商品的集中展示、某一主推商品的详细展示、特价商品展示或商家资质展示。

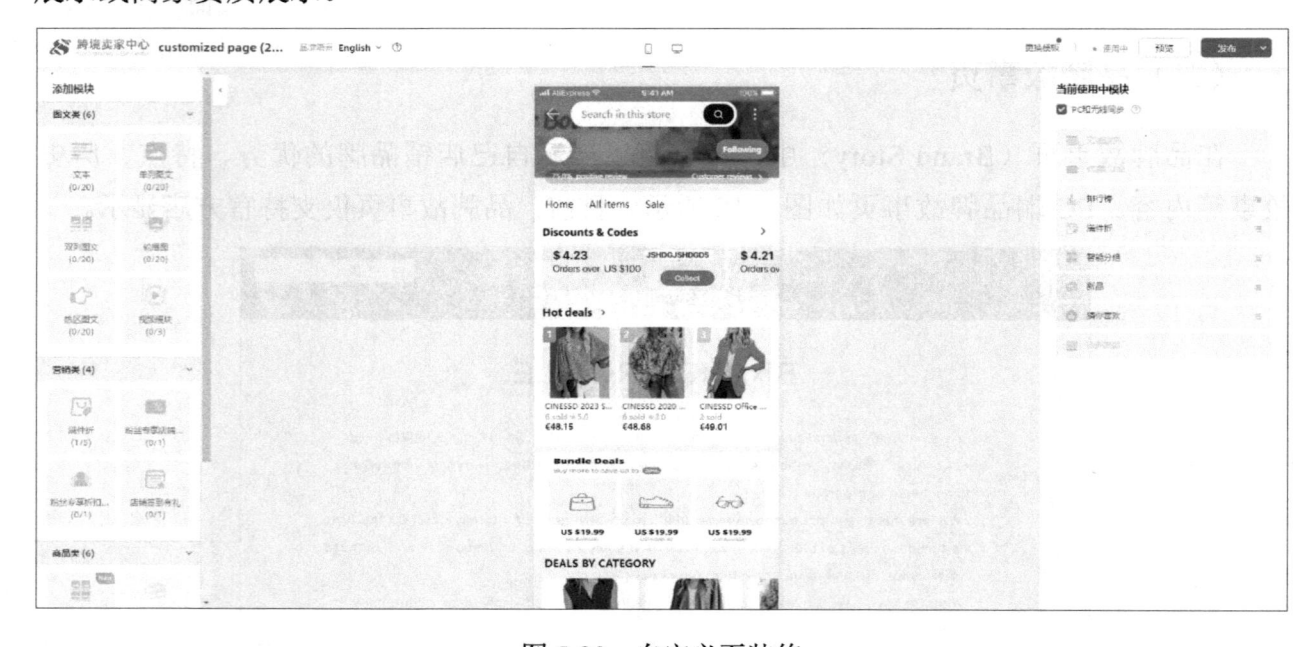

图 5-20　自定义页装修

四、店铺首页布局

店铺首页布局首先借助展示商品来吸引买家的兴趣,然后给买家明确的指导,最后达到视觉营销的目的。店铺首页布局的成功能够使买家在短时间内建立起对店铺的信任,也给予了买家方便。

(一)店铺色彩搭配

每种色彩都有自己独特的性格和情感,买家在看到色彩的时候会自然地进行联想,本能地将色彩与生活中常见的某种现实事物联系起来,从而对感官产生暗示的效果。

1. 红色、橙色

买家在看到红色或橙色时,下意识会联想到火、太阳等现实事物,因此这两种色彩能给人一种温暖、燥热的感觉,让买家变得更为感性,消费也更为冲动。

2. 蓝色

买家在看到蓝色时,下意识地会联想到天空、大海和冰等现实事物,因此蓝色给人一种宁静、干净及清凉的感觉,让买家更为理性,能更深入地了解商品的特性,适合作为售卖科技类商品店铺的主色调。

3. 绿色

买家在看到绿色时,下意识地会联想到草坪、树林等现实事物,同时日常生活中绿灯代表安全,如安全出口指示灯使用的就是绿色,因此绿色给人一种生机勃勃、安全的感觉。绿色适合作为售卖农产品、食品,以及医药、母婴类商品店铺的主色调。

4. 黄色

买家在看到黄色时,下意识地会联想到丰收的场面,因此黄色给人一种财富的感觉。另外,黄色的亮度在所有色彩中最高,适合在搭配时突出表现,以增强画面的层次感,因此适合作为售卖贵重商品、时尚商品店铺的主色调。

(二)店铺首页布局结构

店铺首页布局结构是指通过对店铺首页各模块的结构调整来实现合理布局,以求在有限的页面中,达到最好的宣传效果。以速卖通为例,店铺首页布局结构主要包括页头、中间区域、页尾,如图 5-21 所示。

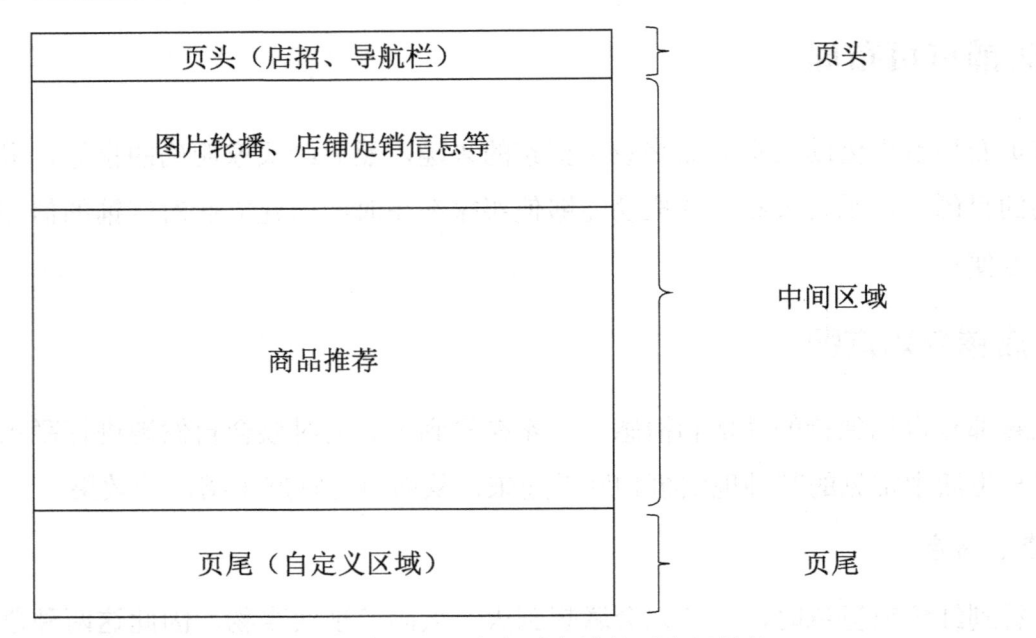

```
┌─────────────────────────────────────┐  ┐
│      页头（店招、导航栏）              │  ├ 页头
├─────────────────────────────────────┤  ┘
│                                     │  ┐
│      图片轮播、店铺促销信息等          │  │
│                                     │  │
├─────────────────────────────────────┤  │
│                                     │  ├ 中间区域
│                                     │  │
│           商品推荐                   │  │
│                                     │  │
│                                     │  │
├─────────────────────────────────────┤  ┘
│      页尾（自定义区域）                │  ┐ 页尾
└─────────────────────────────────────┘  ┘
```

图 5-21 速卖通店铺首页布局结构

1. 页头

页头由两部分组成，分别是店招和导航栏，这两个模块都是不可删除的模块。商家可以根据店铺目前的营销重点对其进行装修。

2. 中间区域

中间区域可供选择的模块众多，前文中讲到的图文类模块、营销类模块、产品类模块均可根据店铺营销方向放在这个区域内。

3. 页尾

页尾位于首页的最下方，与页头的展示同样重要，它可以令店铺首页的结构更加完整。页尾是一个自定义区，没有预置的模块，商家可以根据店铺需求添加文本、单列图片或双列图片等模块，并添加合适的超链接。这部分内容主要涉及客服联系方式、发货须知、注意事项、温馨提示、友情链接、关于我们等。

（三）店铺首页布局逻辑

店铺首页是买家进入店铺后最先看到的页面，在这个页面中商家需要展示店铺或商品特色，树立品牌形象，给买家留下深刻的印象，从而提升买家对店铺的信任。同时，店铺首页要能推动店铺销售，通过促销、优惠、折扣、节假日活动等方式引导买家进行购物，激发买家的购物欲望。此外，店铺首页要能展示出商品品类，便于买家了解、搜索自己想要的商品，满足买家的购物需求。

根据店铺的战略方向、流量大小、商品品类、买家群体等的不同，商家可以选择不同的店铺首页布局逻辑，常见的有新店铺型、成熟店铺型、分流型。

1. 新店铺型的首页布局逻辑

一般情况下，新店铺的流量较小，商品较少，也没有爆款商品，因此新店铺需要将流量集中到店铺主推的商品和新店优惠上来，可参考图 5-22 所示的首页布局逻辑。

店招	
导航栏	
促销海报或店铺优惠信息	
主推商品 1（轮播图或单列图片）	
主推商品 2（双列图片）	主推商品 3（双列图片）
商品分类展示（商品列表、单列图片、双列图片或热区图文）	

图 5-22　新店铺型的首页布局逻辑

2. 成熟店铺型的首页布局逻辑

成熟店铺是指已经运营了一段时间，处于平台销量腰部，并且已经积累了一定的品牌知名度和流量的店铺。这类店铺需要将店铺流量进行合理分配，最大化地发挥流量的作用。因此，建议这类店铺在做好主推商品展示的同时，对相关新品进行推荐，带动店铺其他商品的销量，可参考图 5-23 所示的首页布局逻辑。

店招	
导航栏	
爆款商品海报（轮播图）	
店铺促销信息	
主推新品 1（轮播图或热区图文）	
主推新品 2（双列图或热区图文）	主推新品 3（双列图或热区图文）
热销品类 1	
热销品类 2	

图 5-23　成熟店铺型的首页布局逻辑

3. 分流型的首页布局逻辑

流量大且商品类目比较多的店铺可以采用分流型的首页布局逻辑，将重点展示的活动内容在页面的前三屏位置呈现，强化购物场景，并通过明确的分类指引，方便买家按需选择，进而达到分流的目的，可参考图 5-24 所示的首页布局逻辑。分流型的首页布局逻辑可以更好地强化购物场景，唤醒买家的购买欲望，通过店铺优惠促进买家加购，通过爆款推荐让买家优先选择，按需分流，从而实现个性化推荐。

店招
导航栏
活动海报或主推商品海报（轮播图）
店铺优惠信息
商品分类展示（商品列表、单列图片、双列图片或热区图文）

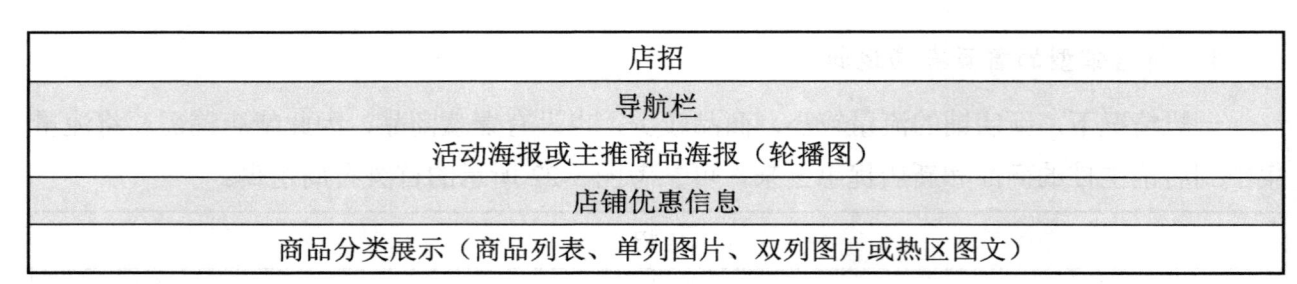

图 5-24 分流型的首页布局逻辑

除了上述常见的三类首页布局逻辑，商家在设计店铺首页布局时，还应结合店铺商品品类、买家浏览习惯和喜好的变化，关注新的页面布局趋势，可以参考店铺首页的访客量、跳失率，以及到商品详情页的点击率等指标判断目前店铺首页的表现情况，以方便后续对店铺首页布局进行优化。

（四）店铺案例分析

以小米在速卖通平台上的官方旗舰店首页为例进行分析，如图 5-25 所示。该店铺主要销售智能 3C 类商品，风格大方、简约，商品文案的主标题、副标题、内容的字体统一，商品突出，卖点展示清晰。因为该店铺销售的是电子类商品，科技含量较高，所以使用蓝色作为店铺的主色调，每个模块的背景色也相互配合。在结构方面，该店铺的店招展示了品牌 Logo 及目前的主推商品，中间区域先以三张海报图抓住买家的眼球，展示商品，接着展示店铺主营类目，并分模块展示对应主营类目的商品，整体结构清晰、明了，使进店的买家可以快速了解该店铺的主推商品、品类及核心卖点。

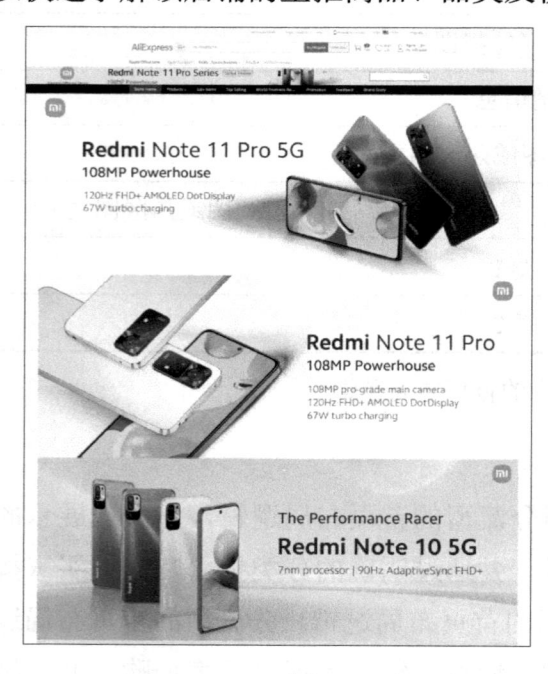

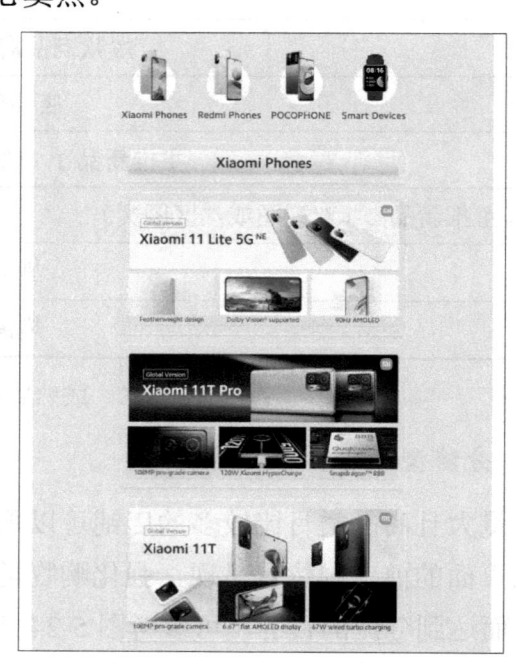

(a)　　(b)

图 5-25 小米速卖通官方旗舰店首页部分展示

从上述案例中，可以看出小米店铺首页布局逻辑为成熟店铺型，包含的模块如图 5-26 所示。

店招（品牌标识、品牌广告宣传语或理念、品牌定位）
导航栏
店铺热销商品或新品展示（轮播图）
商品类目展示

图 5-26 小米店铺首页布局包含的模块

想一想

1. 在平常的购物中，你见过哪些构图方式？
2. 为什么店铺首页装修中需要添加客服联系方式与注意事项？

任务实操

一、任务目标

本任务的实操演练活动要求根据提供的任务背景，结合所学知识，完成店铺首页装修和新品页面设置。

任务背景

某店铺在速卖通平台上销售寝饰用品，商品包括地毯、靠枕等，海外市场主要集中在俄罗斯、巴西等国家和地区。最近，该店铺推出了新品地毯，为了配合新品营销，商家决定根据新品特点对店铺进行装修。

新品地毯的主要卖点：地毯由科技绒、涤纶纤维层和橡胶硅藻发泡层组成，能瞬间吸水、快速挥发，防滑抓地，易清洗。

新品地毯尺寸：60cm×90cm。

适用场景：浴室、厨房。

颜色：灰色、蓝色、棕色。

二、任务内容

（一）店铺首页布局设计

根据任务背景中的店铺及新品资料，进行店铺首页布局设计。

步骤 1：明确店铺定位和商品定位。

店铺目前在主推新品地毯阶段，首页装修要围绕新品地毯展开，同时也要展示店铺主营商品类目，让买家在进入店铺的 10～15 秒内，能被店铺及其新品所吸引，从而愿意继续了解店铺的品类，以及新品的适用场景、风格、价格等信息。

步骤 2：根据商品确定主色调。

寝饰用品多用于居家场景，应给买家一种休闲、舒适的感觉；新品地毯是专用于厨房或浴室的地毯，场景更加具体化，使用新品地毯能够解决买家现在遇到的地面水渍、脏、乱等问题。结合这两点内容，可以将店铺主色调定位为蓝色、白色、灰色或其他颜色。

步骤 3：参考速卖通销售寝饰用品或地毯类商品的优秀店铺的装修。

在速卖通首页中搜索"carpet"或"rug"等关键词，按"Orders"对搜索结果进行排序，整理前 10 家店铺的价格范围、风格、店铺颜色、模块内容及展示顺序等信息，完成表 5-2。

表 5-2　店铺装修调研信息表

调研内容	店铺 1	店铺 2	店铺 3	店铺 4	店铺 5	……
店铺链接						
价格范围						
风格						
店铺颜色						
模块内容及展示顺序						

步骤 4：结合整理的店铺资料及任务背景，进行店铺首页布局设计，完成表 5-3。

表 5-3　店铺首页布局设计

店铺定位	
店铺主题色	
店铺结构	具体模块
页头	
页面中间区域	
页尾	

（二）设置店招

在设置店招前，准备好设计完成的店招背景图片。登录速卖通跨境卖家中心，执行"店铺"→"店铺装修"→"首页"命令，选择需要装修的位置进行编辑，如图5-27所示。

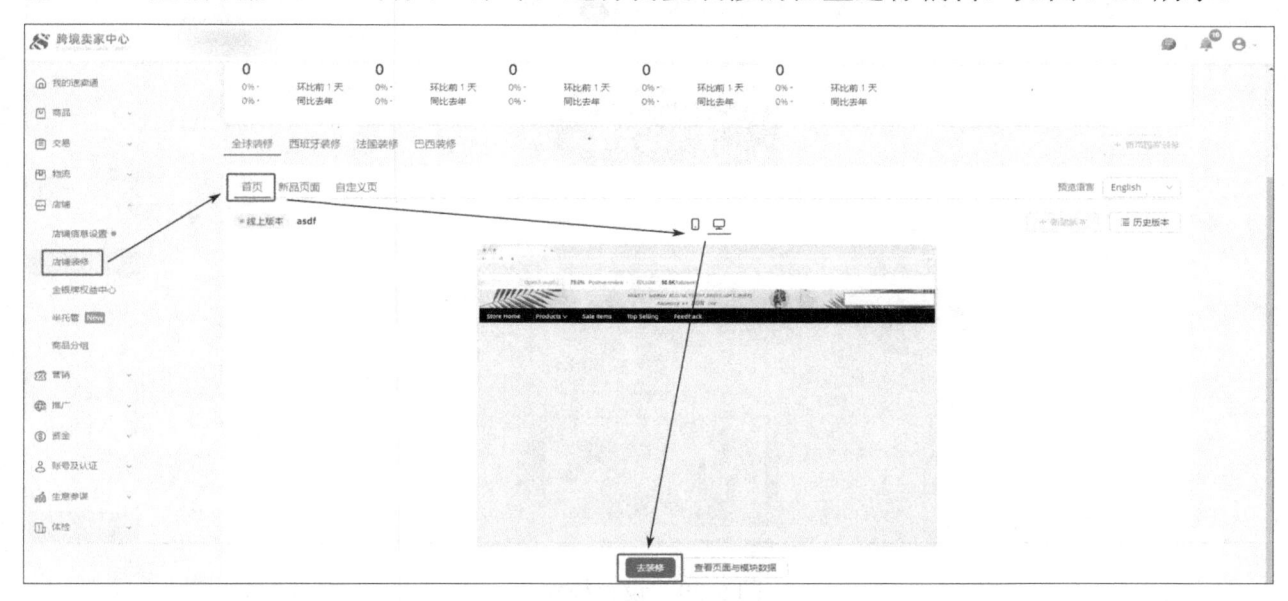

图 5-27　执行命令

步骤1：单击页面最上方的店招模块，在右侧弹出的快捷菜单中单击"上传自定义背景图"按钮，如图5-28所示。

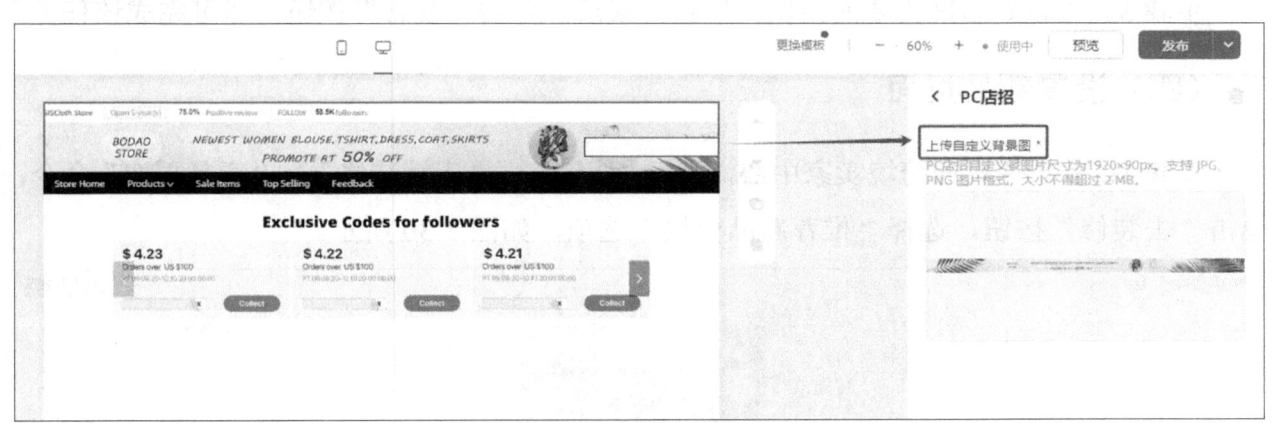

图 5-28　单击"上传自定义背景图"按钮

步骤2：在本地文件夹中找到已经准备好的图片上传，上传后单击"保存"按钮，即可完成店招设置。

（三）设置模块

步骤1：按前述任务中设计好的店铺首页布局，对模块进行选择和添加。装修页面右侧会显示出当前已添加的模块，可以选择具体模块进行编辑，如图5-29所示。对于不需要的模块，可以删除。

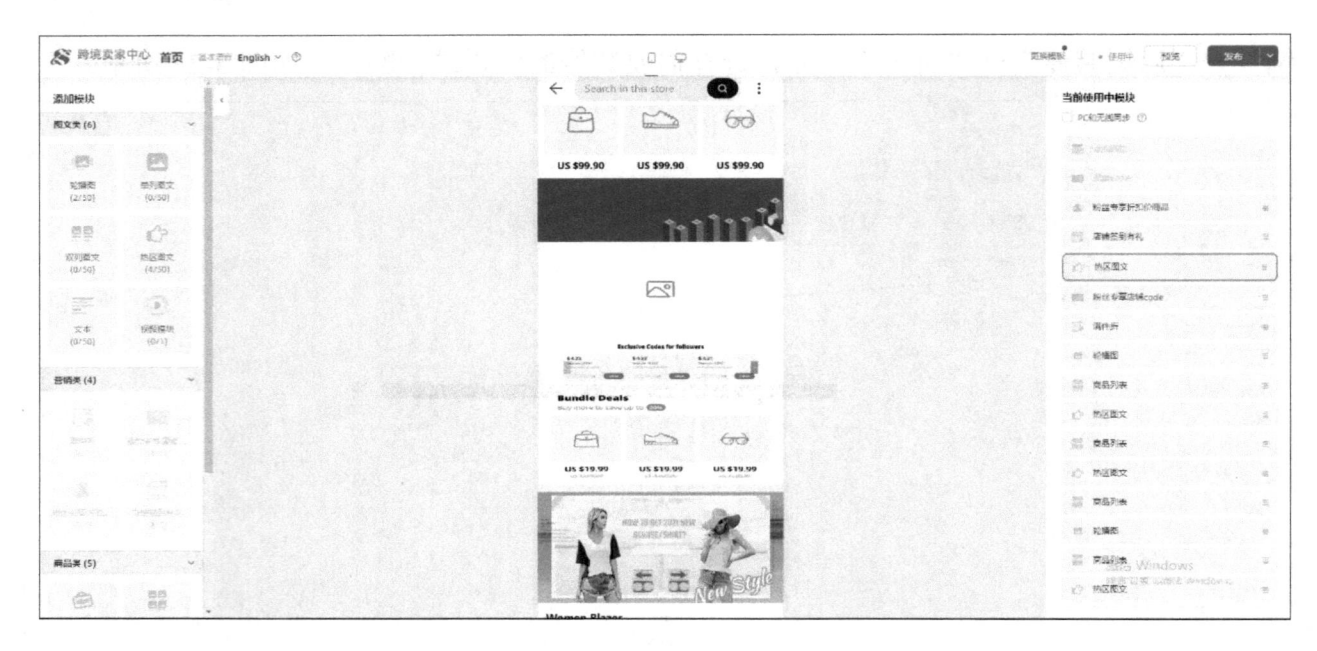

图 5-29 设置模块

步骤 2：根据前述任务中的店铺首页布局，选中右侧具体模块，上下拖动，对展示顺序进行调整。

步骤 3：设置好店铺需要的模块，检查无误后，单击"发布"按钮，即可完成该任务。

（四）设置新品页面

步骤 1：登录速卖通跨境卖家中心，执行"店铺"→"店铺装修"→"新品页面"命令，单击"去装修"按钮，选择"推荐新品模块"选项，如图 5-30 所示。

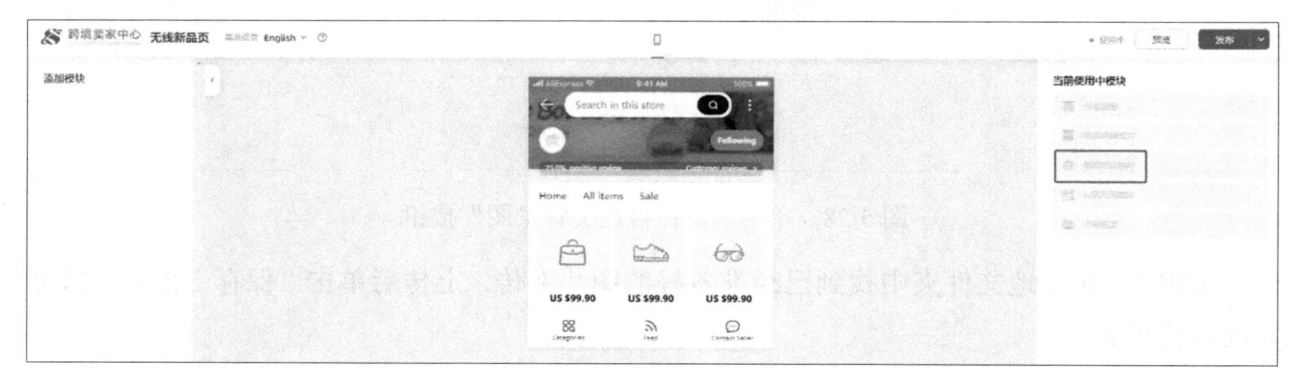

图 5-30 选择"推荐新品模块"选项

步骤 2：选择一个新品进行展示，并在下方输入推荐该新品的理由，以吸引买家点击并访问商品详情页，如图 5-31 所示。设置完成推荐新品后，单击下方的"保存"按钮即可。

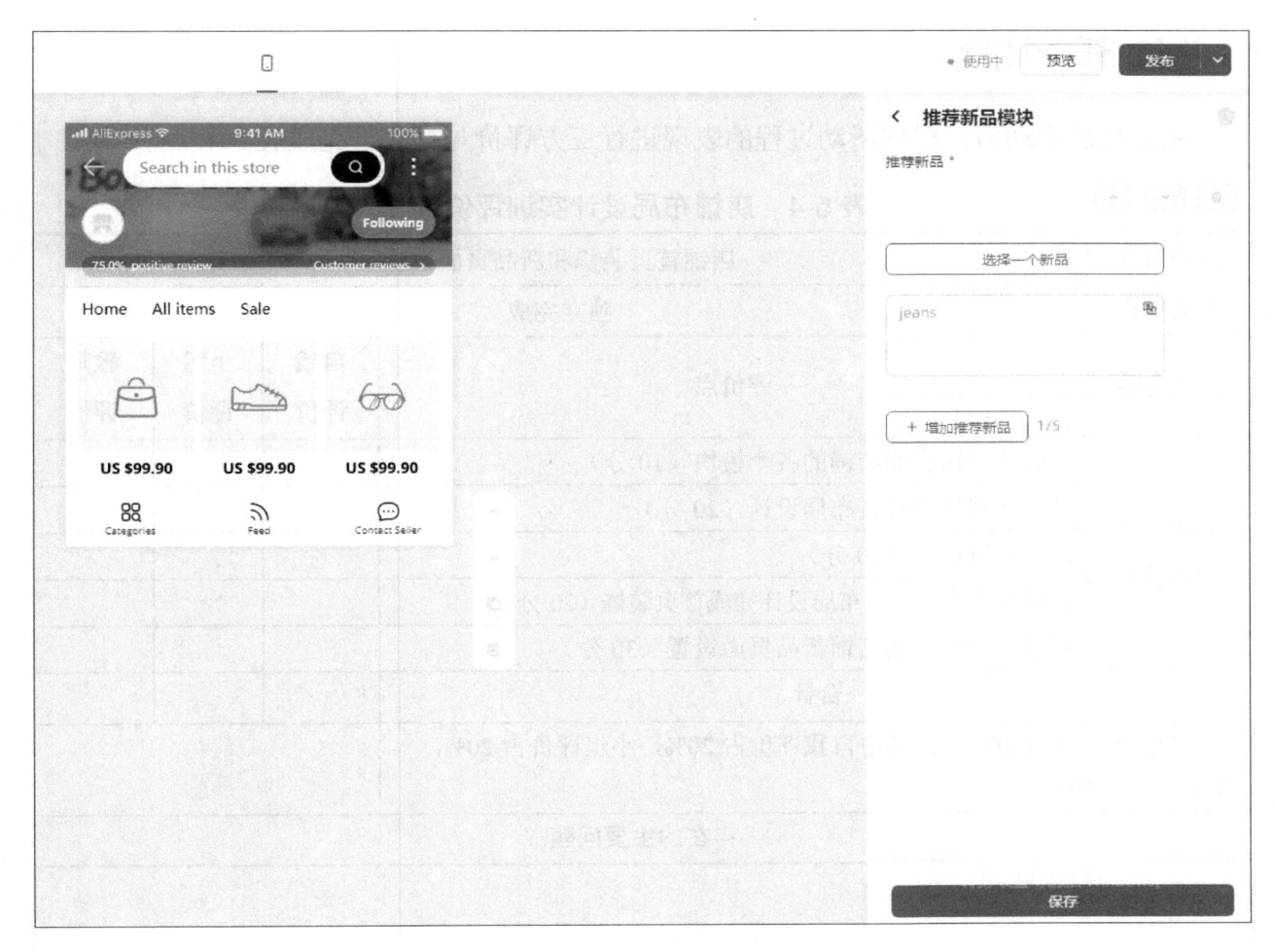

图 5-31　完善推荐新品模块

步骤 3：设置完毕后单击"发布"按钮，即完成新品页面设置，如图 5-32 所示。

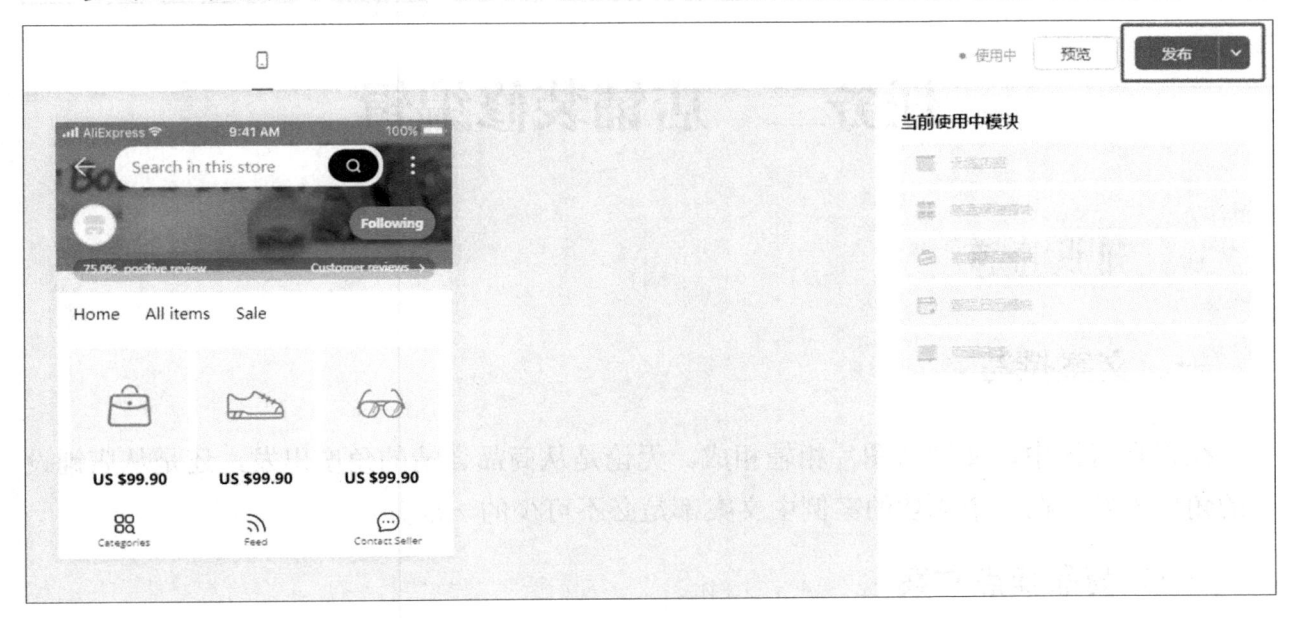

图 5-32　单击"发布"按钮

三、任务评价

完成演练活动后,根据活动过程的表现进行三方评价与打分,完成表 5-4。

表 5-4 店铺布局设计实训评价表

活动名称	店铺首页装修和新品页面设置			
完成方式	独立完成			
演练内容	评价点	自我评价	小组评价	教师评价
实训活动 (100 分)	能够认识速卖通店铺的各个模块(10 分)			
	能够实施店铺首页布局设计(20 分)			
	能够设置店招(20 分)			
	能够根据店铺首页布局设计完成首页装修(20 分)			
	能够完成速卖通店铺新品页面设置(30 分)			
合计				
综合得分(满分 100 分,其中自我评价占 20%,小组评价占 20%,教师评价占 60%)				
存在的主要问题				

任务二　店铺装修编辑

知识速递

一、文案撰写

在视觉营销中,文案与图片相辅相成。无论是从商品详情的角度出发,还是从店铺设计的角度出发,在一个成功的案例中文案都是必不可少的一部分。

(一)商品卖点文案

商品卖点文案是指利用文案重点突出商品特色,从而吸引买家,让买家在看到文案之后，能够说服自己第一时间购买这个商品，一般用在新品营销和商品详情页中较多。

在撰写新品文案时，可以以商品为创作重点，通过对商品内容进行全面的把握，打造卖点，从而吸引买家的注意，如图 5-33 所示。

图 5-33　新品文案

撰写商品详情页文案需要围绕商品细节（如商品材质、功能、触感等方面）进行。商品详情页的文案直接关系到店铺转化率，所以需要先对商品细节进行充分了解，再字斟句酌地撰写文案。好的商品详情页文案能加深访问深度，起到引导购买、提高店铺转化率的作用。如图 5-34 所示，在智能音响 Alexa 的详情页中，通过标题、正文和图标三种形式，向买家展示该音响可以支持多个媒体播放音乐。

图 5-34　商品详情页文案

（二）品牌文案

品牌文案能够全面、清晰地向买家展示品牌形象，传递品牌理念。例如，李宁品牌的广告词"一切皆有可能"。如图 5-35 所示，在这张海报中用自己品牌推出的鞋子绘制自己的品牌 Logo，并在右下角写上自己的品牌广告词"ANYTHING IS POSSIBLE"。通过这样的文案设计，不仅向买家传递了自信、勇敢、坚持、乐观等精神，还为自己品牌形象的树立打下了良好的基础。

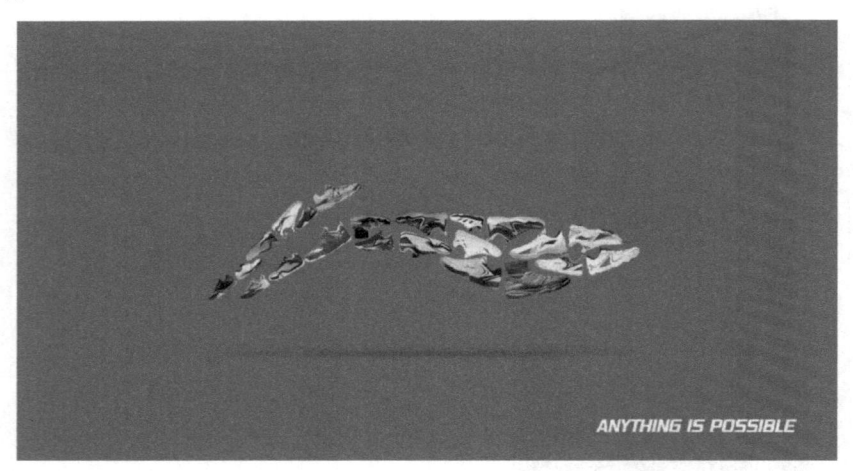

图 5-35　品牌文案

（三）促销文案

促销文案是文案中比较常用的一种，如图 5-36 所示，几乎所有商家都会进行商品或店铺促销活动，并设计对应的促销海报。

图 5-36　促销文案

通常促销文案具有以下特征：字体引人注目；能营造紧张的气氛；能体现物超所值；能第一时间抓住受众的眼球。

另外，撰写促销文案还要结合创意，既保证质量又有所创新，只有这样才能赢得买家的青睐。

（四）活动文案

撰写活动文案时，要体现活动设计思路。活动文案的各个部分都要围绕活动主题撰写，从而提升活动转化率，打造品牌形象，如图 5-37 所示。

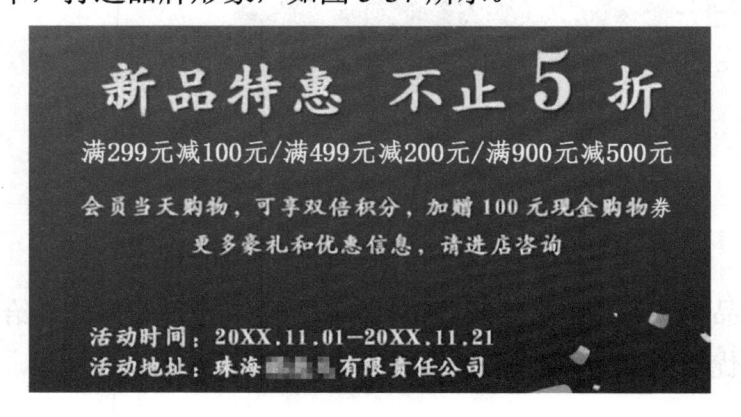

图 5-37　活动文案

活动文案的内容要清晰、全面、具体；活动规则的介绍要直接简单，参与方式要明确；活动优势要具体，不能使用"大幅度降价""数量有限"等不明确词汇；要考虑所有可能存在的风险和情况，在文案中规避风险，在客户投诉或遇到活动纠纷时要有据可依。

活动文案表现上要有层次。不能将文案各个部分全部堆积在一起，各个部分的内容之间要有主次关系，通过文案标题和文案内容的字体、字号对主要方面、有吸引力的方面重点强调。

二、图片设计

（一）商品主图设计

1. 展示内容

商品主图能够全方位、多角度地展示售卖的商品，大大提高买家对商品的兴趣。买家在速卖通首页搜索关键词后，页面会出现一系列搜索结果。买家是否会点进商品页面，在很大程度上取决于商品主图质量的高低。如果商品主图设计符合买家的期望，那么买家就会点击该商品进行浏览，从而有效增加店铺和商品的流量，反之则会使流量逐渐流失。

如图 5-38 所示，在速卖通平台上搜索床上用品"bedding set"时，不同的商家会通过不同的设计和构图方式展示商品。前两张图片通过不同的背景突出展示了床上成套纺织用品的款式和颜色，营造氛围，使买家在脑海中将商品带入自己家的装修中，判断其是否适合自己，并且也能向买家传递出这两款商品的材质和触感不同。而第三张图片的拍摄角度特殊，不能完整展示出商品全貌及商品使用场景，构图不美观。

图 5-38 "bedding set" 搜索结果展示

总体来说，商品主图可以传达出许多文字难以传达的商品特征，给买家带来更为直观的视觉感受。一张优质的商品主图一般具有三大特征：画面简洁大方、商品或卖点突出、视觉冲击力强。

2. 商品主图规范

设计并制作商品主图前需要准确把握速卖通平台对主图的要求：首先，建议背景底色为白色或浅色，图片尺寸在 800px×800px 以上，图片横向和纵向的比例建议在 1:1 至 1:1.3 之间；其次，图片要求无边框、无水印，不允许拼图；最后，将品牌 Logo 统一放在图片左上角。同时，也要注意避免经常出现的一些误区。正确示例与错误示例如表 5-5 所示。

表 5-5 正确示例与错误示例

要求	正确示例	错误示例
不要使用杂乱背景，统一背景底色，最好是白色或浅色，除非品牌店铺有统一背景，且整个店铺的商品有定位，呈现出一定的调性		
图片上除品牌 Logo 统一放在左上角外，不允许放置任何尺码、促销、水印、文本等信息		

续表

要求	正确示例	错误示例
商品要求占整张图片的 70% 以上，禁止出现任何形式的拼图，尤其是禁止商品多色使用多宫格的展示方式		
主图建议上传 6 张，顺序依次为模特或实物的正面图、背面图、侧面图、细节图		

3. 商品主图构图方式

商品主图一般采用的构图方式有以下几种。

（1）分割式构图。一张图片的画面有限，为了展示不同的细节，可以将画面分割成几个部分，每个部分展示一个细节，多方位向买家呈现出商品全貌，这种构图方式常用于服饰类商品。

（2）直线式构图。将不同颜色或种类的商品排列在一条直线上，充分展示其各自的特征，使买家更容易对商品进行对比。

（3）三角式构图。将商品放在一个三角形的区域内，这样既能够防止画面过于凌乱，又能够突出中心位置的商品。

（4）渐进式构图。将商品由大到小、由远及近地进行排列，增强图片的立体感和空间感。

（5）对角式构图。将商品安排在画面的对角线上，使商品呈现出动态张力，更加活泼。

（6）扇形式构图。将多个不同颜色的商品以一个点为圆心，摆成一个扇形形状。一般用于展示笔、筷子等细长的商品。

（二）海报设计

1. 海报的重要性

在店铺首页中，海报占用了较大空间，起到在买家进入店铺时抓住其目光的作用。海报通过真实的商品图片展示，并配以营销型的文案及行为导向按钮，刺激买家产生购买欲望，精准进入商品购买页面，如图5-39所示。

图5-39　海报

2. 海报的设计风格

（1）时尚简约风。

关键词：简单、高冷、时尚、留白。

时尚简约风的海报容易让人产生舒适、放松的感觉，非常适合快节奏生活下的都市人群，如图5-40所示。

图5-40　时尚简约风海报

（2）清新文艺风。

关键词：清新、唯美、静谧、淡雅。

起初，清新文艺风是一种颇为小众的风格，现在已逐步形成一种亚文化现象，受到众多年轻人的追捧。这种风格展示出了个人憧憬的美好意境，与人们追求天然、健康、新鲜、营养的理念不谋而合，如图5-41所示。

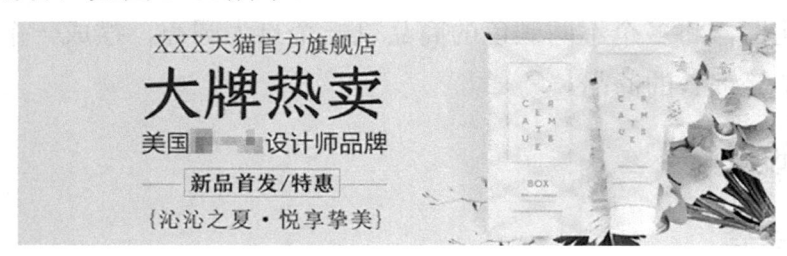

图5-41　清新文艺风海报

（3）古典中国风。

关键词：古典、古风、古韵、传统。

古典中国风建立在中国传统文化的基础之上，蕴含了大量传统元素，包括水墨画、书法、剪纸、器具、建筑、唐装、京剧、中国结、古琴等，颜色多以白色、黑色或红色为主。在中国传统节日进行促销活动时，古典中国风的海报能营造出浓浓的节日气氛，如图 5-42 所示。

图 5-42　古典中国风海报

（4）3D 立体风。

关键词：立体、动感、炫酷、层次感。

3D 立体风海报能给人比较独特的视觉体验，多用于文字主题的设计，通过立体效果的字体呈现出一种极强的空间感，使人眼前一亮，显得更有冲击力。这种风格的海报画面感强烈，设计感也很高级，呈现出极强的层次感，能瞬间吸引买家，如图 5-43 所示。

图 5-43　3D 立体风海报

（三）商品详情页设计

1. 商品详情页的构成

商品详情页作为展示商品特性的主要页面，起着激发买家购买欲望、促使买家下单的重要作用。它是提高店铺转化率的入口，直接影响着店铺的销售额。

通常情况下，商品详情页的功能板块主要包括商品海报、商品细节、优惠券、商品卖点图、商品细节图、相关商品推荐、购物须知、品牌文化等内容，具体布局如图 5-44 所示。具体可以根据商品和店铺的实际情况对各板块进行增添或减少，但主要内容需包含商品的关键信息，体现出商品各个方面的优势。

商品海报
商品细节（以表格或文案的形式展现）
优惠券
商品卖点图（以模特使用图、场景图、同类商品对比图等形式展现，并配以文字说明）
商品细节图（以商品实物平铺图、商品细节展示图等形式展现）
相关商品推荐
购物须知
品牌文化

图 5-44　商品详情页布局

2. 商品详情页模块设计

（1）商品海报设计。当买家进入商品详情页时，首先看到的第一屏信息非常重要。商品详情页能否在短短几秒内抓住买家的目光，直接决定着买家会不会继续深入了解该商品，因此商品海报的设计非常关键，要突出商品本身的特点以吸引买家。小米店铺商品详情页中的海报如图 5-45 所示。在设计商品详情页海报时，要充分考虑色彩搭配、风格基调、字体颜色、文案位置等因素。

图 5-45　小米店铺商品详情页中的海报

（2）商品基本信息展示设计。商品的基本信息包括商品的名称、规格、参数、功能、使用方法、材质等信息。展示基本信息是为了让买家对商品有基本、清晰的认识。常见的设计方式为用表格或图片的形式，将画面分割成左右两部分，即商品图片与基本信息介绍各占一半。小米店铺商品详情页的基本信息如图 5-46 所示。

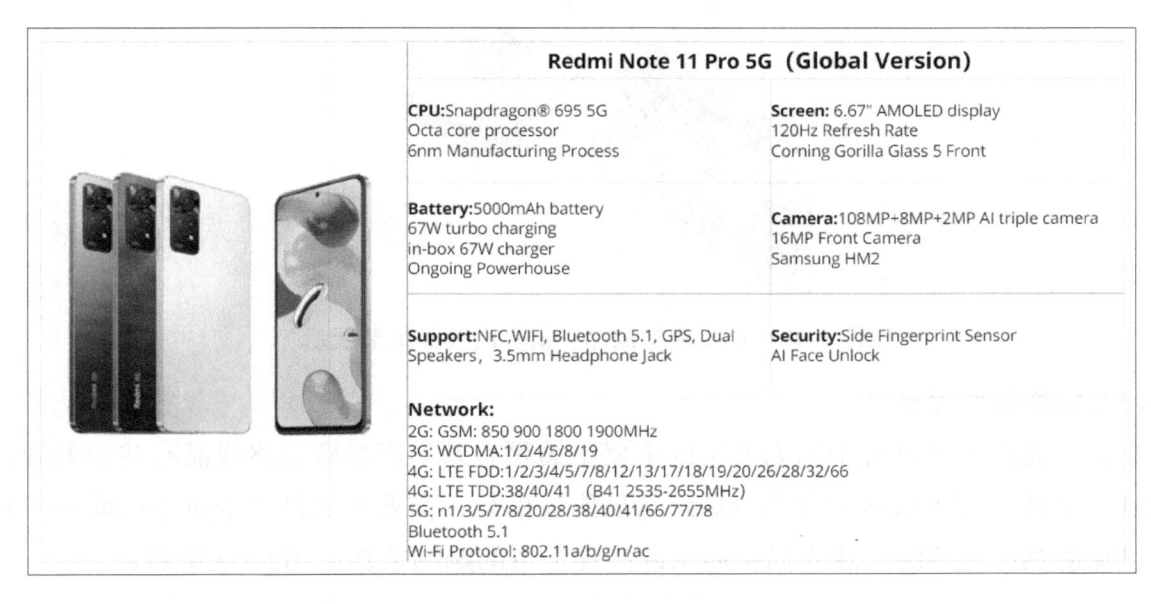

图 5-46　小米店铺商品详情页的基本信息

（3）商品卖点展示设计。通过场景化的设计并配以文案说明，将商品卖点放大展示，增强对买家的视觉冲击力，加深买家对商品卖点的理解。小米店铺商品详情页的商品卖点展示如图 5-47 所示。

图 5-47　小米店铺商品详情页的商品卖点展示

（4）商品细节展示。多角度展示商品细节，利用高清的图片展示并突出商品的品质，让买家隔着屏幕也能联想到实际使用时的外观和触感等，从而加深买家对商品细节的认识。小米店铺商品详情页的商品细节展示如图 5-48 所示。

图 5-48　小米店铺商品详情页的商品细节展示

（5）购物须知设计

商品可能在生产过程中因为人工或机器组装稍有差异而导致最终成品有些微差异，店铺同时售卖新旧两个版本的商品或展示售后服务信息，需要在商品详情页中注明并告知买家，以免后续产生纠纷。速卖通某店铺商品详情页的购物须知如图 5-49 所示。

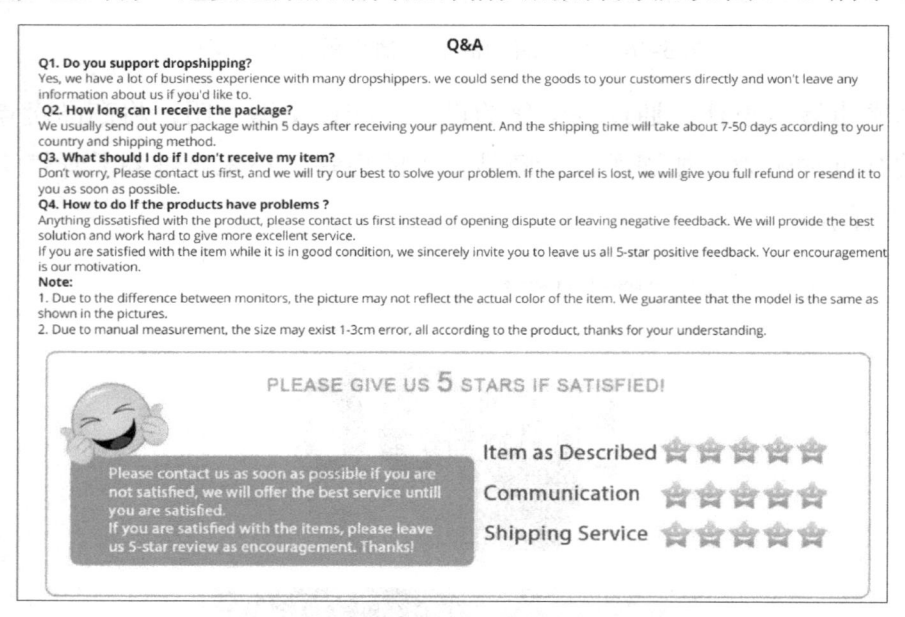

图 5-49　速卖通某店铺商品详情页的购物须知

任务实操

一、任务目标

本任务的实操演练活动要求根据提供的任务背景，结合所学知识，理解视觉营销的重要性，完成文案撰写及海报设计。

任务背景

某店铺在速卖通平台上销售寝饰用品，商品包括地毯、靠枕等，海外市场主要集中在俄罗斯、巴西等国家和地区。最近，该店铺推出了新品地毯，商家准备配合此新品推广重新装修店铺，身为运营人员，请撰写新品营销文案，并设计宣传海报。

新品地毯的主要卖点：地毯由科技绒、涤纶纤维层和橡胶硅藻发泡层组成，能瞬间吸水、快速挥发，防滑抓地，易清洗。

新品地毯尺寸：60cm×90cm。

适用场景：浴室、厨房。

颜色：灰色、蓝色、棕色。

二、任务内容

（一）撰写新品营销文案

在新品地毯上架后的一周内，开展新品推广活动，有助于拉动新品销售。为了使新品的推广效果更好，需要撰写营销文案，以吸引买家并提高商品转化率。

步骤1：确定新品营销文案的结构。一般新品营销文案的结构要结合当时不同的推广活动，包括活动主题、活动时间、活动平台、活动目的、活动对象、活动方式、活动说明等部分。

步骤2：梳理新品营销文案的内容要点。结合本次店铺新品推广活动，整理如表5-6所示。

表5-6 新品营销文案的内容要点

项目	详细内容
活动主题	新品地毯营销推广
活动时间	10月15日 00:00 至 10月21日 24:00
活动平台	速卖通
活动目的	为新品引流，拉动新品销售
活动对象	速卖通地毯品类全球买家
活动方式	活动期间购买新品单笔订单总件数满1件，减3美元； 活动期间购买新品单笔订单总件数满2件，减5美元； 活动期间购买新品单笔订单总件数满3件，减10美元
活动说明	参加满减活动的订单中需要包含新品地毯，包含1件新品地毯、2件新品地毯、3件新品地毯时减去对应的优惠金额； 每笔订单中最多包含3件新品地毯，优惠最高为10美元

步骤3：撰写新品营销文案标题。文案标题是在推广活动主题的基础上进行文字创意优化，一般包括主标题、副标题。主标题需要利用简洁的文字突出新品地毯开售、新品地毯的差异点或新品推广活动，以此吸引买家注意；副标题是对主标题的补充说明，进一步对新品地毯的卖点进行挖掘，突出活动吸引点，吸引用户关注。

结合前述操作步骤，完成新品营销文案标题的撰写，并填写在下方横线处。

主标题：_____

副标题：_____

步骤4：撰写新品营销文案。新品营销文案作为传递活动信息的载体，直接影响买家最终是否参与活动。新品营销文案撰写时需要做到：简洁清晰，用简洁的文字描述清楚活动详情；全面具体，需要体现活动时间、活动规则、活动参与方式、免责声明等内容；重点突出，活动文案要有重点和非重点之分，要将重点部分突出展示；结构有层次，活动文案分为多个部分，各个部分之间要划分合理，有层次感。

结合前述操作步骤，完成新品营销文案的撰写，并展示在下方空白处。

（二）设计海报

新品营销文案一般搭配海报才能最大化地发挥效果，提高商品转化率。

步骤1：确定主题。在进行海报制作之前，确定海报主题，这样做一方面有利于设计者有针对性地寻找可能需要用到的素材，缩短制作周期；另一方面有利于设计者更好地把控海报的整体风格，使设计成品更加统一。

结合前述任务中新品地毯的推广活动主题和新品地毯的卖点，确定海报的主题和风格特点，搜集素材，完成表5-7。

表5-7 新品地毯海报设计核心素材

素材名称	素材图片
地毯品牌Logo	
新品地毯宣传文案	
新品地毯商品图	
新品地毯使用图	
家居场景图	
优惠折扣信息及图标	

步骤2：确定好主题后，进行草图构思。在进行草图构思时，需要考虑到海报的尺寸，

速卖通店铺 PC 端的轮播图尺寸一般建议宽度为 1200~1920px，高度为 60~750px。在规定的范围内，将各个核心元素进行排版设计，可以设计几版不同的构图形式，通过自己对比、与周围人讨论等方式，筛选出较为满意的草图方案。在进行草图构思时，既可以参考同类商品的海报，也可以参考其他品类优秀的海报，寻找思路，将自己的想法尽可能全面地罗列出来，最后进行筛选和修饰。在下面的空白处绘制出自己的草图。

步骤 3：构思色彩搭配。结合前文所讲内容，联系新品地毯的颜色、品牌 Logo 颜色对海报进行色彩搭配。

步骤 4：设计海报版面。为了有效组织海报版面中的视觉元素，高效传达信息，在进行海报版面设计时，需要考虑的核心问题是关键信息放在哪里更容易被买家一眼看到，且与整体版面相协调。在版面设计过程中，会涉及多次调整，这是很正常的现象，设计者要以平和的心态来看待这种现象，力求通过不断尝试，设计出合适的版面。

三、任务评价

完成演练活动后，根据活动过程的表现进行三方评价与打分，完成表 5-8。

表 5-8　店铺装修编辑实训评价表

活动名称	文案撰写及海报设计			
完成方式	独立完成			
演练内容	评价点	自我评价	小组评价	教师评价
实训活动（100 分）	能够进行任务背景解读与梳理（10 分）			
	能够掌握文案撰写的技巧（15 分）			
	能够撰写新品文案（30 分）			
	能够掌握海报设计尺寸及设计思路（15 分）			
	能够设计海报（30 分）			

合计			
综合得分（满分 100 分，其中自我评价占 20%，小组评价占 20%，教师评价占 60%）			
存在的主要问题			

名词解释

店铺转化率：成交的访客数/店铺的总访客数×100%。

SKU：Stock Keeping Unit，一般是指最小存货单位，即库存进出计量的基本单元，可以以件、盒、托盘等为单位。

px：Pixel 的缩写，Pixel 即像素，它不是自然界的长度单位。px 就是一张图片中最小的点，一张位图就是由这些点构成的。1024px 就是 1024 像素。我们打开 Windows 桌面属性里的"设置"，如果显示"1024×768"，则意为水平方向上有 1024 个点，垂直方向上有 768 个点。

新品：速卖通平台将发布时间在 30 天以内的商品定义为新品。不同的电商平台对新品定义的时间会不同。

跳出率：仅访问了该店铺一个页面就离开的人次占总入店人次的百分比。首页跳出率即仅访问店铺首页就离开的人次占总入店人次的百分比，计算公式是首页跳出率=仅访问店铺首页就离开的人次/店铺首页的总访问人次×100%。

素能加油站

速卖通母婴童装卖家 2 个月 GMV 暴涨

在长达 5 年的时间里，David 都只是一个卖童装的小商家。大部分商品都采用铺货售卖的方式，图片也由工厂直接提供。虽然有自主开发的商品，但他从来没想过在视觉方面做投入。

在看到商家群内的视觉升级宣导后，David 认为视觉可能是一个突破点，决定向小二求助。小二从两个方面给出了方案：一是商品拍摄，从模特选择、妆容到拍摄场景，再到细致的构图，小二都给出了非常细致的建议；二是店铺装修，小二对框架模板和素材选择的建议也非常切实可行。

首先落到行动上的是店铺装修。David表示，因为小二的建议具体又细致，自己很快就执行落地了。其次是商品拍摄的投入和转型。之前的商品拍摄普遍是在酒店房间或服装店内等比较生活化的场景中拍摄妆容成熟的国内小童模，后期进行大量的图片拼接。在看到视觉升级宣导之前，David并不觉得这些图片有什么问题，而且"同行们都是这么做的"。

但在小二的帮助和建议下，David浏览并研究了国外（尤其是欧洲）几大服饰巨头的网站，"确实能够感受到国内外的服装商品在视觉上的巨大差异"。在单品视觉上，国外主要以浅色、纯色背景的商品图片为主。一是整体视觉非常和谐，虽然店铺内存在不同风格的商品，但由于拍摄背景的统一，这些商品能够融洽地陈列在一起。二是浅色、纯色背景确实能够让买家把注意力集中在商品上，最大限度地表现出商品本身的属性。

因此，David马上就对商品拍摄进行了投入。选择符合欧美人审美的外国小童模，按照视觉升级宣导的规范进行了拍摄。虽然拍摄投入比之前高了不少，但后来的效果证实了这些投入确实值得。

在商品拍摄和店铺装修这一整套视觉升级完成后，再配合小二对其的指导，David惊喜地发现，短短2个月，GMV从每月1万美元直接飙升到8万美元，不仅流量翻了两三倍，转化率更是从以往的1%左右增长到了3%左右。

此外，他在春节期间还收获了一个"特别"的买家。这位买家在春节期间一下子下单了四五件衣服，除和往常一样进行好评之外，还有一条留言。"这位买家希望他的女儿成为店铺的代言人，因为店里的衣服实在是太好看了，每件衣服都想买给女儿穿。能听到客户这么说，我们非常开心。"买家的认可和称赞，让David更加坚定了做视觉投入、走品质化路线的决心。

案例思考：

1. 店铺装修对店铺有什么影响？
2. 可以从哪些方面对店铺进行优化装修？

职业技能训练

一、单项选择题（共5题）

1. 速卖通PC端店招的尺寸是（　　）。

    A. 1200px×280px   B. 1920px×90px

    C. 1920px×640px   D. 1200px×180px

2. 以下（　　）格式不能上传至速卖通店铺装修页面中。
   A. JPG　　　　B. PNG　　　　C. GIF　　　　D. MP4
3. （　　）给人一种宁静、干净及清凉的感觉。
   A. 绿色　　　　B. 黄色　　　　C. 红色　　　　D. 蓝色
4. （　　）给人的立体感和空间感都很明显。
   A. 渐进式构图　B. 直线式构图　C. 分割式构图　D. 对角式构图
5. （　　）能够全面、清晰地展示品牌形象，传递品牌理念。
   A. 新品卖点文案　B. 品牌文案　　C. 详情文案　　D. 活动文案

二、多项选择题（共5题）

1. 以下属于速卖通店铺装修中的产品类模块的有（　　）。
   A. 产品列表　　B. 排行榜　　　C. 猜你喜欢　　D. 新品
2. New Arrival 页面中（　　）是由系统自动抓取的。
   A. 新品承接模块　B. 推荐新品模块　C. 新品日历模块　D. 新品营销模块
3. 以下（　　）的图片可以作为速卖通店铺的轮播图。
   A. 1600px×450px
   B. 1200px×750px
   C. 2400px×600px
   D. 1920px×750px
4. 在进行视觉营销时，要遵循以下（　　）原则。
   A. 快速、准确、直观地传递商品的优势和特点
   B. 让买家产生身临其境之感，想象自己使用该商品时会产生的良好使用体验
   C. 让买家对营销内容感兴趣并愿意将其分享给他人
   D. 不能使买家产生对品牌和商品的消极印象
5. 以下（　　）在店铺装修中属于图文类模块。
   A. 单列图文　　B. 双列图文　　C. 轮播图　　　D. 热区图文

三、判断题（共5题）

1. 速卖通店铺装修必须分开装修无线端和PC端。（　　）
2. 视觉营销是利用视觉要素和技巧向买家传递商品价值的营销过程。（　　）
3. 商家可以在品牌故事页展示自己店铺品牌的优势、特点、历史故事等内容。（　　）
4. 每张图片只能添加3个热区模块。（　　）
5. 设计商品详情页时可以使用中国风进行设计，这种风格的海报容易让人产生舒适、放松的感觉，非常适合快节奏生活下的都市人群。（　　）

学习笔记

项目六　商品发布

项目概述

完成速卖通店铺注册和装修后,商家就需要进行商品发布了。商品的标题、类目、属性、图片和详细描述等信息的准确性和专业性对买家做出购买决策有着重要的影响。只有商家正确地完成商品上架,买家才能搜索到该商品并进行购买,商家才能真正实现盈利。本项目帮助学生认识商品发布规则与流程,掌握商品价格、运费模板设置等运营的实际操作内容。

学习目标

知识目标

1. 了解速卖通平台禁限售规则。
2. 了解速卖通平台知识产权规则。
3. 了解速卖通平台搜索排序规则。

技能目标

1. 能够掌握商品发布流程。
2. 能够掌握商品发布的步骤。
3. 能够完成商品运费模板设置。

素养目标

1. 具备互联网思维和信息收集能力,工作态度耐心细致。

2. 熟悉跨境电商知识产权保护的法律法规，并能够严格遵守。

思维导图

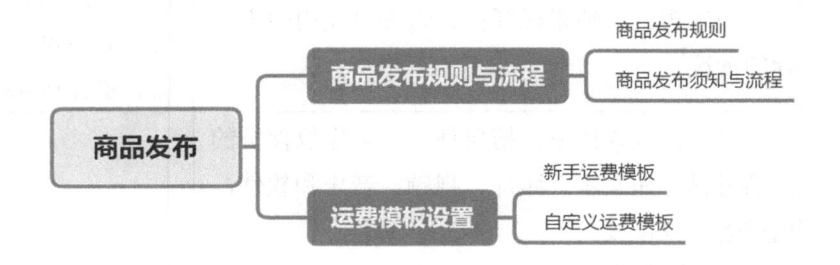

```
                                          ┌─ 商品发布规则
                    ┌─ 商品发布规则与流程 ─┤
                    │                     └─ 商品发布须知与流程
         商品发布 ──┤
                    │                     ┌─ 新手运费模板
                    └─ 运费模板设置 ──────┤
                                          └─ 自定义运费模板
```

自学探究

请同学们对本项目即将讲解的主要内容进行资料查询与学习，自主思考，完成表 6-1。

表 6-1　本项目的主要内容

知识内容	经验认知	资料结论	自我总结
商品发布规则与流程			
运费模板设置			

任务一　商品发布规则与流程

知识速递

一、商品发布规则

（一）速卖通平台知识产权规则

速卖通商家如发布涉嫌侵犯第三方知识产权的信息或销售涉嫌侵犯第三方知识产权的商品，则有可能被知识产权所有人或买家投诉，平台也会随机对店铺信息、商品（包含下架商品）信息、产品组名进行抽查，涉嫌侵权的信息、商品会被删除或退回。速卖通平台知识产权的具体规则如表 6-2 所示。

表 6-2　速卖通平台知识产权的具体规则

侵权类型	定义	处罚规则
商标权侵权	严重违规：未经商标权人许可，在同一种商品上使用与其注册商标相同或相似的商标	三次违规者关闭账号
	一般违规：其他未经商标权人许可使用他人商标的情况	1）首次违规扣 0 分； 2）其后每次重复违规扣 6 分； 3）累计达 48 分者关闭账号
著作权侵权	未经著作权人授权，擅自使用受著作权保护的作品材料，如文本、照片、视频、音乐和软件，构成著作权侵权。 实物层面侵权： 1）盗版实体商品或其包装 2）实体商品或其包装非盗版，但包括未经授权的受版权保护的作品 信息层面侵权： 商品及其包装不侵权，但未经授权在店铺信息中使用图片、文字等受著作权保护的作品	1）首次违规扣 0 分； 2）其后每次重复违规扣 6 分； 3）累计达 48 分者关闭账号
专利权侵权	侵犯他人外观专利、实用新型专利、发明专利、外观设计（一般违规或严重违规的判定视个案而定）	1）首次违规扣 0 分； 2）其后每次重复违规扣 6 分； 3）累计达 48 分者关闭账号 （严重违规情况，三次违规者关闭账号）

想一想

速卖通商家应如何避免知识产权侵权行为？

（二）速卖通平台搜索排序规则

1. 搜索排序的目标

速卖通平台搜索的整体目标是帮助买家快速找到想要的商品并且能够使买家有比较好的交易体验，而搜索排序的目标就是要将最好的商品、服务能力最强的商家优先推荐给买家，哪个商家能带给买家最好的交易体验，谁的商品排名就会靠前。

2. 搜索排序的机制

影响搜索排名的因素有很多，可以简单概括为五大类，分别是商品的信息描述质量、商品与买家搜索需求的相关性、商品的交易转化能力、商家的服务能力和搜索作弊的情况。

1）商品的信息描述质量

商品的信息描述质量主要体现在以下三个方面。

（1）商品信息的如实描述。这是速卖通平台对商品信息最基本的要求。商家销售的是什么商品，在进行商品描述时一定要真实、准确地告诉买家，帮助买家快速做出购买决策。如果商品描述与实物不符，那么一但引起纠纷，就会严重影响商品的排名情况甚至触犯平台规则，进而受到平台的处罚。

（2）商品信息的准确完整。速卖通的商品信息主要包括商品的标题、发布类目、属性、图片及其他详细的描述等，这些信息可以帮助买家更好地了解商品，促使买家在短时间内做出购买决策，同时这些信息也有助于搜索引擎对商品进行快速检索，使商品能够出现在买家的搜索结果页面。

商品信息描述示例如图 6-1 和图 6-2 所示。

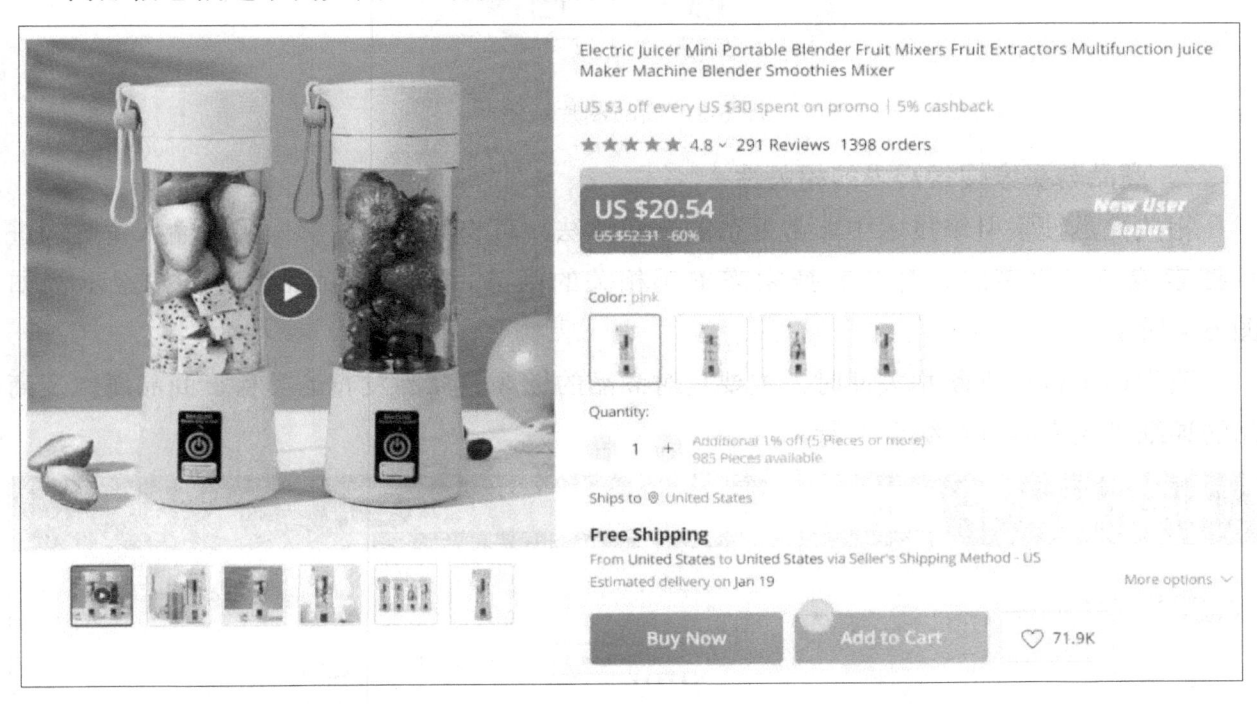

图 6-1 商品信息描述示例（一）

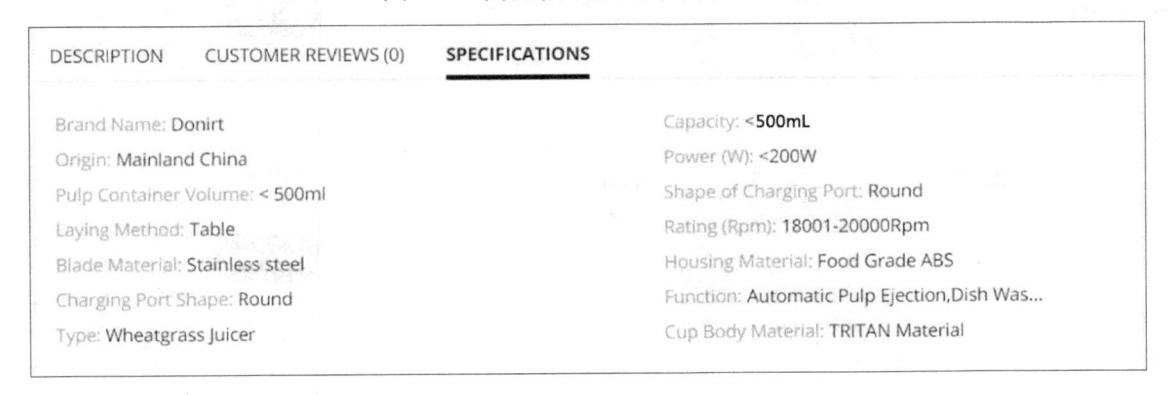

图 6-2 商品信息描述示例（二）

（3）商品图片的清晰美观。商家在速卖通平台所销售商品的图片需根据实物进行拍摄，在进行展示时商家应确保商品图片的清晰美观，另外应尽量进行多角度及重点细节的展示。速卖通平台严禁商家盗用其他商家的图片，若商家出现盗图行为，则会严重影响商品的排名情况，同时商家也会受到平台严厉的处罚。商品图片示例如图6-3所示。

图 6-3　商品图片示例

2）商品与买家搜索需求的相关性

相关性是搜索引擎技术中非常复杂的一套算法，可将其简单理解为买家输入关键词进行搜索或类目浏览时，与买家搜索需求越相关的商品，排名越靠前。商品搜索示例如图 6-4 所示。

速卖通平台在判断相关性时，主要是对商品的标题、商品发布的类目、商品属性及商品的详细描述内容进行综合考量。

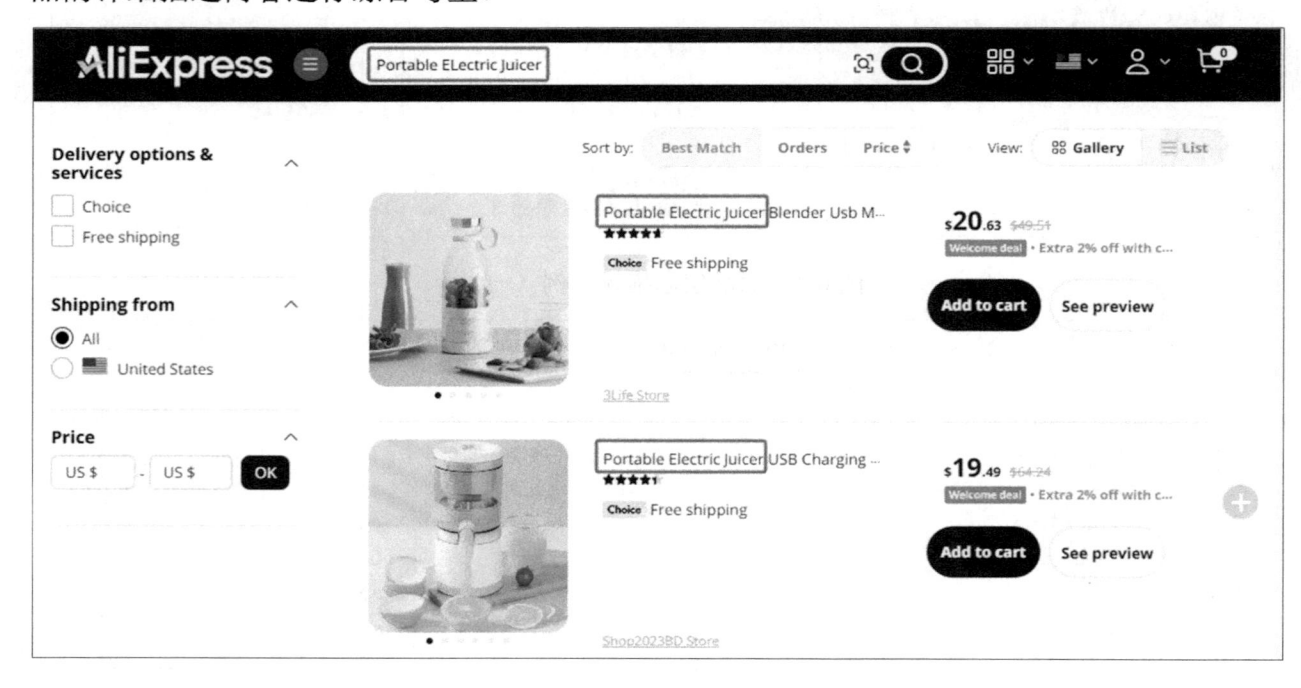

图 6-4　商品搜索示例

3)商品的交易转化能力

速卖通平台看重商品的交易转化能力,一款符合海外买家需求、价格及运费设置合理且售后服务有保障的商品才是买家想要的。平台会综合考察一款商品曝光的次数及最终的成交数量以衡量该商品的交易转化能力,交易转化能力越高,代表该商品在市场上的竞争力越强,系统会让其排名越靠前;交易转化能力越低,系统则会让其排名越靠后或减少其曝光机会。

4)商家的服务能力

除商品本身的质量外,商家的服务能力是最直接影响买家购物体验的因素。在对商品进行排名时,速卖通平台会考核商家的服务能力,能提供优质服务的商家,其商品排名靠前;服务能力差、买家投诉多的商家,其商品排名靠后甚至不允许参与排名,同时还可能会受到平台的相关处罚。

5)搜索作弊的情况

对于搜索作弊的行为,速卖通平台会进行日常监控和处理,及时地清理作弊商品,处理手段包含使商品的排名靠后、不允许商品参与排名或隐藏该商品。对于搜索作弊行为严重或屡犯的商家,平台会对其店铺进行一段时间内使其整体排名靠后或不允许其参与排名的处罚;对于特别严重的,平台甚至会关闭其账号,对其做出清退处罚。

★ 想一想

用一句话概括商家的商品如何才能排名靠前。

(三)速卖通平台禁限售规则

1. 具体规则

速卖通平台用户不得在速卖通平台发布任何违反任何国家、地区及司法管辖区的法律规定或监管要求的商品,可参考平台发布的《全球速卖通禁限售信息列表》。

速卖通的禁限售商品具体如下。

(1)速卖通平台严格禁止会员发布任何毒品、麻醉药品、精神药品、医疗用毒性药品、易制毒化学品、吸毒工具及制毒工具、戒毒药品和医疗机构制剂的商品信息。

(2)速卖通平台禁止会员发布有毒、剧毒、易燃、易爆、放射性、消耗臭氧层物质的化学品,以及有害物质或危险物质的商品信息。

（3）速卖通平台禁止会员发布任何生物、化学、核武器，其他大规模杀伤性武器，任何为其提供服务、使用说明、咨询、生产、助剂及违反国际法相关规定的信息，军用武器及设备，枪支弹药及其主要配件，仿真枪及仿真工艺品等危害性商品的信息。

（4）速卖通平台禁止会员发布任何危害他人人身安全的管制器具。

（5）速卖通平台禁止会员发布中国及海外国家和地区的行政机关、执法部门及交通运输部门的制服、标志、设备及制品。

（6）速卖通平台严格禁止会员发布处方药、精神麻醉类药品、有毒中药材、口服性药及含有违禁成分的减肥药和保健品等。

（7）速卖通平台限制发布三类医疗器械商品。

第一类：通过常规管理足以保证其安全性、有效性的医疗器械。

第二类：对其安全性、有效性应当加以控制的医疗器械。

第三类：植入人体；用于支持、维持生命；对人体具有潜在危险，对其安全性、有效性必须严格控制的医疗器械。

（8）速卖通平台严格禁止会员发布任何涉及色情淫秽、儿童色情、暴力及低俗的商品。

（9）速卖通平台禁止会员发布任何用于非法用途的商品。

（10）速卖通平台严禁会员发布任何窃取他人隐私，收集、复制、贩卖他人信息，以及违法金融、医疗等的服务信息。

（11）速卖通平台严格禁止会员发布文物、贵金属、流通货币，以及任何假币制造材料、工艺及机器设备。

（12）速卖通平台严格禁止会员发布涉嫌人体器官交易、保护动植物活体及制成品和非法动物捕杀工具的商品信息。

（13）速卖通平台严格禁止平台用户发布含有反动、破坏国家统一、破坏主权及领土完整、破坏社会稳定、涉及国家机密、扰乱社会秩序的信息，含有宣扬邪教、封建迷信的信息，含有宗教歧视、种族歧视、民族歧视或民族攻击等内容的信息，法律法规禁止出版、发行的书籍、音像制品、视频、文件资料等。

（14）速卖通平台禁止会员发布烟草制品、电子烟液及相关商品。

（15）速卖通平台禁止会员发布任何在线赌博信息、赌博工具、彩票。

（16）速卖通平台禁止会员发布受联合国或中国、美国等国家制裁的商品。

（17）速卖通平台禁止会员发布违反目的国或本国产品质量技术法规、法令、标准的，劣质的，存在风险的商品。

（18）速卖通平台禁止会员发布部分国家法律规定的禁限售商品及因商品属性不适合跨境销售而不应售卖的商品。

2. 违规处理

速卖通商家如违反平台禁限售规则，平台有权根据其发布信息本身的违规情况及其行为做加重处罚或减轻处罚的处理。违反速卖通平台禁限售规则的处罚措施如表6-3所示。

表6-3　违反速卖通平台禁限售规则的处罚措施

处罚依据	行为类型	违规行为情节/频次	其他处罚
《禁限售规则》	发布禁限售商品	严重违规：48分/次（关闭账户）	（1）退回/删除违规信息；（2）若核查到订单中涉及禁限售商品，速卖通将关闭订单。若买家已付款，无论物流状况如何，商家均应全额退款给买家并承担全部责任
		一般违规：0.5~6分/次（1天累计不超过12分）	

> 💡 **想一想**
>
> 你见过全球速卖通商家违反禁限售规则的恶意行为吗？

二、商品发布须知与流程

（一）商品发布须知

商品发布必须发布的信息包括商品标题、发布类目、商品图片、商品视频、商品属性、商品价格、详情描述等。

1. 商品标题

商品标题是买家搜索后能吸引其进入商品详情页的重要因素。一个优秀的商品标题应该包括准确的商品关键词、商品属性、服务承诺及促销语。整个商品标题的字数不应太多，尽量准确、完整、简洁，一般不超过128个字符。

商品标题写法：品牌名称+商品属性（材质/特点/颜色/风格等+商品型号/类型）+核心关键词+其他关键词+适用场景+其他属性。

2. 发布类目

系统将自动显示商家在进入商品发布页面前已选择的类目。商家也可以在商品发布页面重新选择类目，或者选择最近使用的某个类目（系统会显示最近使用过的 10 个类目）。一定要选择准确的发布类目，切忌将自己的商品放到不相关的类目之中。一旦将商品放错类目，不仅会降低商品被买家搜索到的概率，情况严重时还会受到平台的处罚。

3. 商品图片

商品图片能够对商品进行全方位、多角度的展示，大大激发买家对商品的兴趣。图片要求：5MB 以内的 JPG、JPEG 格式；横向与纵向的比例为 1∶1（像素大于 800px×800px）或 3∶4（像素大于 750px×1000px），且所有图片比例一致；商品主体占比建议大于 70%，风格统一，不建议添加促销标签或文字。切勿盗图、涉嫌禁限售或侵犯他人知识产权，以免受到处罚。

4. 商品视频

上传的商品视频会展示在前台商品的主图区，可提高用户转化率。商品视频的大小在 2GB 以内，支持 AVI、3GP、MOV 等格式。建议视频长宽比与商品主图保持一致，时长控制在 30 秒以内。

5. 商品属性

商品属性是买家选择商品的重要依据，完整且正确的商品属性有助于提高商品曝光度。商品属性可分为必填属性、关键属性、非必填属性及自定义属性。

6. 商品价格

速卖通平台会在交易完成后，根据卖家订单成交总金额（包含商品金额和运费）收取交易佣金（交易手续费）。其中，商品金额的交易佣金按照该商品所属类目的佣金比例收取，目前是按照 5%~8% 的比例计算的；运费的交易佣金目前是按照 5% 的比例计算的。若买家通过联盟推广的链接进入店铺购买商品并交易成功，平台还会向商家收取联盟佣金，目前是按照 3% 的比例计算的。

那商家该如何定价呢？这里以 10% 的利润为例进行定价。

（1）不考虑 3% 联盟佣金的情况下：商品价格=（产品成本+运费）÷0.9÷(1-0.08)÷汇率

（2）考虑 3% 联盟佣金的情况下：商品价格=（产品成本+运费）÷0.9÷(1-0.08-0.03)÷汇率

7. 详情描述

卖家要提供真实、准确的商品详情描述信息，最好采用图文并茂的形式向买家介绍商品的功能、特点与优势等，帮助买家快速、全面地了解商品。此外，要设计美观、整洁、大方的页面排版，这样更容易吸引买家的眼球，并有效提升商品转化率。

（二）商品发布流程

步骤1：登录速卖通跨境卖家中心，选择"商品"下的"商品发布"选项，如图6-5所示；或者选择"商品"下的"商品管理"选项，单击右上角的"发布商品"按钮，如图6-6所示。

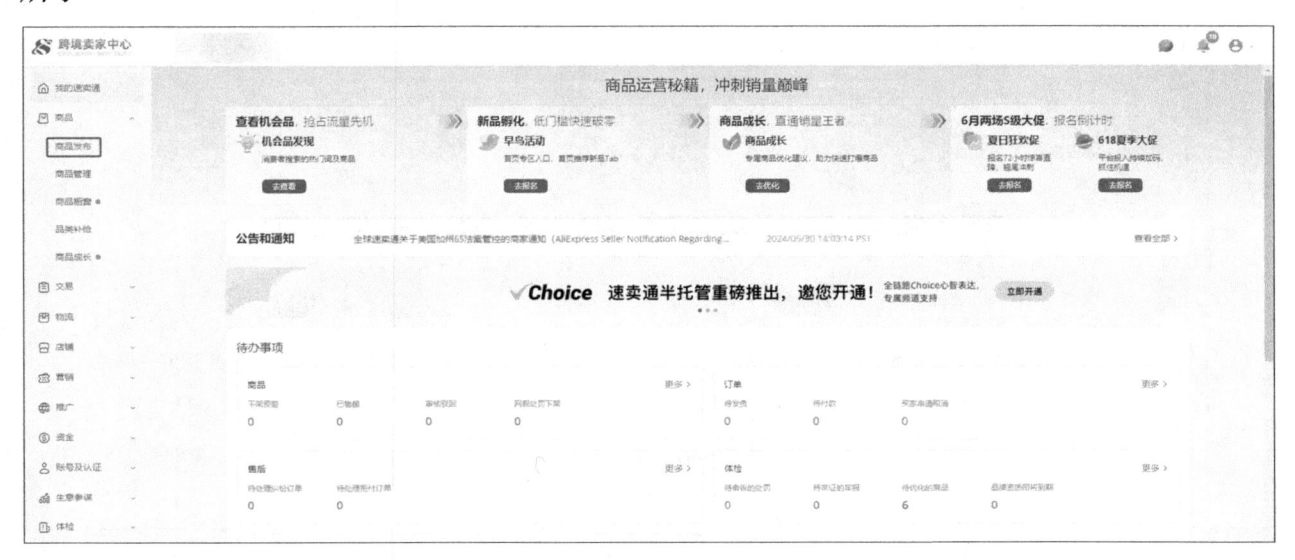

图6-5 选择"商品"下的"商品发布"选项

图6-6 单击"发布商品"按钮

步骤2：基本信息填写。

在弹出的"发布商品"页面中选择发布语言（系统默认选择"英文"），接着按照要求上传商品图片，再输入商品标题，商品标题最多输入128个字符，最后选择商品对应的类目，如图 6-7 所示。

图 6-7　基本信息填写

步骤 3：完善基本信息。

完成类目选择后，选择核心运营国家，如图 6-8 所示。选择好后可对商品信息进行差异化设置，根据系统要求依次添加营销图、商品视频，并根据商品的实际情况完成各项商品属性的填写，如图 6-9 所示。

步骤 4：设置价格与库存。

依次设置最小计量单元、销售方式、颜色、尺寸、风格、发货地、区域零售价和批发价等，如图 6-10 所示。商家可根据店铺的运营策略或经营策略设置价格与库存。在设置价格与库存时，选择的类目不同，设置的内容也会有所不同。

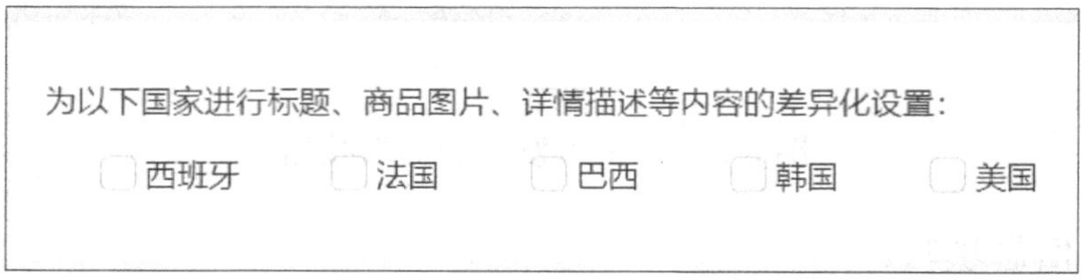

图 6-8　选择核心运营国家

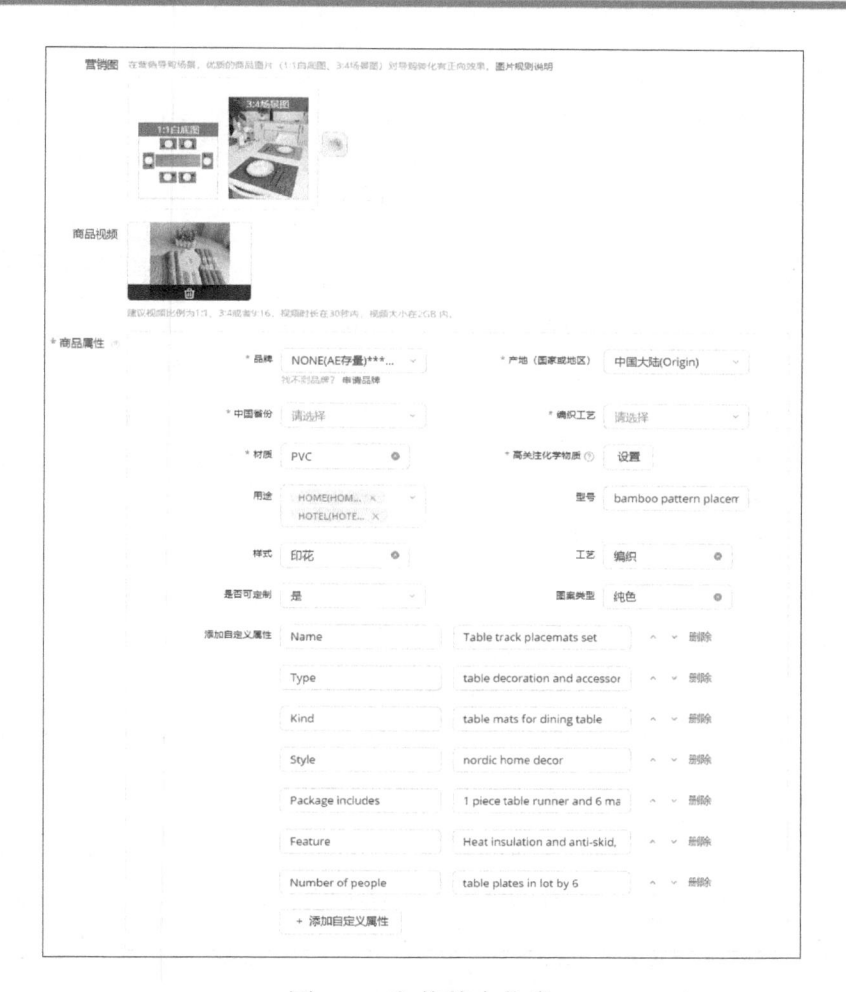

图 6-9　完善基本信息

图 6-10　设置价格与库存

图 6-10　设置价格与库存（续）

步骤 5：编辑详细描述。

详细描述包括 "PC 详描编辑" 和 "App 详描编辑" 两大板块，如图 6-11 所示。完成发布语言的描述编辑后，系统支持自动翻译成核心运营国家的语种。PC 端和 App 端的详细描述都支持文字、图片、视频和图文混合的形式。

图 6-11　编辑详细描述

步骤 6：设置包装与物流。

依次填写物流重量、物流尺寸，选择日销运费模板、服务模板等，如图6-12所示。商家可根据商品和商品的运营策略设置包装与物流。

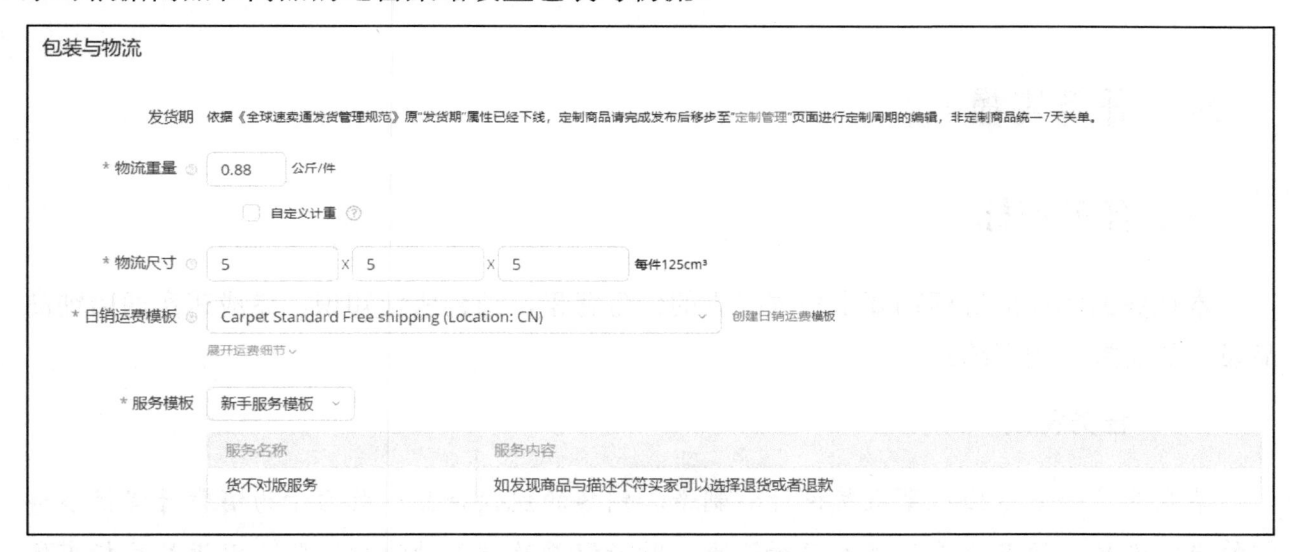

图 6-12　设置包装与物流

步骤 7：进行其他设置。

根据店铺的实际情况依次设置库存扣减方式、付款方式，勾选商品发布条款，如图6-13所示。这里需要注意的是，售往欧盟的商品需要关联欧盟责任人和制造商，同时需要将欧盟责任人和制造商信息展示在商品实物标签中，否则商品将在欧盟市场屏蔽。少数特殊类目不属于管控范围，无须关联。完成后，单击页面下方的"提交"按钮，即可完成商品的发布。

图6-13 进行其他设置

> **想一想**
>
> 速卖通发布商品的流程是怎样的？

任务实操

一、任务目标

本任务的实操演练活动要求根据提供的任务背景，结合所学知识，完成速卖通店铺商品发布的实施过程训练。

任务背景

某企业是一家专门从事服装设计、制造和销售的现代企业，致力于为消费者提供多样化的服装选择。商品范围涵盖家庭舒适服、时尚配饰及户外功能性服装，以满足目标市场中各类消费者的需求，为其带来舒适与时尚兼具的优质穿着体验。近期，该企业已顺利入驻速卖通平台，计划进一步拓展国际市场。经过深入的市场分析后，企业决定将美国作为重点目标市场，发布一系列服装商品。

二、任务内容

（一）商品发布信息准备

1. 商品基本信息填写要求

登录速卖通跨境卖家中心，了解商品发布编辑板块中各项商品基本信息填写的具体要求，完成表 6-4。

表 6-4　商品基本信息填写的具体要求

商品基本信息	具体要求
商品标题	
发布类目	
商品图片	
营销图	
商品视频	
商品属性	

2. 商品资料准备

在女装类目下选取任意一款商品进行发布，如女装衬衣。发布前先完成以下商品资料的准备工作。

（1）商品标题。

（2）商品图片：1 张主图、5 张细节图。

（3）营销图：1∶1 白底图、3∶4 场景图。

（4）商品视频。

（5）商品价格。

（6）商品详细描述：PC 端、App 端。

（二）发布商品

登录速卖通跨境卖家中心，进入"发布商品"页面，按照以下步骤完成至少一款商品的发布（以女装衬衣为例进行示范）。

步骤 1：填写商品基本信息。

首先，选择目标国家和发布语言，然后上传商品图片并输入商品标题。接着，选择正确的商品类目，如图 6-14 所示。如果有营销图或已制作好的商品视频，也需要一并上传，如图 6-15 所示。

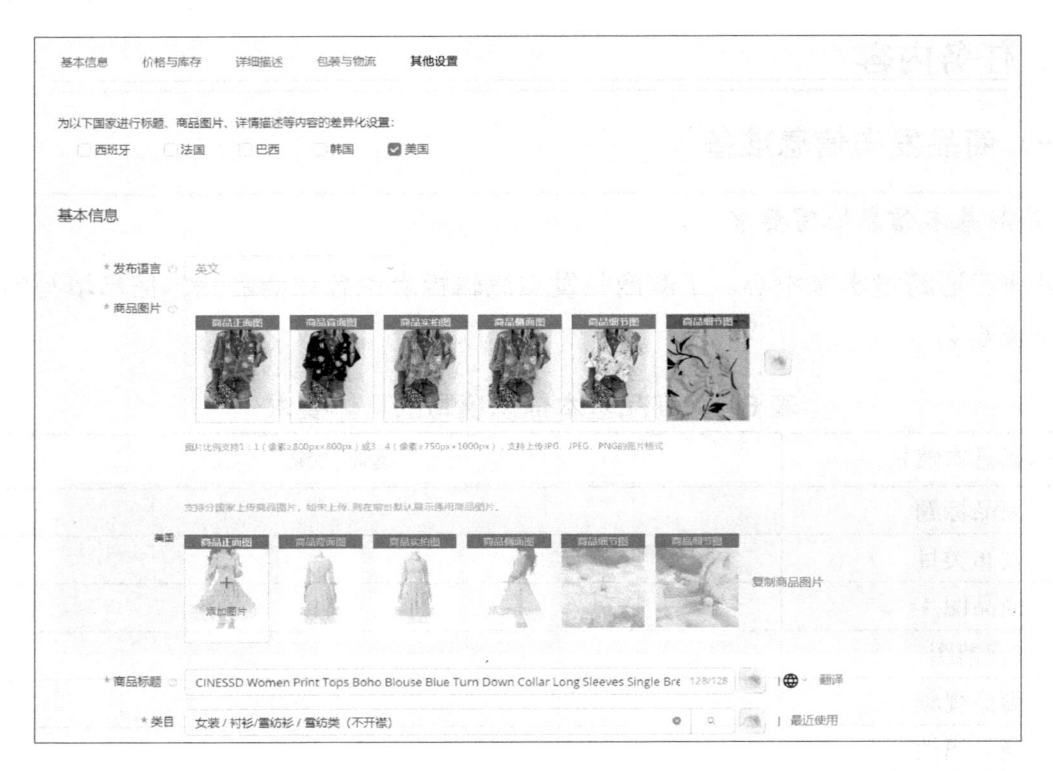

图 6-14 填写商品基本信息

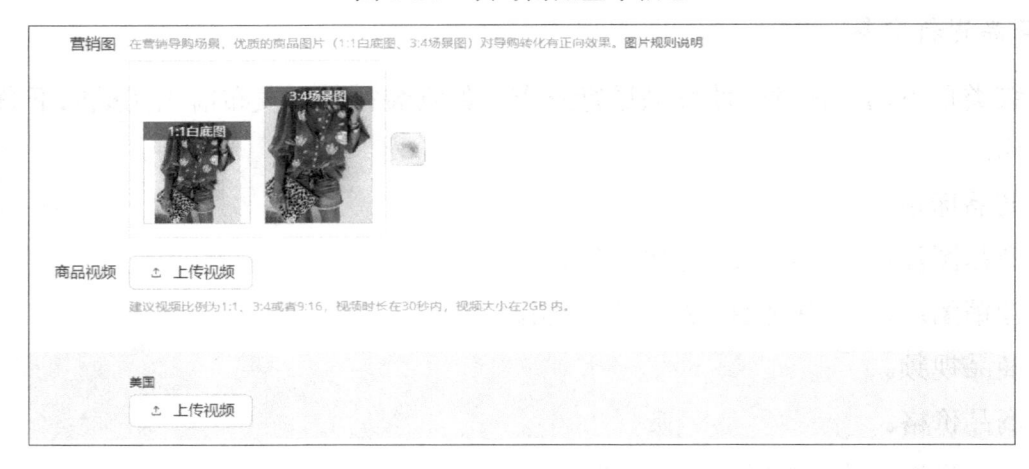

图 6-15 上传营销图和商品视频

在上传商品图片时,单击"＋"按钮,在弹出的对话框中,可以选择本地上传或从媒体文件中选择图片,如图 6-16 至图 6-18 所示。

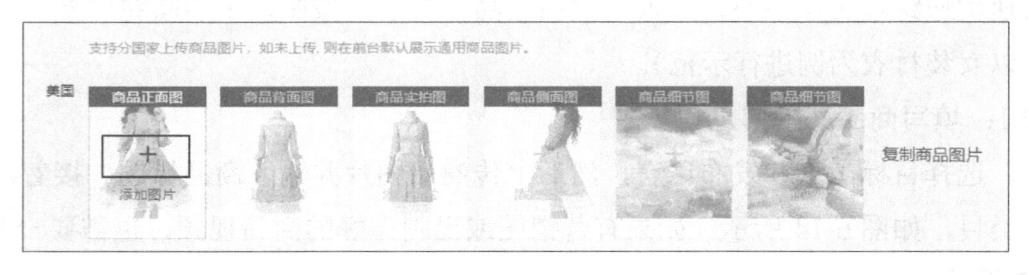

图 6-16 商品图片上传(一)

图 6-17　商品图片上传（二）

图 6-18　商品图片上传（三）

根据商品实际情况，准确填写商品的各项属性，如图 6-19 所示。

图 6-19　商品属性填写

图 6-19　商品属性填写（续）

步骤 2：设置价格与库存。

设置最小计量单元、销售方式、颜色、尺寸，如图 6-20 所示。填写发货地、库存数量、SKU 编码和零售价；接着，选择调价方式、添加尺码表；如支持批发价，需设置起批量及减免折扣，如图 6-21 所示。

注：商品不同，此部分可能有些许差异。

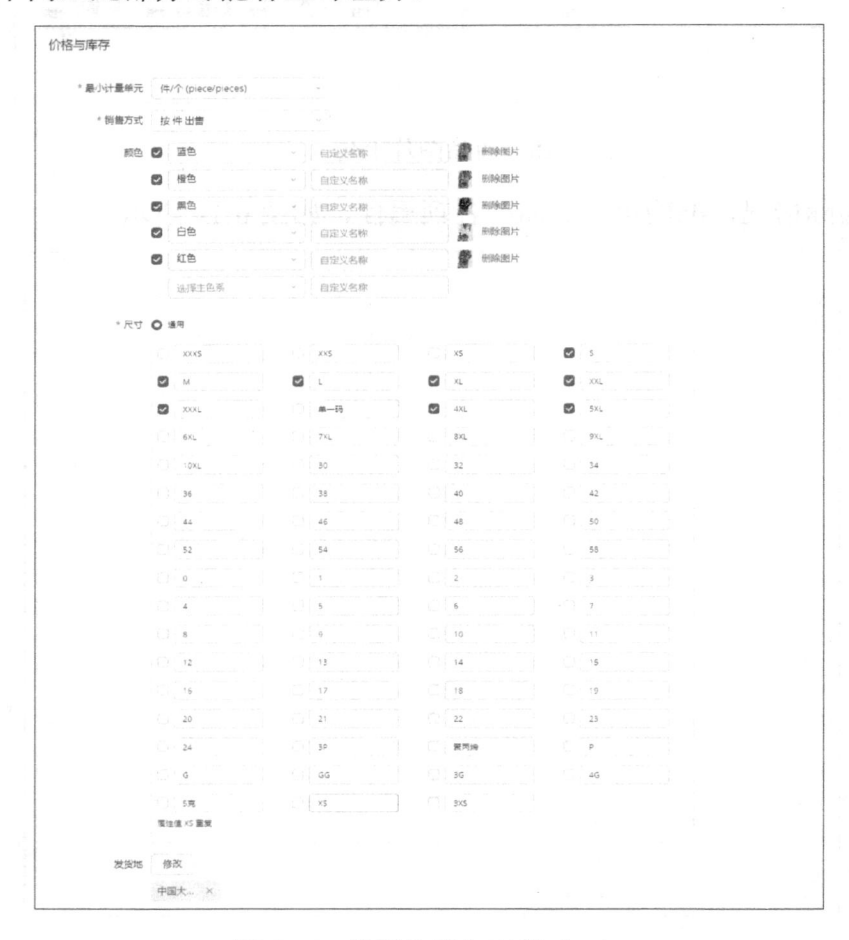

图 6-20　设置价格与库存（一）

图 6-20　设置价格与库存（一）（续）

图 6-21　设置价格与库存（二）

步骤 3：编辑详细描述。包括"PC 详描编辑"和"App 详描编辑"两个板块。

系统默认英语作为发布语言，如需更改语种可在下拉列表中进行选择，如图 6-22 所示。上方 PC 端的详细描述编辑完成后，再单击下方的"导入 PC 详描"按钮，在"提示"对话框中单击"确认"按钮，即可生成 App 的详细描述，如图 6-23 至图 6-24 所示。

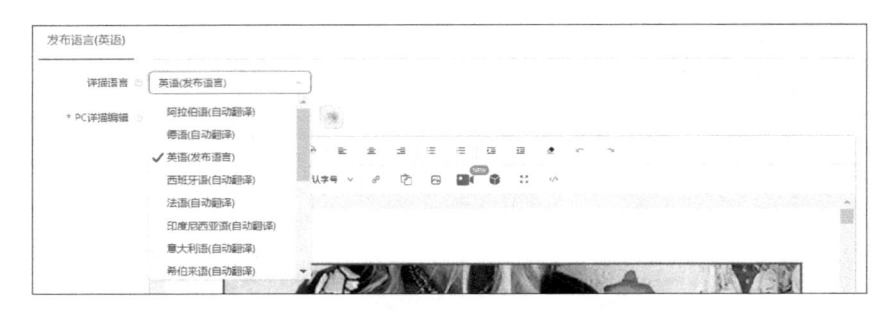

图 6-22　详描语言选择

图 6-23　PC 端详细描述编辑

图 6-24　单击"导入 PC 详描"按钮

步骤 4：设置包装与物流。

填写物流重量、物流尺寸，选择日销运费模板、服务模板等，如图 6-25 所示。这里需要注意的是，依据《全球速卖通发货管理规范》原"发货期"属性已经下线，定制商品需要根据定制周期设置，非定制商品统一 7 天关单。所以，这里不需要设置发货期。

图 6-25　设置包装与物流

步骤 5：进行其他设置。

依次设置库存扣减方式、付款方式，勾选商品发布条款，如图 6-26 所示。这里将美国作为重点目标市场，因此无须关联欧盟责任人和制造商。单击"提交"按钮，即可完成商品发布。

图 6-26　进行其他设置

三、任务评价

完成演练活动后，根据活动过程的表现进行三方评价与打分，完成表 6-5。

表 6-5　商品发布规则与流程实训评价表

活动名称	速卖通商品发布			
完成方式	小组协作完成			
演练内容	评价点	自我评价	小组评价	教师评价
实训活动（100 分）	能够进行任务背景解读与梳理（10 分）			
	能够了解商品发布须知（10 分）			
	能够准备发布商品的资料（20 分）			
	能够掌握速卖通商品发布的流程（10 分）			
	能够填写商品基本信息（10 分）			
	能够设置价格与库存（10 分）			
	能够编辑详细描述（10 分）			
	能够设置包装与物流（10 分）			
	能够进行其他设置（10 分）			
	合计			
综合得分（满分 100 分，其中自我评价占 20%，小组评价占 20%，教师评价占 60%）				

续表

存在的主要问题

任务二　运费模板设置

知识速递

一、新手运费模板

（一）新手运费模板介绍

速卖通的新手运费模板为系统初始模板，商家无法对其进行编辑或修改。在新手运费模板中，对于 EMS 物流选项，系统已预设了第三方物流服务商提供的运费折扣；对于其他物流选项，系统已将运费设置为标准运费。

（二）新手运费模板设置

登录速卖通跨境卖家中心，选择"物流"下的"运费模板"选项，打开"运费模板"页面。在该页面可对新手运费模板进行除"编辑"外的其他操作，如图 6-27 所示。如需查看新手运费模板的具体内容，单击"查看"按钮后可查看新手运费模板详情，如图 6-28 所示。

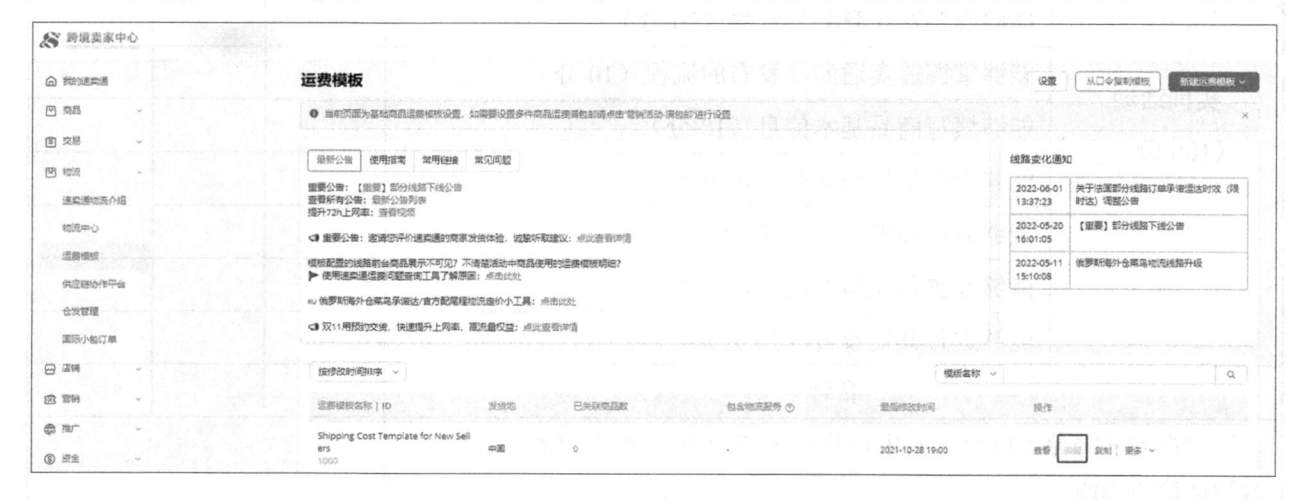

图 6-27　新手运费模板操作入口

图 6-28 新手运费模板详情

二、自定义运费模板

（一）自定义运费模板介绍

若商家认为新手运费模板中的物流方案并不适用，则可根据自身实际情况，通过自定义运费模板的方式来编辑物流方案及运费折扣，从而改善买家的购物体验，满足买家的不同物流需求。

在设置自定义运费模板前，商家应全面分析不同物流服务商的运送范围、揽收范围、时效承诺、禁限售商品、优惠政策等信息，筛选合适的物流服务商并与其签订合作协议，尽量避免因物流运输问题引起的不必要纠纷。

（二）自定义运费模板设置

步骤 1：新建运费模板。

登录速卖通跨境卖家中心，在"物流"板块中选择"运费模板"选项，单击"新建运费模板"按钮，如图 6-29 所示。

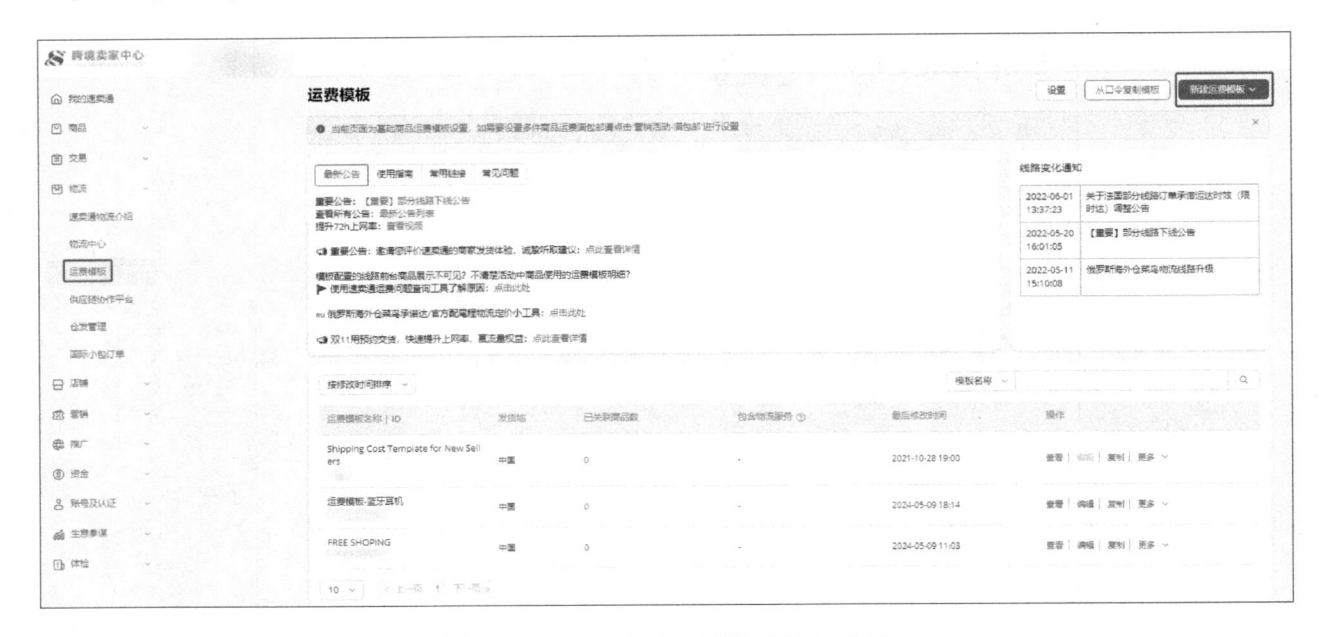

图 6-29　单击"新建运费模板"按钮

步骤 2：编辑运费模板。

进入"新增运费模板"页面后，输入模板名称，选择发货地址，如图 6-30 所示。需要注意的是，除中国外的其他国家的发货权限，可通过"物流"→"物流中心"→"仓配服务"→"我有海外仓"命令进行申请，待申请通过后即可设置海外发货地。

图 6-30　"新建运费模板"页面

步骤 3：选择物流线路。

针对不同的物流类型，系统会显示不同的物流线路供商家选择，如图 6-31 所示。商家应根据自身情况选择对应的物流线路，如"中国邮政平常小包+"，设置完成后单击"保存"按钮即可保存成功，如图 6-32 所示。需要注意的是，设置的物流线路需符合"物流方案列表"和速卖通物流政策，这样前台才能有效展示对应的物流线路。

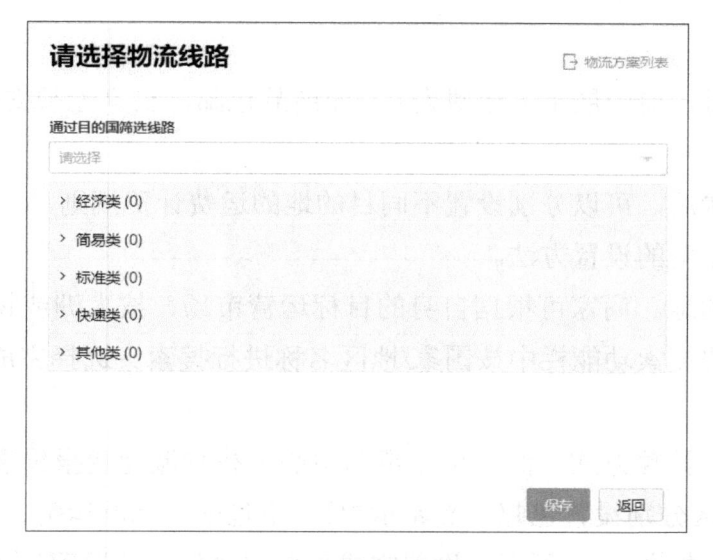

图 6-31 选择物流线路

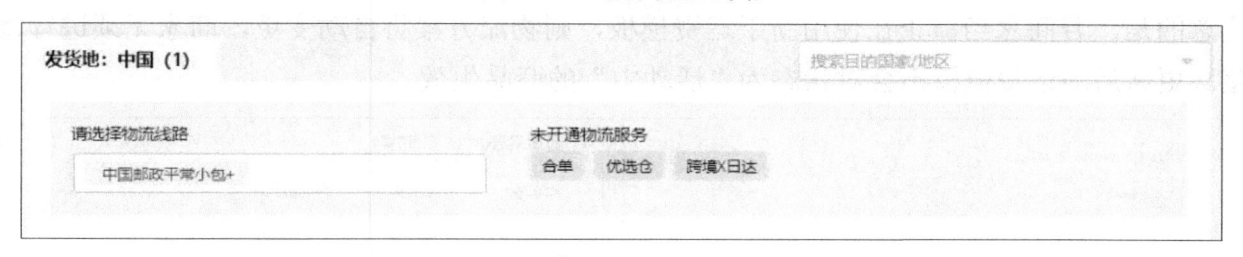

图 6-32 物流线路保存成功

步骤 4：设置运费类型。

运费类型分为标准运费、卖家承担和自定义运费，如图 6-33 所示。

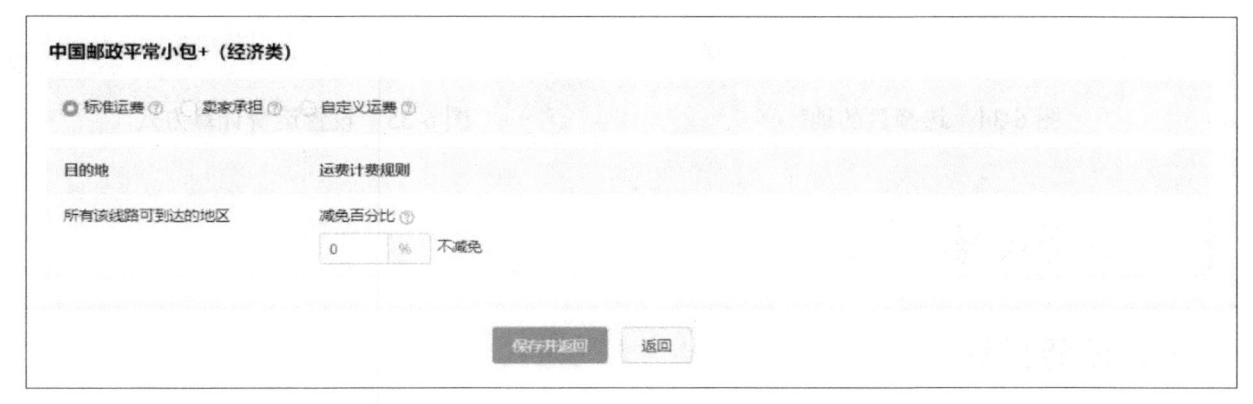

图 6-33 设置运费类型

以下是对 3 种运费类型计费方式的介绍。

1）标准运费

选择标准运费时，可设置标准运费的减免规则。减免百分比：在物流服务商的标准运费的基础上给出的折扣。例如，物流服务商的标准运费为 100 美元，若商家输入的减免百分比是 10%，则买家实际支付的运费是 90 美元。

2）卖家承担

选择卖家承担时，前台展示的运费为 0，即商品包邮，买家无须支付运费。

3）自定义运费

选择自定义运费后，可以分别设置不同目的地的运费计费规则。

以下为自定义运费的设置方法。

首先，选择目的地。商家可根据自身的目标运营市场，按大洲或物流商分区来选择目的地，或者在右方的搜索功能栏中按国家/地区名称进行搜索。选择完成后单击"确定"按钮，如图 6-34 所示。

其次，设置运费计算方式。商家可在帮助中心下载物流运费报价表，经过计算后，针对不同目的国家/地区分别设置包邮（卖家承担）、不包邮（标准运费、自定义运费）、不发货的运费计算方式，如图 6-35 所示。设置完成后单击"保存并返回"按钮即可生效。需要注意的是，若商家当前正在使用新手运费模板，则物流方案将自动变更，商家无须进行调整。更新后的运费模板不会对状态为"活动中"的商品生效。

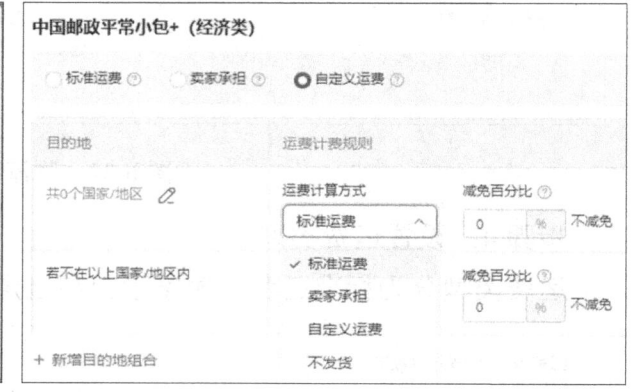

图 6-34　选择目的地　　　　　　　图 6-35　设置运费计算方式

任务实操

一、任务目标

本任务的实操演练活动要求根据提供的任务背景，结合所学知识，完成速卖通店铺运费模板的设置。

任务背景

某便携收纳包品牌顺利入驻速卖通后，其运营团队深入研究了主要跨境物流服务商的特点和跨境物流的政策法规，在核心运营国家选择了多个适合的物流服务商，并与其签订了合作协议。该商家在设置运费模板时，需根据所合作的物流服务商和商品的实际情况进行设置。在运费设置方面，也应根据物流服务商给出的优惠政策，尽可能为客户提供更多优惠，从而促成交易。

二、任务内容

（一）计算物流运费报价

1. 下载物流运费报价表

登录速卖通跨境卖家中心，找到并下载物流运费报价表。下载完成后，在物流运费报价表中找到"菜鸟无忧物流-标准"线路的运费报价。"菜鸟无忧物流-标准"线路参考运费报价如图6-36和图6-37所示。

图6-36 "菜鸟无忧物流-标准"线路参考运费报价（一）

图6-37 "菜鸟无忧物流-标准"线路参考运费报价（二）

2. 具体计算

现选取"菜鸟无忧物流-标准"线路进行物流发货，参照物流运费报价表或参考运费报价，计算出表6-6中各商品的运费报价。

表6-6 计算各商品的运费报价

商品重量	商品类型	运达国家	运费报价/元
500g	普货	美国	
500g	非普货	巴西	
2500g	普货	瑞士	
300g	非普货（香港仓）	俄罗斯	

（二）新增运费模板

登录速卖通跨境卖家中心，执行"物流"→"运费模板"→"新建运费模板"命令，进入"新增运费模板"页面。根据所学知识，按照以下步骤，为便携式收纳包这个商品新增一个自定义运费模板。

步骤 1：在"新增运费模板"页面，输入模板名称"运费模板-便携收纳包"，选择发货地址为中国，如图 6-38 所示。

图 6-38 "新增运费模板"页面

步骤 2：选择物流线路。单击"请选择"输入框，在标准类线路下选中"菜鸟无忧物流-标准"复选框，单击"保存"按钮，如图 6-39 和图 6-40 所示。

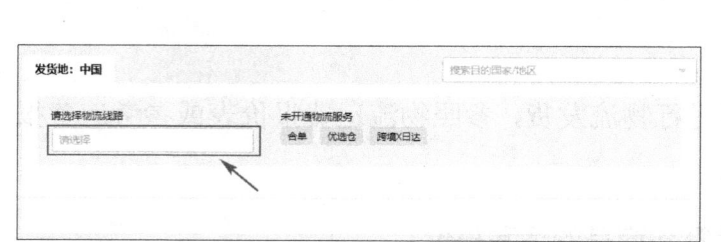

图 6-39 选择物流线路（一） 　　　图 6-40 选择物流线路（二）

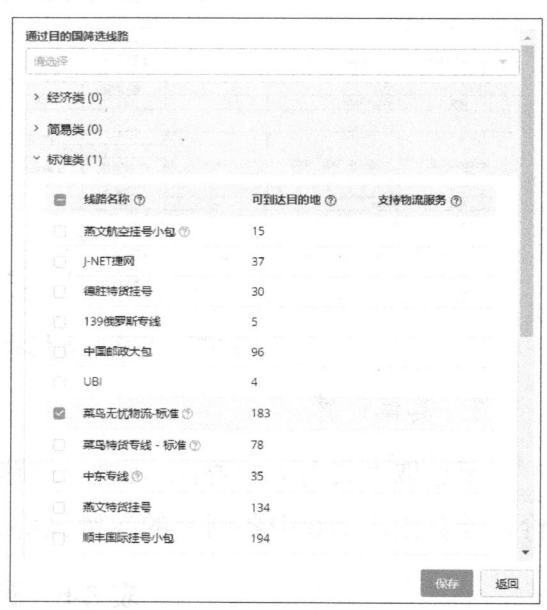

步骤 3：设置自定义运费模板。

单击"自定义运费"单选按钮，单击"目的地"下方的编辑图标，如图 6-41 所示，弹出选择窗口。目的地选择分为两种方式。

（1）按大洲选择目的地，手动选择或批量选择目的地，如图 6-42 所示。

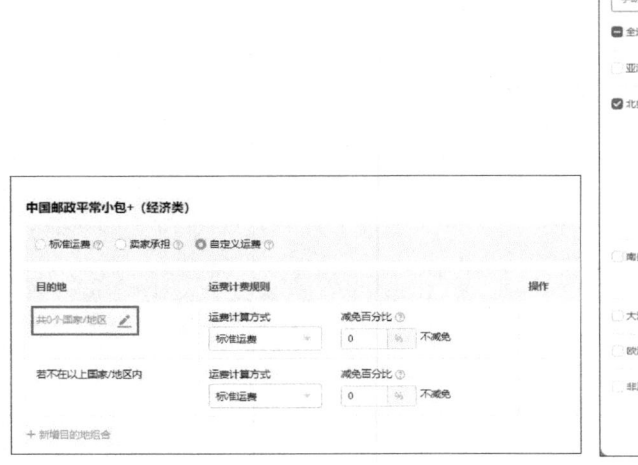

图 6-41　单击编辑图标　　　　　　　图 6-42　按大洲选择目的地

（2）按物流商分区选择目的地，手动勾选或批量选择目的地，如图 6-43 所示。

图 6-43　按物流商分区选择目的地

选择运费计算方式为"自定义运费"，为所选目的地分别设置运费计费规则，分别按照重量和数量两种方式来进行设置。

（1）按照重量计费：如首重 0.5kg，首重运费为 1 美元，续重范围自行设置，每增加相应克重，可相应续加运费，如图 6-44 所示。

（2）按照数量计费：如设置首批采购数量为 1～10，首批运费为 1 美元，每增加商品数为 5 时，续加运费为 0.5 美元，如图 6-45 所示。这里需要注意的是，采购数量为 1～10 的运费都是 1 美元，每增加商品数 5 是指超出 10 之外的商品数量。

图 6-44　按照重量计费

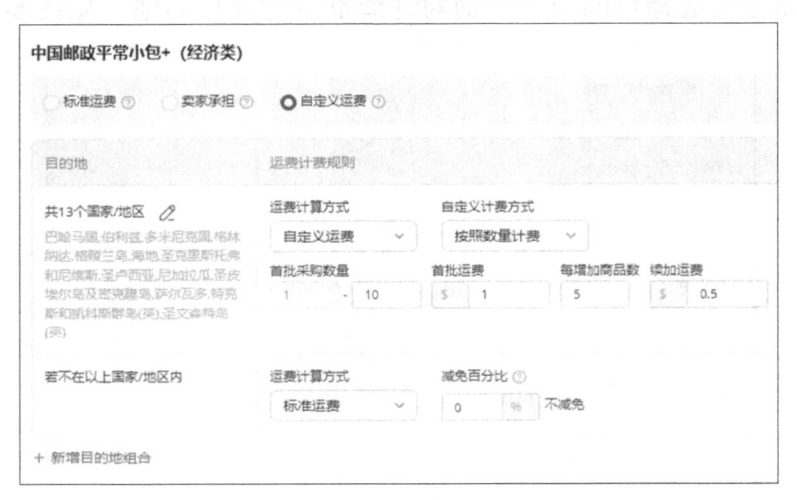

图 6-45　按照数量计费

检查无误后，单击"保存并返回"按钮，运费模板即可生效，系统将自动跳转至运费模板管理页面，如图 6-46 所示。

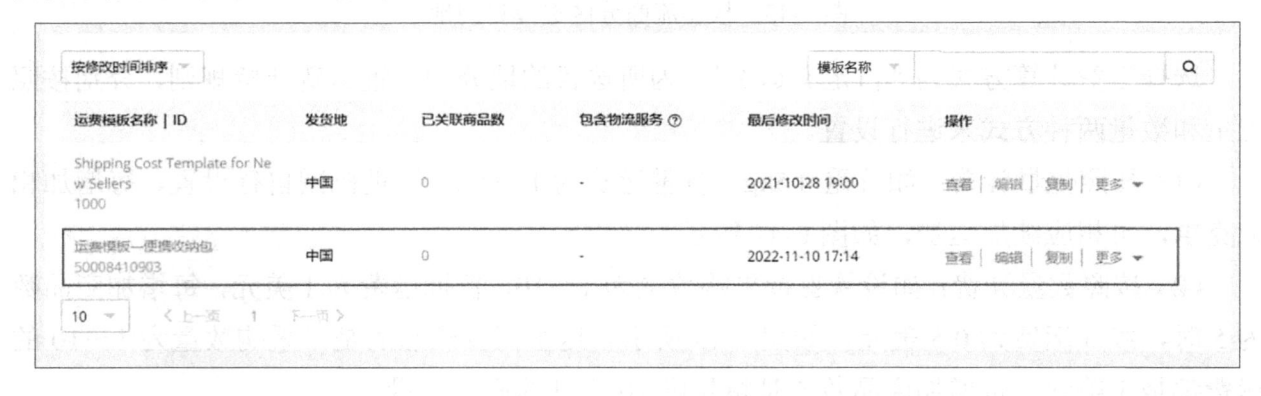

图 6-46　运费模板生效

三、任务评价

完成演练活动后,根据活动过程的表现进行三方评价与打分,完成表6-7。

表6-7 运费模板设置实训评价表

活动名称		速卖通运费模板的设置			
完成方式		小组协作完成			
演练内容	评价点		自我评价	小组评价	教师评价
实训活动 (100分)	能够进行任务背景解读与梳理(10分)				
	能够了解速卖通不同运费模板的特点(10分)				
	能够下载物流运费报价表(10分)				
	能够计算商品的运费报价(20分)				
	能够选择发货地(10分)				
	能够选择物流线路(10分)				
	能够设置自定义运费模板(30分)				
合计					
综合得分(满分100分,其中自我评价占20%,小组评价占20%,教师评价占60%)					
存在的主要问题					

名词解释

知识产权:英文为"Intellectual Property",是基于创造成果和工商标记依法产生的权利的统称。最主要的三种知识产权是著作权、专利权和商标权,其中专利权与商标权也被统称为工业产权。

区域定价:把商品的销售市场划分为两个或两个以上的国家/地区,为每个国家/地区设定一个价格,不同的国家/地区设置不同的价格。

素能加油站

广州海关开展"蓝网行动2022"打击进出境寄递渠道侵权行为

在海关总署的统一部署下,广州海关开展"蓝网行动2022"专项行动,持续加大对进出境寄递渠道"化整为零""蚂蚁搬家"等侵权行为的打击力度。2022年第一季度,广州海关在寄递渠道共查扣服装、箱包、鞋帽、玩具及电子设备等涉嫌侵权货物物品1080批次。

"蓝网行动2022"聚焦打击食品、药品、香烟、手表、服装、鞋帽、箱包、玩具、消费电子产品、个人护理用品等高风险侵权商品。广州海关综合运用大数据、5G技术等信息化、智能化监管手段,通过实施"智能审图+人工查验"强化监管水平,优化案件办理程序,不断提升现场缉查水平。

广州海关不断深化与邮政企业知识产权保护信息交换合作机制,将风险防控前移到邮政企业揽件环节;加强与地方市场监管、版权、公安等知识产权行政司法部门的信息共享、执法协作,增强打击合力;密切与跨境电商平台的合作,建立快速预警工作机制,支持"下架商品""断开链接""关闭店铺"等惩戒措施取得效果。下一步,广州海关将继续强化知识产权边境执法,全力打击互联网领域的侵权违法行为,切实维护经营者和消费者的合法权益,营造良好的市场环境。

案例思考:

1. 广州海关开展"蓝网行动2022"有哪些重要意义?
2. 跨境电商商家应如何规避知识产权侵权行为?

职业技能训练

一、单项选择题(共5题)

1. 速卖通平台禁限售严重违规最高扣除(　　)分。
   A. 24　　　B. 36　　　C. 48　　　D. 60
2. 盗版实体商品或其包装的行为,构成(　　)侵权。
   A. 商标权　　B. 图片　　C. 专利权　　D. 著作权
3. 关于商品发布流程,顺序正确的命令是(　　)。
   A. "基本信息"→"详细描述"→"价格与库存"→"包装与物流"→"其他设置"
   B. "基本信息"→"价格与库存"→"详细描述"→"包装与物流"→"其他设置"

C."基本信息"→"价格与库存"→"详细描述"→"其他设置"→"包装与物流"

D."基本信息"→"详细描述"→"包装与物流"→"价格与库存"→"其他设置"

4. 发布商品时支持对核心运营国家进行差异化设置，不包括（　　）。

 A. 西班牙　　　B. 法国　　　C. 美国　　　D. 俄罗斯

5. 下列关于速卖通平台运费模板说法错误的是（　　）。

 A. 商家可在自定义运费模板中设置运费折扣

 B. 商家可以查看、复制或编辑新手运费模板

 C. 中国邮政小包属于经济类物流线路

 D. 自定义运费包括按照重量和数量两种计费规则

二、多项选择题（共 5 题）

1. 以下（　　）是速卖通平台禁止发布的商品。

 A. 烟花爆竹及配件　　　B. 精神药品

 C. 麻醉镇静剂　　　　　D. 厨房刀具

2. 商品的信息描述质量主要体现在（　　）。

 A. 商品信息的如实描述

 B. 商品信息的准确完整

 C. 商品与买家搜索需求的相关性

 D. 商品图片的清晰美观

3. 发布商品的基本信息包括（　　）。

 A. 商品标题　　　　　B. 商品图片、营销图、商品视频

 C. 商品属性　　　　　D. 商品包装

4. 发布商品时，PC 详细描述和 App 详细描述都支持（　　）。

 A. 文字　　B. 图片　　C. 视频　　D. 图文混合

5. 在设置自定义运费时，商家可选择（　　）。

 A. 标准运费　　　　　B. 卖家承担

 C. 自定义运费　　　　D. 不发货

三、判断题（共 5 题）

1. 平台限制发布有毒、剧毒、易燃、易爆、放射性、消耗臭氧层物质的化学品。

（　　）

2. 对于商标权侵权的一般违规行为，首次违规扣 6 分。　　　　　　　　（　　）

3. 设置发布产品的包装与物流时需填写发货期、物流重量、物流尺寸，选择运费模板和服务模板。（   ）

4. 商家只能通过新建运费模板的方式来编辑物流方案及运费折扣。（   ）

5. 更新后的运费模板也会对状态为"活动中"的商品生效。（   ）

学习笔记

项目七 日常管理

项目概述

目前,主流的B2C跨境电商平台(如速卖通、eBay、亚马逊等)集商品展示、在线支付、跨境物流等多种功能于一体,使商家能直接与全球的个人买家进行在线交易。本项目选取速卖通平台做详细引导,帮助学生掌握商品管理、交易管理、物流管理和客户服务等工作内容,做好店铺的日常管理。

学习目标

知识目标

1. 了解商品橱窗的发放限制。
2. 了解订单批量导出的流程。
3. 了解纠纷处理流程。
4. 熟悉商品管理的功能。
5. 熟悉预约交货管理的功能。

技能目标

1. 能够进行商品优化。
2. 能够掌握客户纠纷处理技巧。
3. 能够掌握评价管理技巧。
4. 能够掌握提升商家分项评分的技巧。

跨境电商平台运营

素养目标

1. 培养学生认真负责的态度，使学生能积极主动地解决问题。
2. 熟悉平台物流运输的相关规定，并能够严格遵守。

思维导图

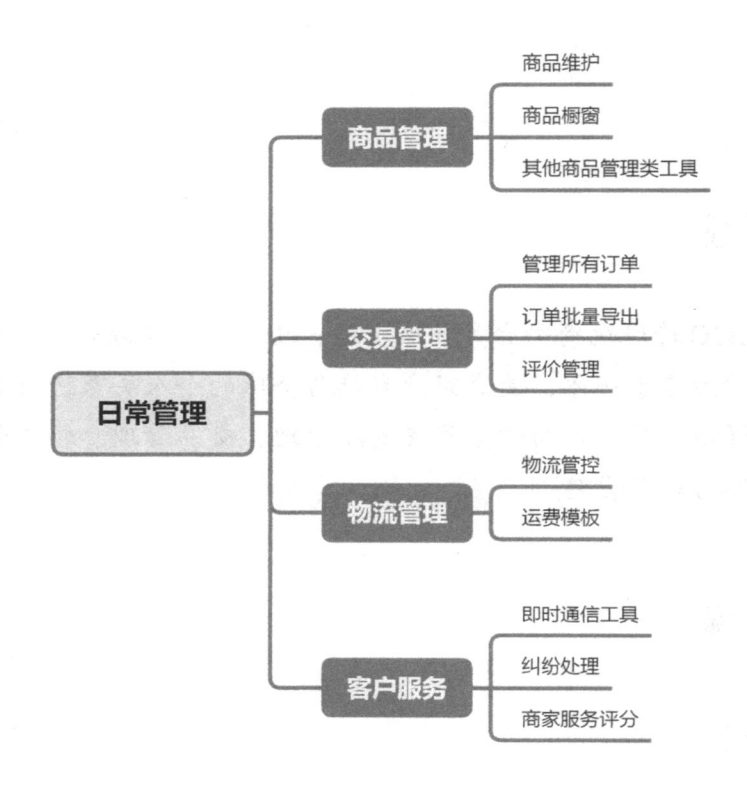

```
                    ┌─ 商品管理 ─┬─ 商品维护
                    │           ├─ 商品橱窗
                    │           └─ 其他商品管理类工具
                    │
                    ├─ 交易管理 ─┬─ 管理所有订单
         日常管理 ──┤           ├─ 订单批量导出
                    │           └─ 评价管理
                    │
                    ├─ 物流管理 ─┬─ 物流管控
                    │           └─ 运费模板
                    │
                    └─ 客户服务 ─┬─ 即时通信工具
                                ├─ 纠纷处理
                                └─ 商家服务评分
```

自学探究

请同学们对本项目即将讲解的主要内容进行资料查询与学习，自主思考，完成表 7-1。

表 7-1　本项目的主要内容

知识内容	经验认知	资料结论	自我总结
商品管理			
交易管理			
物流管理			
客户服务			

任务一　商品管理

知识速递

一、商品维护

（一）商品状态

商品一般会处于正在销售、草稿箱、审核中、审核不通过或已下架的状态，如图 7-1 所示。

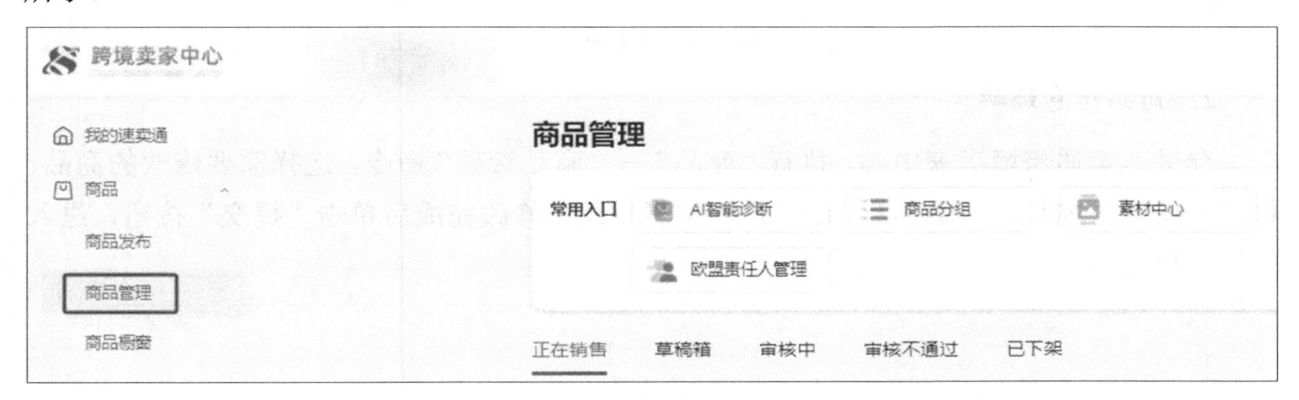

图 7-1　商品状态

在"发布商品"页面单击"保存"按钮后，商品信息会保存至草稿箱。草稿箱中保存的商品信息数量上限为 100，达到 100 时商家再发布商品前要进行手动删除，且商品的描述图片只保留 15 天，逾期系统会自动删除。

若商品审核未通过，商家在"审核不通过"状态栏下查看未通过的原因后，可以再次进行编辑或直接删除并重新进行新增商品的操作。一般未通过的原因包括知识产权一般或严重侵权、发布禁限售商品、被投诉盗图或水印盗用、发布非约定商品、类目错放、发布重复商品等。

（二）商品信息修改

1. 商品信息审核

当商品信息提交成功后，平台工作人员会对商品信息进行审核。若商品信息符合速卖通平台的发布规则，则 1 个工作日之内即可审核完成。当遇到高峰期时，时间会顺延。

商品信息审核通过后，商家登录速卖通跨境卖家中心，执行"商品"→"商品管理"→"正在销售"命令，即可查看和编辑，如图 7-2 所示。

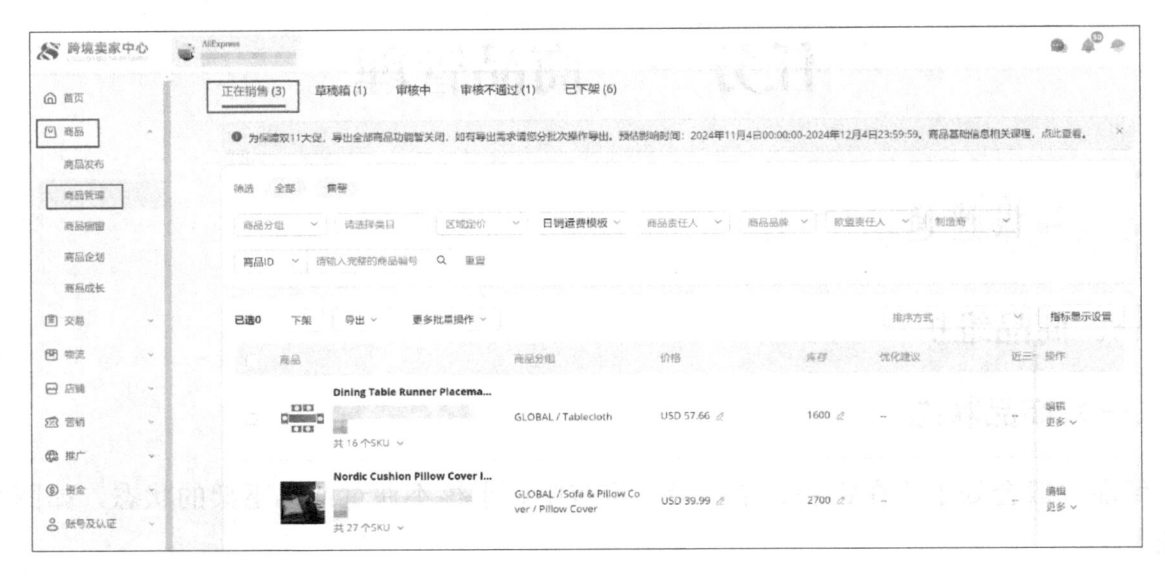

图 7-2 执行命令

2. 商品信息编辑

登录速卖通跨境卖家中心，执行"商品"→"商品管理"命令，选择需要修改的商品，单击"编辑"按钮，如图 7-3 所示，进入编辑页面，修改完成后单击"提交"按钮，进入等待审核阶段。

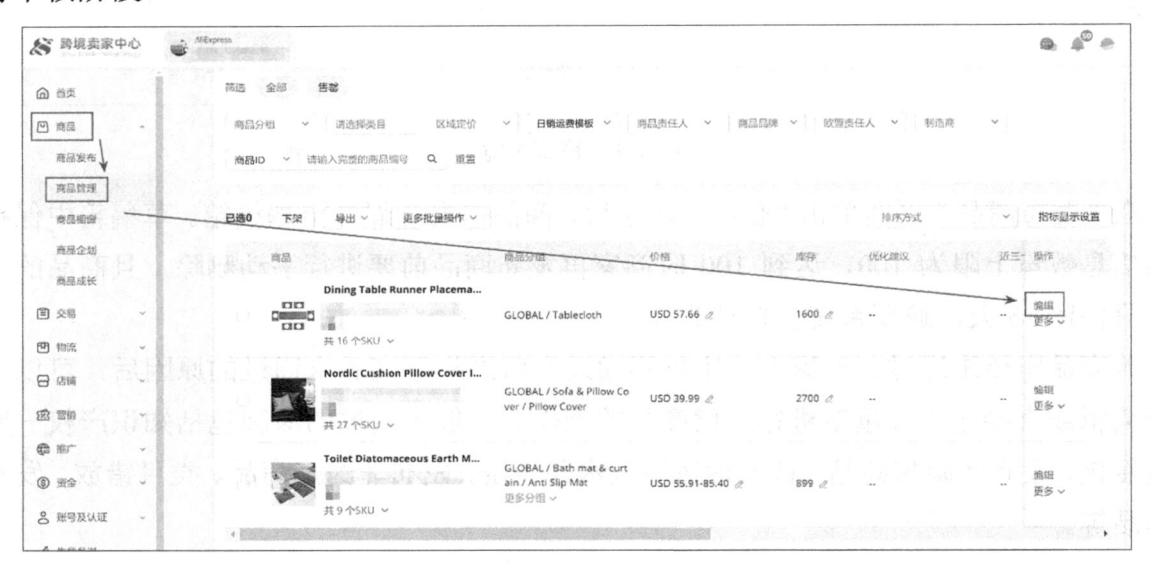

图 7-3 单击"编辑"按钮

3. 商品上下架

商家可以自行将商品进行下架处理，如图 7-4 所示。同时，可以在"已下架"状态栏下将已下架的商品重新上架，如图 7-5 所示。

图 7-4 商品下架

图 7-5 将已下架的商品重新上架

（三）查找商品

在"商品管理"页面查找商品一共有以下 9 种筛选方式，分别为商品分组、类目、区域定价、日销运费模板、商品负责人、商品品牌、欧盟负责人、制造商和商品 ID，如图 7-6 所示。在搜索框中输入需要查找商品的对应信息，单击搜索图标即可直接搜索。

图 7-6 查找商品的 9 种筛选方式

221

（四）批量操作

更多批量操作功能，包含修改分组、分配商品责任人、修改商品详描模块、批量关联欧盟责任人、关联制造商、修改日销运费模板和删除，如图 7-7 至图 7-9 所示。

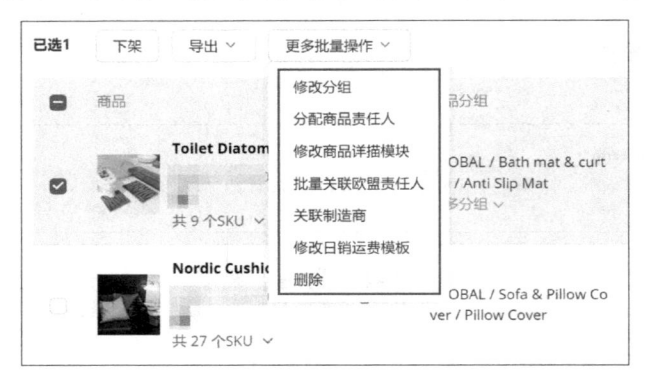

图 7-7　批量操作

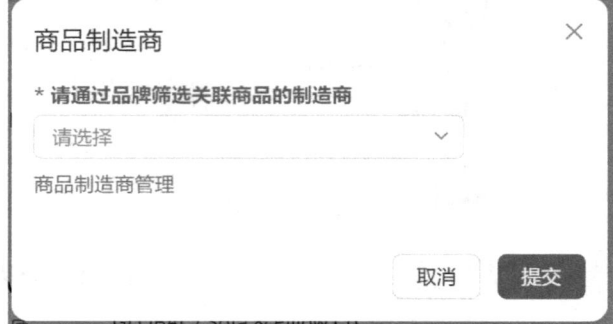

图 7-8　批量修改商品详描模块　　　　　图 7-9　关联制造商

批量关联欧盟责任人是指为商品选择需要关联的欧盟责任人，如图 7-10 所示。需要注意的是，《欧盟市场监管法规（EU）2019/1020》在 2021 年 7 月 16 日生效后，要求在欧盟境内销售的部分商品，需要在 2021 年 7 月 16 日之前绑定欧盟责任人，而欧盟责任人需要负责商品的合规情况。若商品没有绑定欧盟责任人，则在该法规生效后，商品会在欧盟地区被屏蔽，欧盟地区的买家将无法看到店铺内的商品，且无法下单。

图 7-10　批量关联欧盟责任人

二、商品橱窗

商品橱窗是速卖通平台向商家推出的一种推广工具，"商品橱窗"页面如图 7-11 所示。商品橱窗可以让商品在同等条件下，排名比自然展现位置更靠前，从而使买家能够优先搜索到。

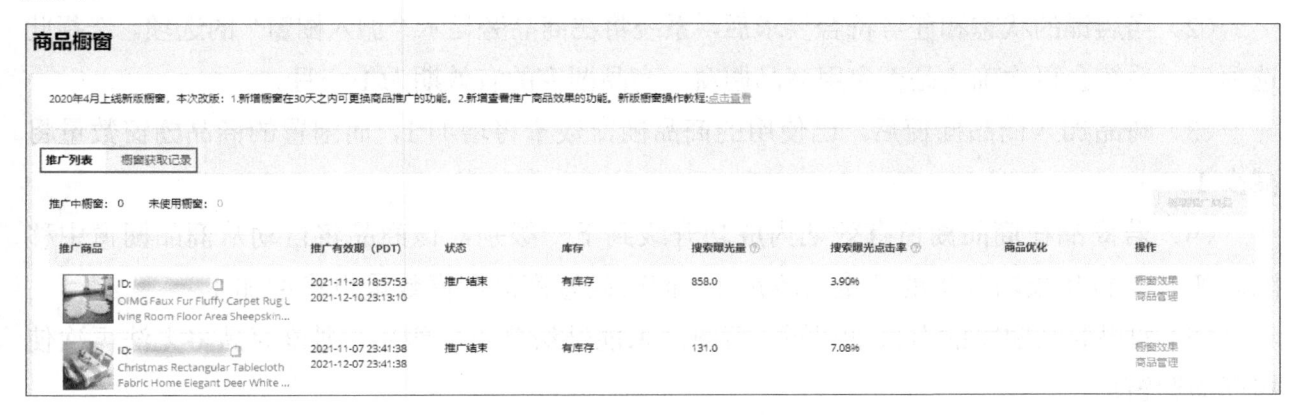

图 7-11 "商品橱窗"页面

（一）商品橱窗的使用期限

商品橱窗的使用期限为自发放之日起 30 天内，如图 7-12 所示。若超期未使用，商品橱窗将自动作废。

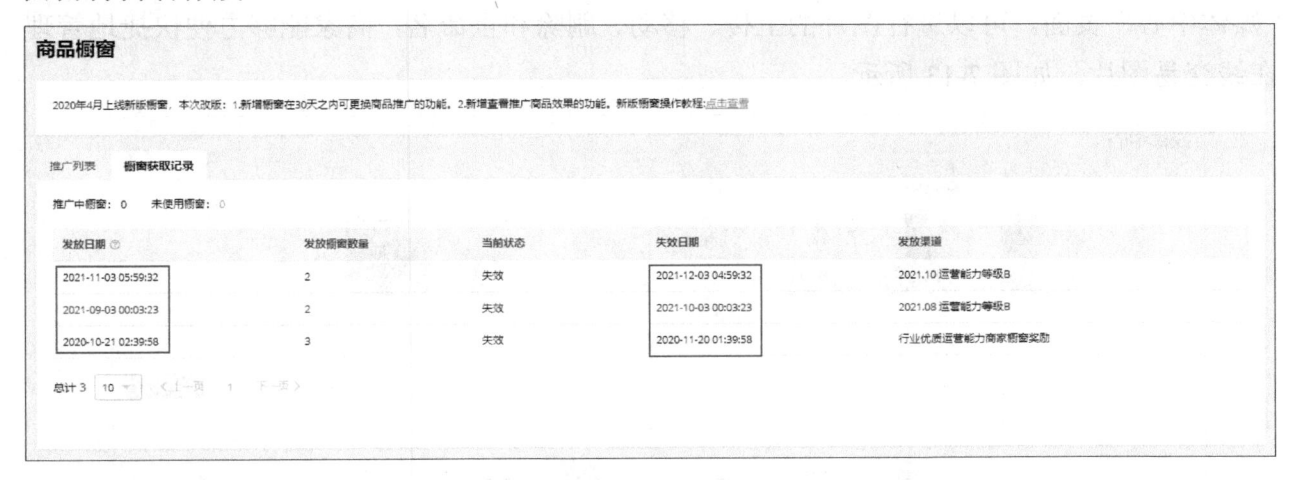

图 7-12 商品橱窗的使用期限

（二）商品橱窗的发放限制

若在商品橱窗发放时，店铺违反速卖通平台规则，存在交易违规、知识产权或禁限售违规，扣分达到 24 分及以上，或者严重知识产权违规 2 次及以上，则取消该店铺的商品橱窗，至店铺恢复正常经营状态后重新进行考核。

（三）商品橱窗的发放及使用规则

目前，商品橱窗只适用于金银牌及风格化店铺的新品业务。

（1）每月初（通常在 7 号前），平台会根据店铺的级别和商品类目，发放该月的基础新品橱窗数量。商家可以在"本月获得新品橱窗数量"中查看具体数字。

（2）当店铺的状态和任务符合要求后，系统将在商品旁显示"加入橱窗"的选项。选择此选项后，系统会再次确认是否启用商品橱窗。商品橱窗的有效期为 1 个月。

（3）商品加入商品橱窗后，已使用的商品橱窗数量将增加 1，而闲置的商品橱窗数量将减少 1。

（4）若商品在商品橱窗有效期内成功升级到下一级别，该商品将自动从商品橱窗中移除。随之，新品成功升级的数量将增加 1，同时闲置商品橱窗数量也将增加 1。

（5）如果商品橱窗的有效期已过，而商品未能升级到下一级别，则该商品将无法再次使用商品橱窗。

三、其他商品管理类工具

（一）素材中心

登录速卖通跨境卖家中心，执行"商品"→"商品管理"→"素材中心"命令，进入"媒体中心"页面，可以进行图片的上传、移动、删除和重命名，商家能够方便快捷地管理在线交易图片，如图 7-13 所示。

图 7-13 "媒体中心"页面

图片存储空间为 50GB，目前不支持扩容。若空间容量不够，商家可以定时清理图片，以便腾出更多空间。素材中心支持批量删除，清理十分方便。删除图片并不影响图片在商品页面中的正常展示。

（二）尺码模板

尺码模板包括服装模板、鞋子模板、珠宝模板、内衣模板和家纺模板，如图7-14所示。其中，引用尺码模板需要商家在"新建尺码模板"页面中，创建新尺码模板后才能选择引用该尺码模板。新建尺码模板包括智能生成和填充信息两种方式，如图7-15和图7-16所示。

图7-14 尺码模板

图7-15 智能生成

图7-16 填充信息

（三）产品信息模块

产品信息模块是速卖通推出的一种管理产品信息的方式，商家可以为产品信息中的公共信息单独创建一个模块，并在产品中引用，如物流政策、售后政策等，如图7-17所示。当商家需要修改这些信息时，只需要修改相应的模块即可。产品信息模块除可以放置公共信息外，还可以放置关联产品模块等，如图7-18所示。

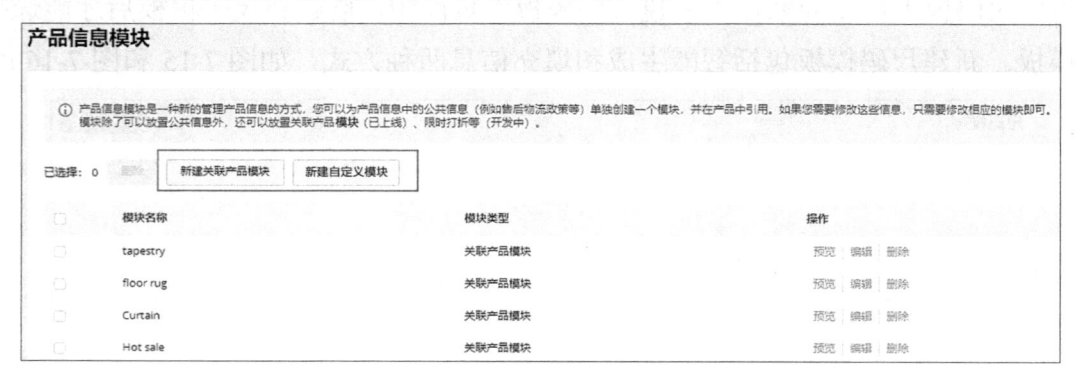

图 7-17　产品信息模块

图 7-18　关联产品模块展示

想一想

速卖通商品橱窗功能有什么优势？

任务实操

一、任务目标

本任务的实操演练活动要求根据提供的任务背景，结合所学知识，完成速卖通商品管理的实施过程训练。

任务背景

某家居品牌根据买家的反馈意见，要对店铺商品进行重新规划，添加详细的商品尺寸说明，还需要针对不同商品设置不同的物流说明，从而提高店铺整体的订单量和连带率，为平台的大促活动做准备。

二、任务内容

（一）商品优化

登录速卖通跨境卖家中心，执行"商品"→"商品管理"→"AI 智能诊断"命令，打开"商品诊断"页面，如图 7-19 所示。根据速卖通平台提示的诊断问题，进行商品优化，优化完成后单击"提交"按钮即可。

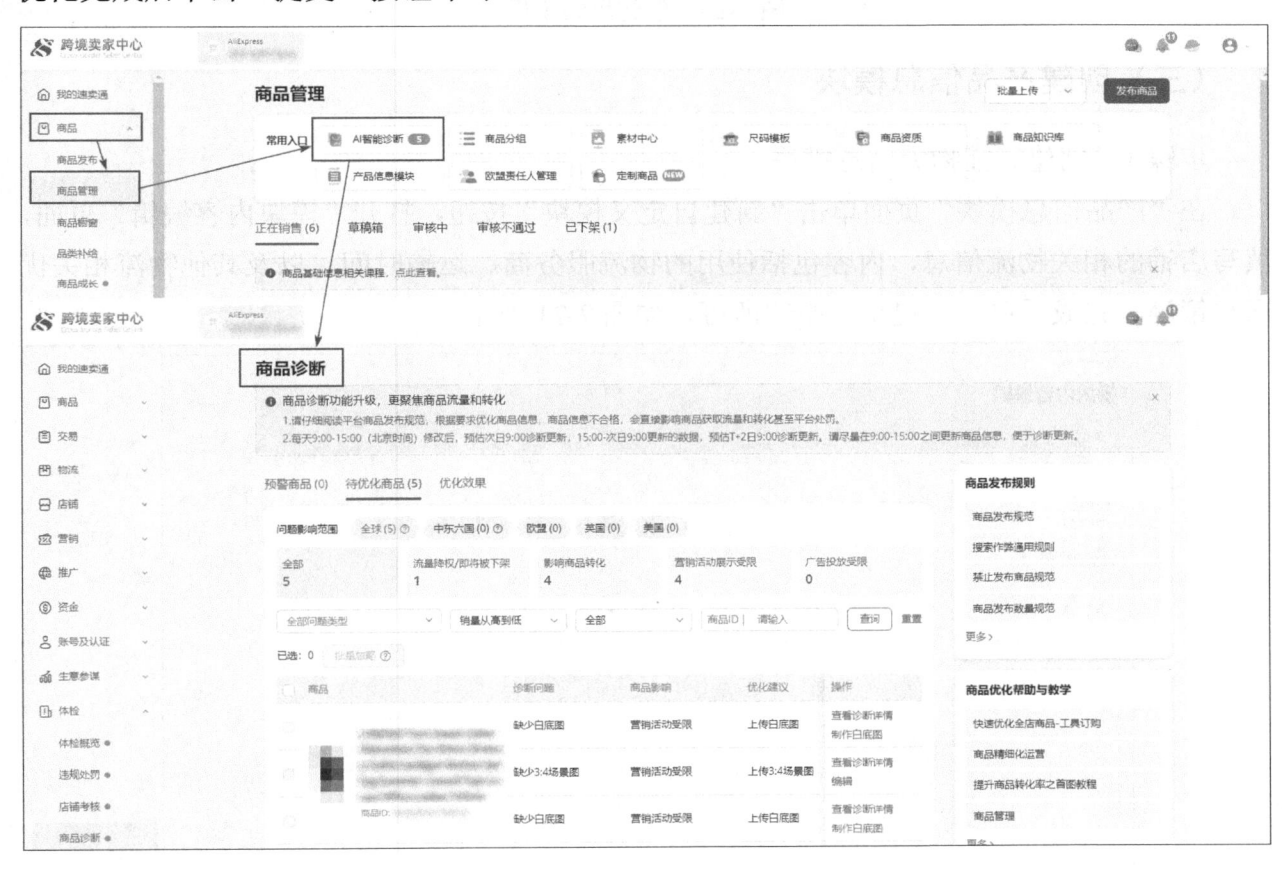

图 7-19　商品优化

（二）新建尺码模板

执行"商品"→"尺码模板"命令，打开"新建尺码模板"页面，根据销售商品创建不同的尺码模板，编辑完成后单击"确认"按钮即可，如图 7-20 所示。

图 7-20　新建尺码模板

（三）创建产品信息模块

步骤 1：创建店铺物流信息模块。

在"产品信息模块"页面单击"新建自定义模块"按钮，打开"模块内容编辑"页面，填写店铺的相关物流信息，内容包括使用的物流服务商、运输时间，以及其他物流相关优惠政策等，完成后单击"提交"按钮即可，如图 7-21 所示。

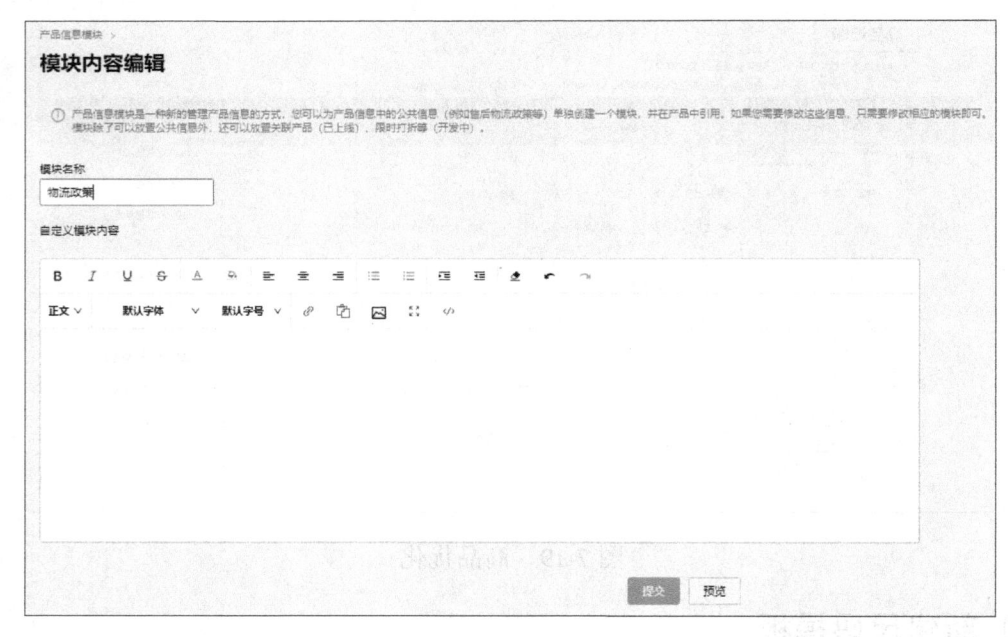

图 7-21　创建店铺物流信息模块

步骤 2：创建关联产品模块。

在"产品信息模块"页面单击"新建关联产品模块"按钮，勾选需要关联的产品即可，也可以根据产品名称、产品分组和产品负责人进行搜索，如图 7-22 所示。完成后可以单击"预览"按钮查看效果，如图 7-23 所示。

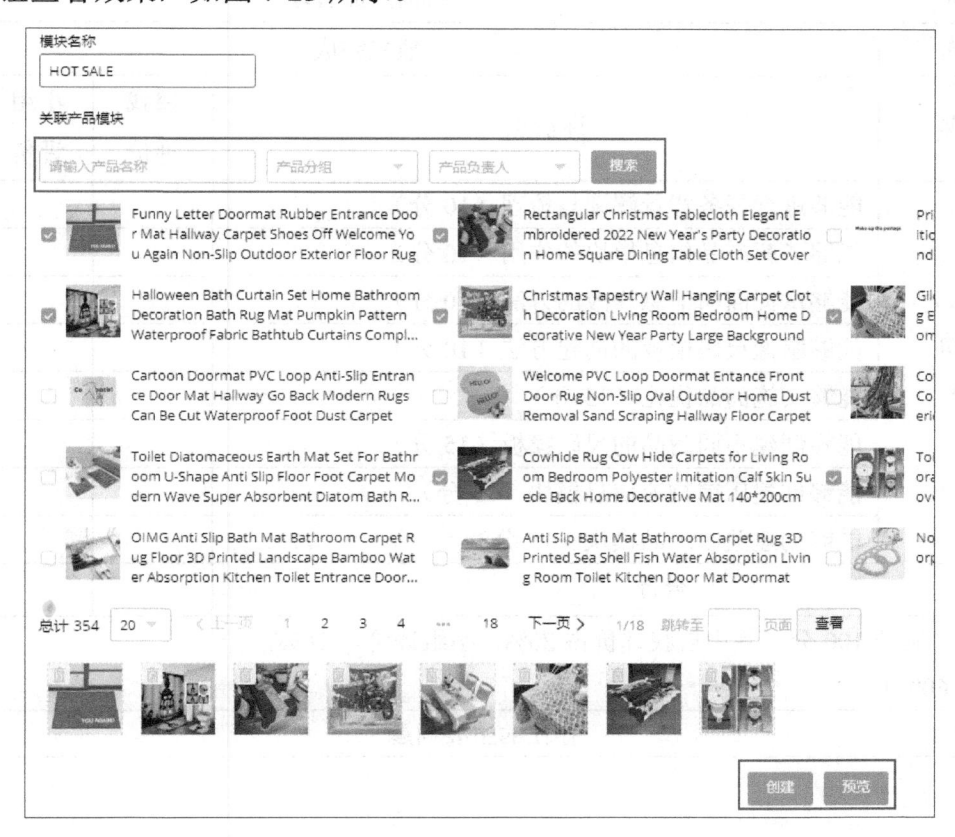

图 7-22　选择关联产品

图 7-23　查看关联产品预览效果

三、任务评价

完成演练活动后，根据活动过程的表现进行三方评价与打分，完成表 7-2。

表 7-2　商品管理实训评价表

活动名称		店铺商品管理			
完成方式		独立完成			
演练内容	评价点		自我评价	小组评价	教师评价
实训活动（100 分）	能够进行任务背景解读与梳理（10 分）				
	能够了解产品信息模块的作用（10 分）				
	能够掌握商品信息修改的方法（10 分）				
	能够掌握尺码模板的创建方法（10 分）				
	能够实施商品优化（15 分）				
	能够创建不同商品的尺码模板（15 分）				
	能够创建店铺物流信息模块（15 分）				
	能够创建关联产品模块（15 分）				
合计					
综合得分（满分 100 分，其中自我评价占 20%，小组评价占 20%，教师评价占 60%）					
存在的主要问题					

任务二　交易管理

知识速递

一、管理所有订单

登录速卖通跨境卖家中心，执行"交易"→"所有订单"命令，打开"所有订单"页面，在"订单看板"模块可以看到店铺所有的订单，包括今日新订单、等待买家付款、发货未完成、买家申请取消、纠纷中订单和等待您评价。

（一）今日新订单

今日新订单是指当日的销售订单。在订单状态下拉列表中，可以选择需要展示的订单状态，如选择"等待您发货"，则会显示当日等待发货的订单，如图7-24所示。

图 7-24　当日等待发货的订单

单击"查看详情"链接，进入"订单信息"页面，可以看到该订单售出商品和订单状态的详细信息，如图7-25所示。

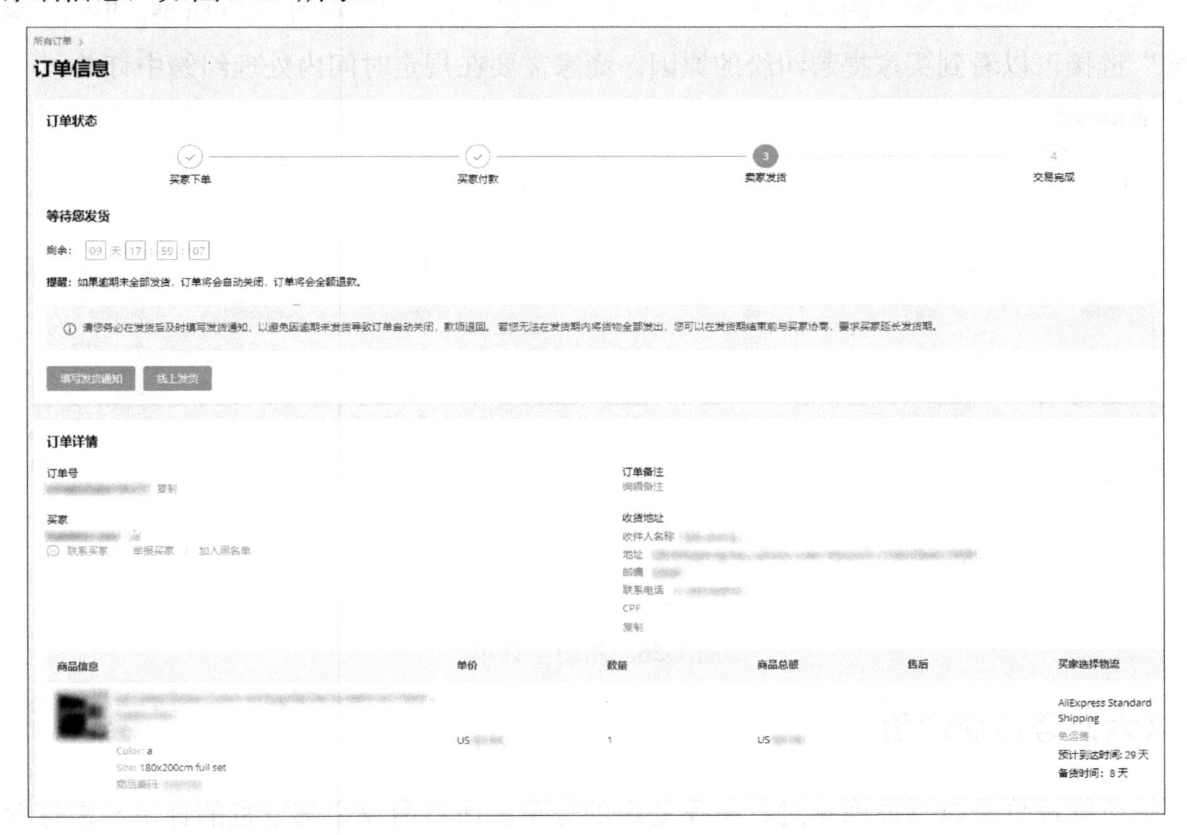

图 7-25　订单信息

（二）等待买家付款

等待买家付款是指需要商家及时关注的订单，商家要积极与买家取得联系，询问未付款的原因并帮助买家解决问题或配合营销活动来促成买家付款。

(三) 发货未完成

发货未完成是指还未发货的订单，需要商家在剩余时间内尽快发货。若商家逾期未发货，订单将会自动关闭并全额退款给买家。

(四) 买家申请取消

买家申请取消是指买家因各种原因申请取消的订单。其中，若订单是未发货的状态，订单取消后，系统会自动退款给买家；若订单是已发货的状态，待买卖双方达成一致后，系统才会自动退款给买家。

(五) 纠纷中订单

纠纷中订单是指所有纠纷订单（包括已结束纠纷的订单），如图 7-26 所示。单击"查看详情"链接可以看到买家提起纠纷的原因。商家需要在规定时间内处理纠纷中订单。

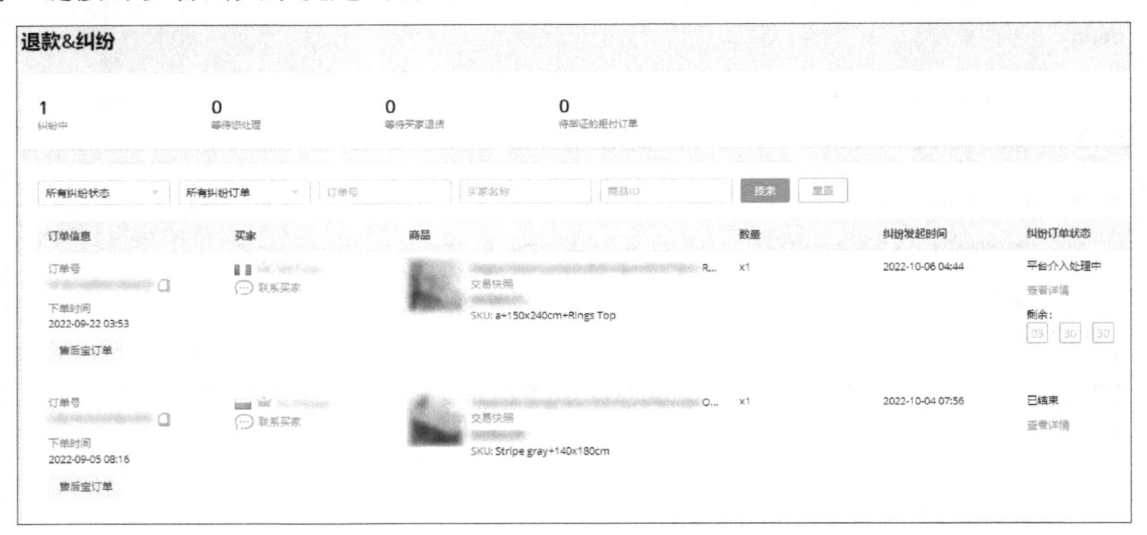

图 7-26　纠纷中订单

(六) 等待您评价

等待您评价是指需要商家进行操作处理的订单。所有商家全部发货的订单，在订单交易完成后的 30 天内，买卖双方可以对该订单做出评价，超时后将无法进行评价。

想一想

买家评价订单的好处有哪些？

二、订单批量导出

订单批量导出功能用于查看固定时间段内的销售详情，是店铺进行数据分析和设置营销活动的有力依据，如图7-27所示。登录速卖通跨境卖家中心，执行"交易"→"订单批量导出"命令，打开"订单批量导出"页面，可以根据具体需求选择订单状态并对订单列表进行导出，如图7-28所示。

图7-27　"订单批量导出"页面

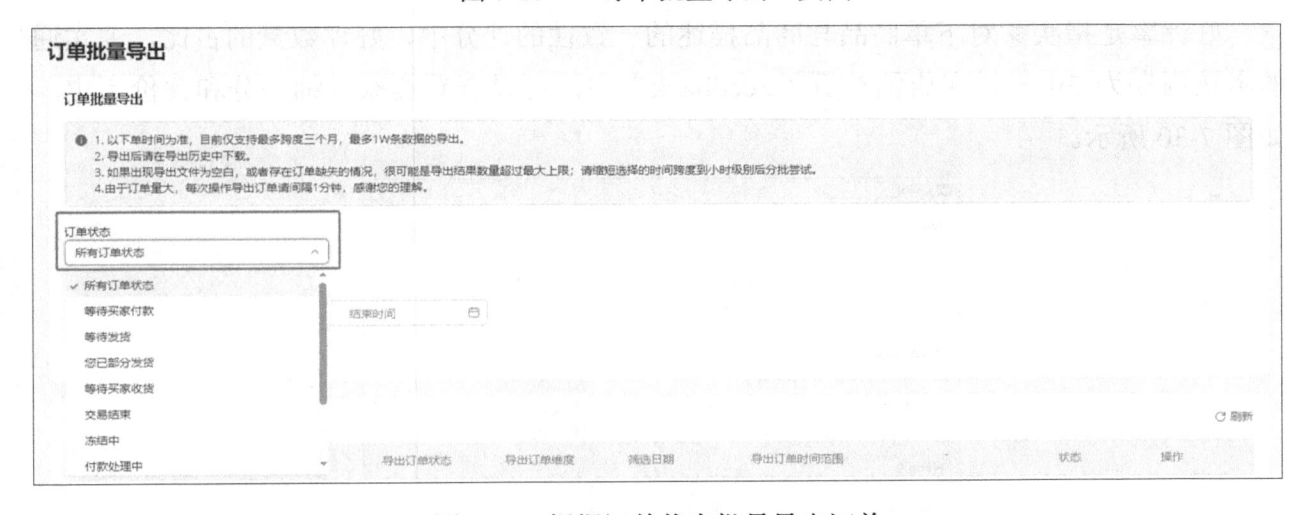

图7-28　根据订单状态批量导出订单

三、评价管理

（一）交易评价

交易评价反映了商家的商品交易数量和质量，是买家下单时所考虑的重要因素之一。店铺的好评率越高，买家下单的机会越大，店铺商品的排名也会越靠前；好评率越低，买家下单的机会越小，店铺商品的排名也会越靠后。买家的订单评价生效后 30 天内，商家可以针对买家的评价内容进行回复解释，逾期则不能操作。执行"交易"→"评价管理"命令，打开"评价管理"页面，在"查看我的评价"中找到对应的订单，单击"回复评价"链接即可，回复买家评价示例如图 7-29 所示。

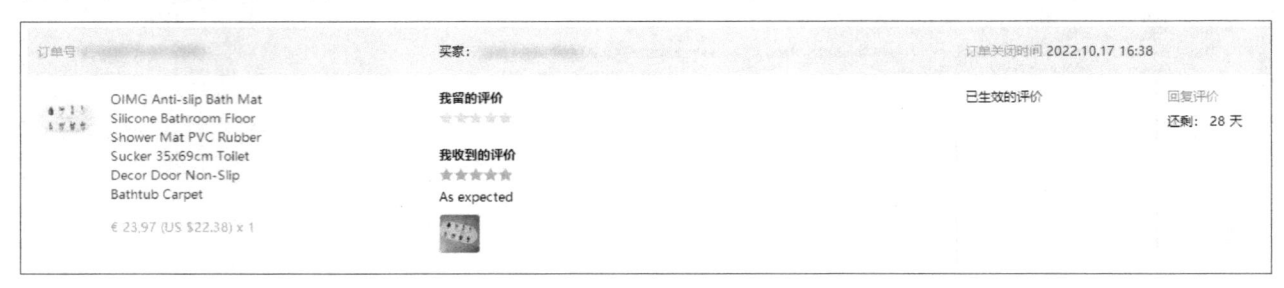

图 7-29　回复买家评价示例

这里需要注意的是，前台商品页面中展示的是近 6 个月的订单评价数量。当该商品被删除之后，则产生的销量和评价也会被删除，且无法恢复。但店铺的评价记录中，则会保留所有的交易评价。

（二）好评率统计

好评率是指买家对下单商品与商品描述的一致性的评分中，好评数量的占比。速卖通的考核周期为 30 天，在店铺首页"Feedback"中，可以查看卖家详细评分和评价历史，如图 7-30 所示。

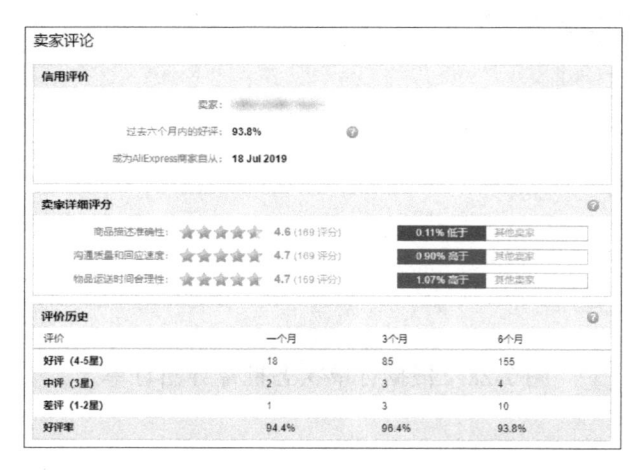

图 7-30　查看卖家详细评分和评价历史

在评分中，1分和2分为差评，3分为中评，4分和5分则为好评。好评率的计算公式如下：

好评率=（4分评价量+5分评价量）÷（1分评价量+2分评价量+4分评价量+5分评价量）

其中，3分评价量不计算在内。

任务实操

一、任务目标

本任务的实操演练活动要求根据提供的任务背景，结合所学知识，完成店铺订单处理的实施过程训练。

任务背景

某店铺在速卖通上销售家居纺织用品，连续三年都参与了"中国好卖家"计划。店铺正在为平台"双11"活动做营销方案，需要导出2022年1—9月的订单做数据分析，并对一个月内交易完成的订单进行回复评价。

二、任务内容

（一）订单批量导出

步骤1：导出订单。

在速卖通跨境卖家中心，执行"交易"→"订单批量导出"命令，进入"订单批量导出"页面，订单状态选择"所有订单状态"，筛选日期选择"下单时间"，时间选择"2022-01-01 00:00:00"至"2022-09-30 23:59:59"，单击"导出订单"按钮，如图7-31所示。

图7-31　导出2022年1—9月的订单

步骤2：下载到本地。

导出订单状态完成后，单击"下载"按钮，将订单下载到本地，如图7-32所示。下载的订单为Excel表格，内容包括订单号、订单状态、买家名称等内容，如图7-33所示。

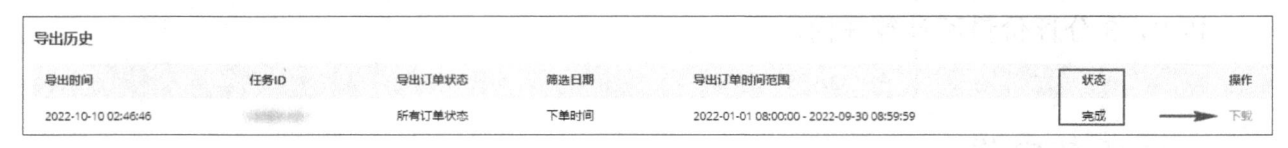

图7-32 将订单下载到本地

图7-33 订单内容

（二）评价管理

登录速卖通跨境卖家中心，执行"交易"→"评价管理"命令，打开"评价管理"页面，在"评价生效时间"后选择需要查看的时间段，如"过去30天"，如图7-34所示，即可筛选出对应时间段的订单，之后对订单的评价进行回复。

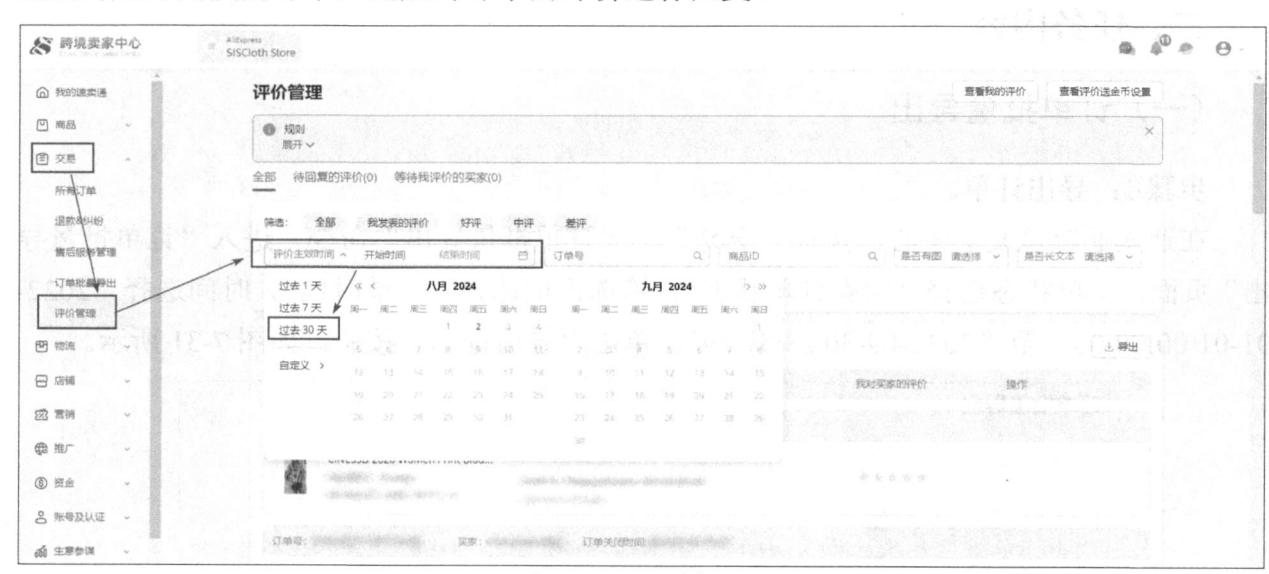

图7-34 筛选评价时间

三、任务评价

完成演练活动后，根据活动过程的表现进行三方评价与打分，完成表7-3。

表 7-3 交易管理实训评价表

活动名称	店铺交易管理			
完成方式	独立完成			
演练内容	评价点	自我评价	小组评价	教师评价
实训活动（100 分）	能够进行任务背景解读与梳理（10 分）			
	能够了解订单批量导出的操作流程（10 分）			
	能够了解商家进行评价管理的操作流程（10 分）			
	能够熟悉交易模块的内容（10 分）			
	能够批量导出订单（20 分）			
	能够回复已完成订单的评价（40 分）			
合计				
综合得分（满分 100 分，其中自我评价占 20%，小组评价占 20%，教师评价占 60%）				
存在的主要问题				

任务三 物流管理

知识速递

一、物流管控

（一）预约交货管理

为了满足商家批量出库包装的操作需求，同时解决邮政小包揽收后，没有明确的揽收节点，导致物流时效的投诉判责不清的问题，速卖通平台在 2022 年 8 月将原来的"组包管理"整体升级为了"预约交货管理"，登录速卖通跨境卖家中心，执行"物流"→"物流中心"→"发货指引"→"商家发货"→"批量预约交货"命令，打开"预约交货管理"页面，就可以进行预约操作了，如图 7-35 所示。

图 7-35 "预约交货管理"页面

预约交货管理功能不仅能够解决物流判责问题，还能解决因极端天气等导致的物流时效延迟，以及仓库签收不标准等影响物流信息上网的问题。

具体功能有以下四点。

1. 提升物流发货时效

预约交货管理全面覆盖了商家的三种发货方式，即上门揽收（含免费揽收和偏远地区揽收）、自寄、自送，从而可以获取前置仓库包裹的揽收信息，提升商家物流上网率。

2. 提升物流确定性

商家可以监控每个包裹的揽收交接、自送自寄仓库签收节点，降低因极端天气等导致的物流上网延迟的可能性。

3. 便捷商家操作

即使有多个实物大包需要邮寄，商家也仅需操作一次。包裹自寄的商家也可以后置填写国内的快递信息，操作便捷。

4. 规范物流揽收行为

使用预约交货管理功能的商家，无须自己线下联系揽收人员。预约上门揽收订单后，揽收人员将直接上门揽收。

（二）运费统计

物流中心的运费统计功能可以统计店铺每笔订单产生的运费，也可以根据物流方式和支付状态，下载并批量统计订单运费，如图 7-36 所示。

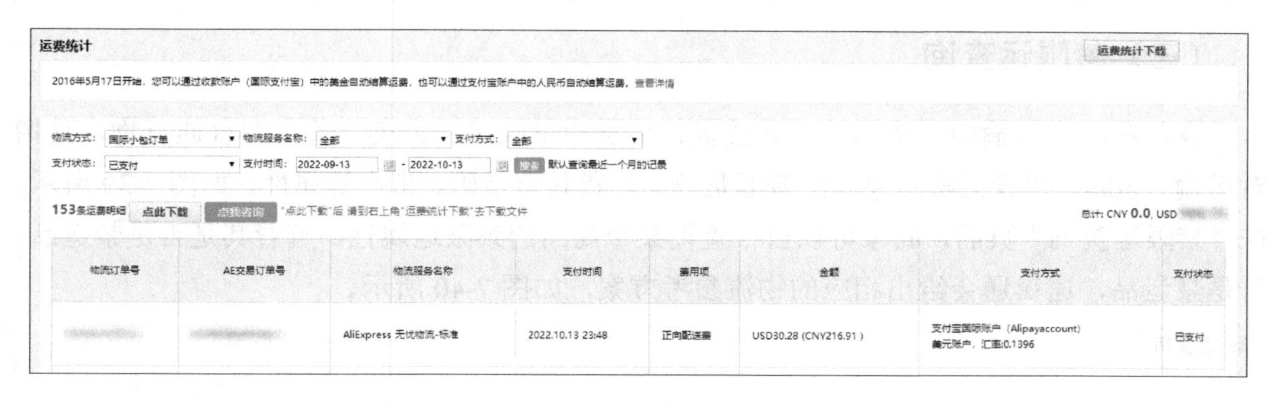

图 7-36 运费统计

单击"物流订单号"下方的具体号码进入"物流订单详情"页面，可以看到仓库地址信息、包裹信息、费用信息、产品和买家收货信息等，物流订单详情部分展示如图 7-37 所示。在"包裹信息"板块，单击"国际物流单号"后的具体号码可以查看包裹的具体物流轨迹，如图 7-38 所示。

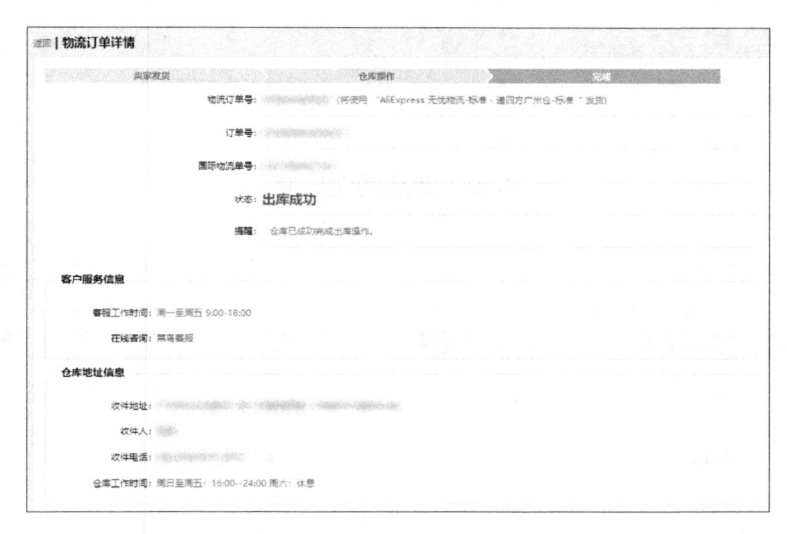

图 7-37 物流订单详情部分展示

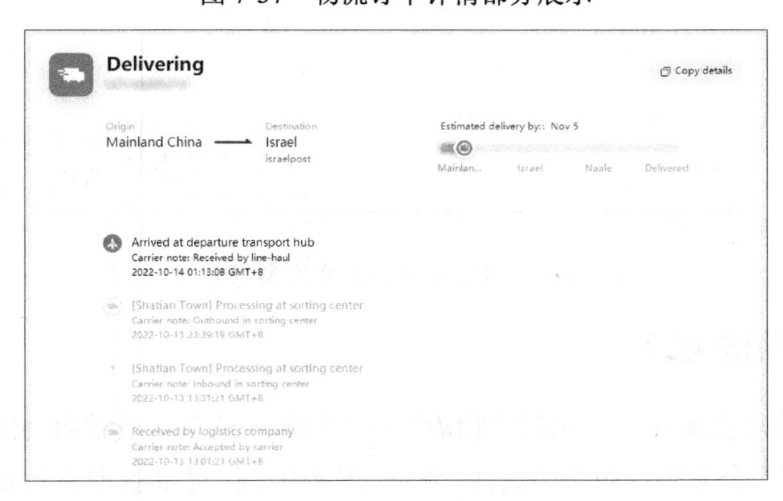

图 7-38 查看包裹的具体物流轨迹

（三）禁限运查询

商品在物流运输中，按属性分为普货、特货和禁限运三大类。普货即普通货物，是指对运输、装卸、保管无特殊要求的普通货物。特货具有带磁、带电等属性。如图 7-39 所示，在"禁限运查询"页面，商家可以自行查询某个商品的禁限运属性，查看其是否是禁运品；若是禁运品，速卖通会给出相应的物流参考方案，如图 7-40 所示。

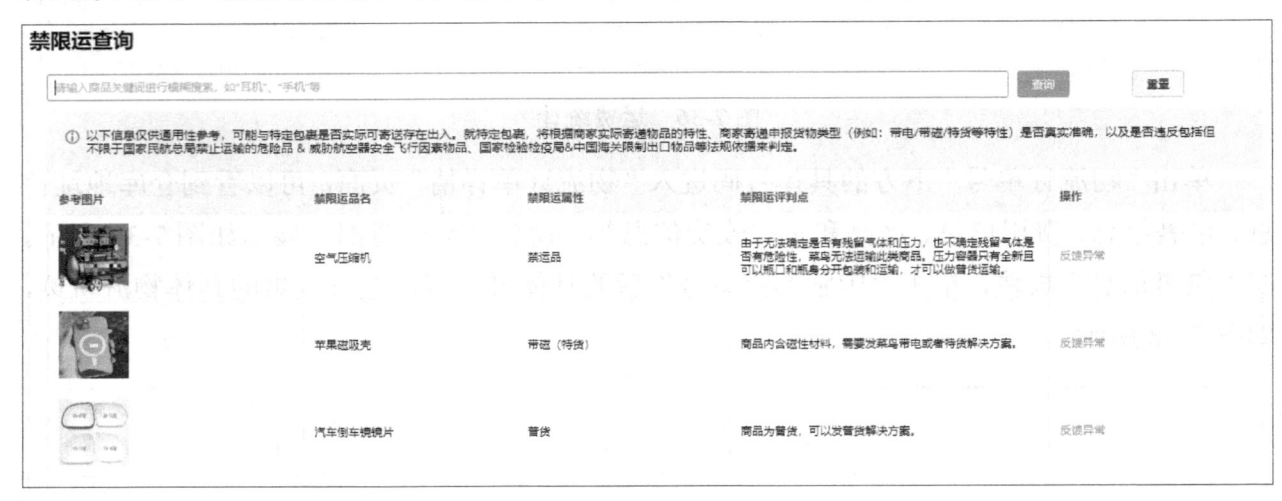

图 7-39　商品禁限运属性

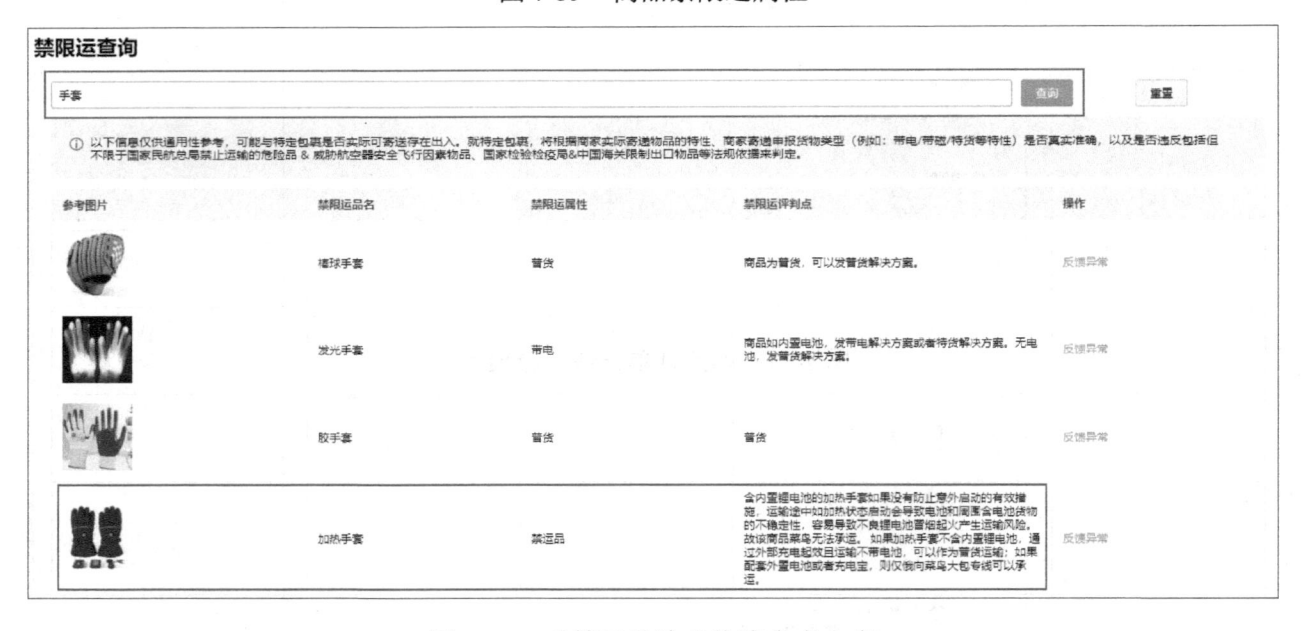

图 7-40　对禁运品给出物流参考方案

（四）物流轨迹追踪

登录速卖通跨境卖家中心，执行"物流"→"物流中心"→"常用功能"→"物流轨迹追踪"命令，打开"全球快递查询"页面，在此页面中不仅可以查询菜鸟物流轨迹，还可以查询与速卖通合作的其他物流服务商的包裹，如图 7-41 所示。速卖通有 100 多个合作物流商,可以将包裹发往全球 200 多个国家和地区。在输入框输入需要查询的国际物流单号,可以追踪到该包裹的物流轨迹及签收状态,如图 7-42 所示。

图 7-41 "全球快递查询"页面　　　　图 7-42 包裹的物流轨迹及签收状态

(五)地址管理

速卖通为了更好地处理买卖双方的纠纷,提升买家的售后体验,需要商家在"地址管理"页面填写有效的中文和英文退货地址各一个。若有多个国内可退货的地址,平台将会选择商家默认的地址进行退货处理,如图 7-43 所示。

图 7-43 "地址管理"页面

二、运费模板

(一)速卖通跨境物流方案

速卖通跨境物流方案一般可分为经济类、简易类、标准类、快速类和其他类五类,这里以前四类为例进行讲解，具体如图 7-44 所示。

物流等级	消费者可选择物流方案		商家发货一般类目可使用物流方案						
	国家/交易金额可选择（交易金额以消费者每个商品下单金额为准，不包含税金、平台补贴、商家手动调整的情景为准）		经济类		简易类		标准类		快速类	
			线上发货	线下发货	线上发货	线下发货	线上发货	线下发货	线上发货	线下发货
经济类	*西班牙、俄罗斯、乌克兰、白俄罗斯<=2美元 *其余国家 <=5美元	可用	不可用	可用	无	可用	可用（以线路可达性为准）	不可用	不可用
简易类	*俄罗斯、乌克兰、白俄罗斯、韩国 <=5美元 *英国、波兰、荷兰、比利时、德国、葡萄牙、捷克、智利、法国、斯洛伐克、匈牙利、罗马尼亚、保加利亚、希腊、芬兰、丹麦、奥地利、斯洛文尼亚、克罗地亚、塞浦路斯、瑞典、爱尔兰、马耳他、卢森堡、意大利、立陶宛、拉脱维亚、爱沙尼亚、加拿大、以色列、斯里兰卡、挪威、塞尔维亚 <=8美元 *西班牙<=10美元	降级发货不可用	降级发货不可用	可用	无	可用	可用（以线路可达性为准）	8美元以上可用	8美元以上可用
标准类	*菜鸟特货专线-标准，西班牙、法国、荷兰、波兰、德国、英国、意大利、美国 <=15美元	降级发货不可用	降级发货不可用	降级发货不可用	无	可用	可用（以线路可达性为准）	可用	可用
快速类	巴西 >20美元 其他国家 >8美元	降级发货不可用	降级发货不可用	降级发货不可用	无	降级发货不可用	降级发货不可用	可用	可用

图 7-44 速卖通跨境物流方案

（1）经济类跨境物流方案的成本低，目的国包裹妥投信息不可查询，适合运送货值低、重量轻的商品。经济类跨境物流方案仅允许在线上发货。

（2）简易类跨境物流方案即邮政简易挂号服务，可查询包含妥投和买家签收在内的关键环节物流追踪信息。

（3）标准类跨境物流方案包含邮政挂号服务和专线类服务，全程物流追踪信息可查询。

（4）快速类跨境物流方案包含商业快递和邮政提供的快递服务，时效快，全程物流追踪信息可查询，适合高货值商品使用。

具体的中、英文线路展示名称和填写发货通知 API 等信息，可以在"速卖通物流介绍"选项下查询，如图 7-45 所示。

图 7-45 在"速卖通物流介绍"选项下查询线路信息

（二）运费模板设置

速卖通的"运费模板"页面包括最新公告、线路变化通知和店铺运费模板管理三大模块，如图 7-46 所示。

最新公告模块包括速卖通的重要公告、运费模板的使用指南、商家常用的运费模板工具和运费计算的链接、常见的运费模板问题等，可以帮助商家快速、合理地设置店铺运费模板。

图 7-46 "运费模板"页面

线路变化通知模块是关于物流时效、线路等的公告信息，能帮助商家了解平台最新的物流时效、线路等信息。

店铺运费模板管理模块包含店铺使用的所有运费模板，商家可以在此进行查看、编辑、复制等日常操作，还可以查看该运费模板关联的商品和生成模板口令，如图 7-47 和图 7-48 所示。

图 7-47 店铺运费模板管理模块

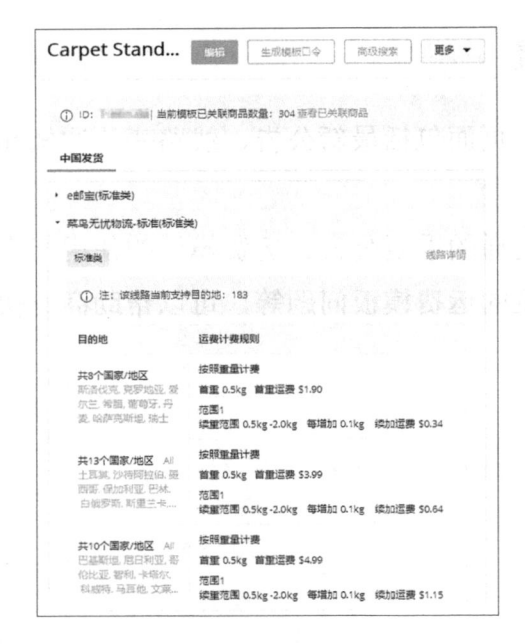

图 7-48　运费模板详细内容查看

（三）目的地一键屏蔽

商家在"运费模板"页面，除可以对店铺运费模板进行基础操作外，还可以针对某个目的地国家或地区进行一键屏蔽。单击"设置"按钮，打开"设置"页面，选择需要屏蔽的目的地，将目的地设为不发货即可，如图 7-49 所示。此设置拥有最高优先级，设置后即使运费模板设置发货也会按照不发货进行处理，商家第一次设置后，会在 12 小时内生效。

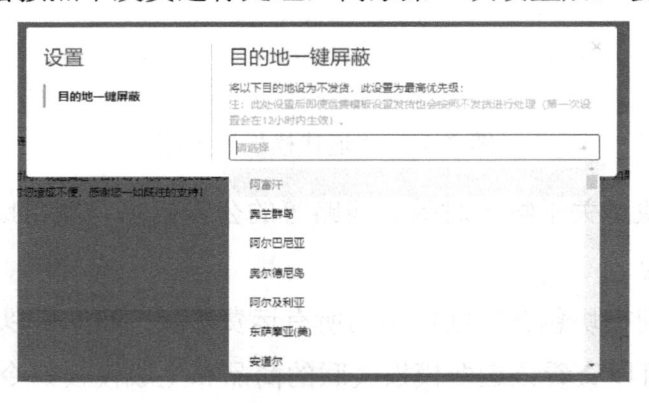

图 7-49　目的地一键屏蔽功能

任务实操

一、任务目标

本任务的实操演练活动要求根据提供的任务背景，结合所学知识，完成速卖通物流运费统计和运费模板更新。

项目七 日常管理

任务背景

某店铺在平台上开始预热"双11"活动,其中一个活动是全场包邮,但是只针对美国和墨西哥的买家,而且由于物流线路的调整,目前东南亚各国暂停发货。现需要统计店铺9月份的运费数据,并查看每个快递的运输情况,对"双11"期间的运费和物流时效做出调整。

二、任务内容

(一)运费统计

步骤1:选择需要下载的运费数据。

登录速卖通跨境卖家中心,执行"物流"→"物流中心"→"财务结算"→"运费统计"命令,打开"运费统计"页面,物流方式选择"国际小包订单",支付时间选择"2022-09-01"至"2022-09-30",单击"点此下载"按钮,如图7-50所示。

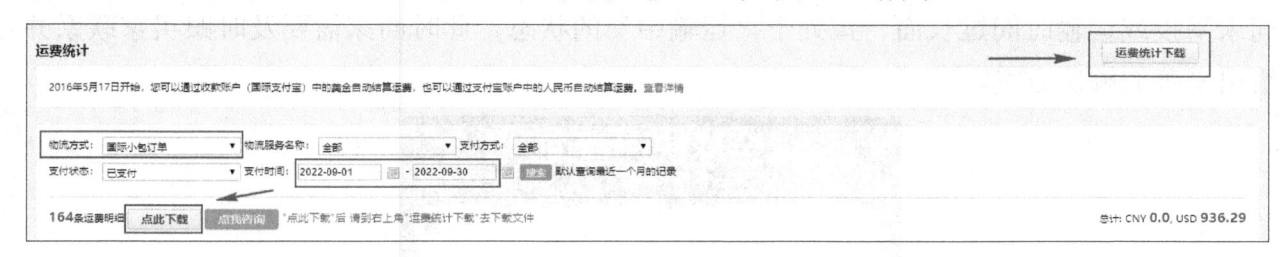

图7-50 选择需要下载的运费数据

步骤2:将运费统计文件下载至桌面。

单击右上角的"运费统计下载"按钮,将文件下载至桌面,如图7-51所示。若有多个不同的物流方式,则需要分别下载。

图7-51 将文件下载至桌面

步骤3:统计运费。

运费统计文件下载完成后,统计文件内各个国家的运费,完成运费统计表,如表7-4所示。

表 7-4 运费统计表

国家	运费合计
美国	
英国	
德国	
……	

（二）国际物流查询

步骤 1：查询订单物流轨迹。

根据下载完成的运费统计文件中的国际物流单号，执行"物流"→"物流中心"→"常用功能"→"物流轨迹追踪"命令，打开"全球快递查询"页面，进行物流轨迹查询，如图 7-52 和图 7-53 所示。商家需要重点关注"运输中"的物流信息，这些包裹可能因为长时间未妥投或运输时间过长而一直处于"运输中"的状态，此时商家需要及时跟买家联系并给出妥善的解决方案。

图 7-52 已有国际物流单号的物流轨迹查询

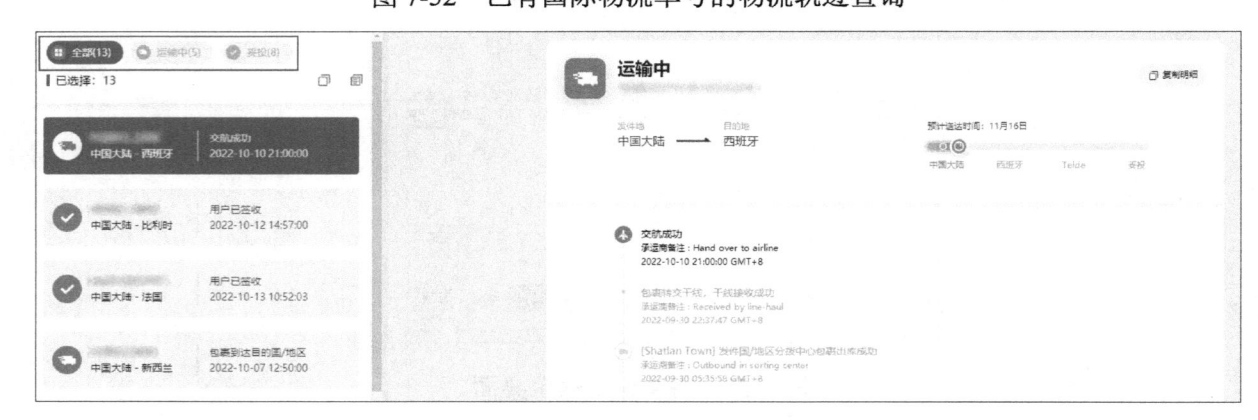

图 7-53 具体的物流轨迹信息

步骤 2：统计物流时效。

在运费统计文件中添加字段"运输时长"，并统计每个订单的物流时效。统计完成后，分别筛选每个国家和地区的订单，计算出平均物流时效，结合目前店铺发布的物流时效，修改物流方案并完成物流优化建议表，如表 7-5 所示。

表 7-5 物流优化建议表

国家	平均物流时效	物流优化建议
美国		
英国		
德国		
……		

（三）运费模板更新

单击"运费模板"页面的"设置"按钮，打开"设置"页面，将东南亚地区的所有国家设为不发货，如图 7-54 所示。设置完成后，需要在前台检查并确认是否设置成功。

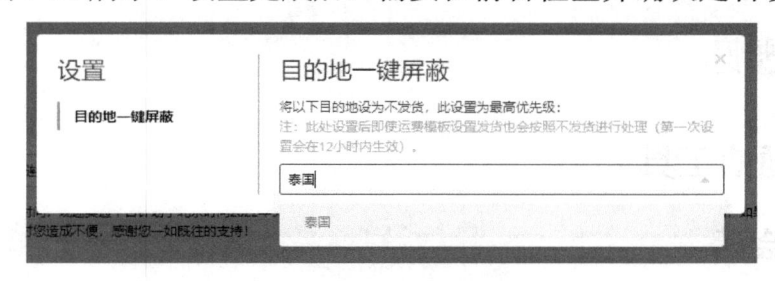

图 7-54 将东南亚地区的所有国家设为不发货

三、任务评价

完成演练活动后，根据活动过程的表现进行三方评价与打分，完成表 7-6。

表 7-6 物流管理实训评价表

活动名称	物流管理			
完成方式	独立完成			
演练内容	评价点	自我评价	小组评价	教师评价
实训活动 （100 分）	能够进行任务背景解读与梳理（10 分）			
	能够了解运费统计文件下载的操作流程（10 分）			
	能够了解目的地屏蔽的操作流程（10 分）			
	能够进行运费的统计和导出（30 分）			
	能够进行物流单号的批量查询（20 分）			
	能够屏蔽不发货的国家和地区（20 分）			

续表

合计			
综合得分（满分100分，其中自我评价占20%，小组评价占20%，教师评价占60%）			
存在的主要问题			

任务四　客户服务

知识速递

一、即时通信工具

（一）买家会话

为了更好地服务买家，实现买家与商家之间的即时互动，提高商家客服端的服务能力，提升买家的购物体验，速卖通开通了即时通信功能"IM"，即"Instant Messaging"。登录速卖通跨境卖家中心，执行"我的速卖通"→"消息中心"→"买家消息"命令即可查看，与买家会话的界面如图7-55所示。单击"设置"图标，打开"会话设置"页面，商家可以进行快捷短语、自动任务、客服账号管理等功能的设置，如图7-56所示。

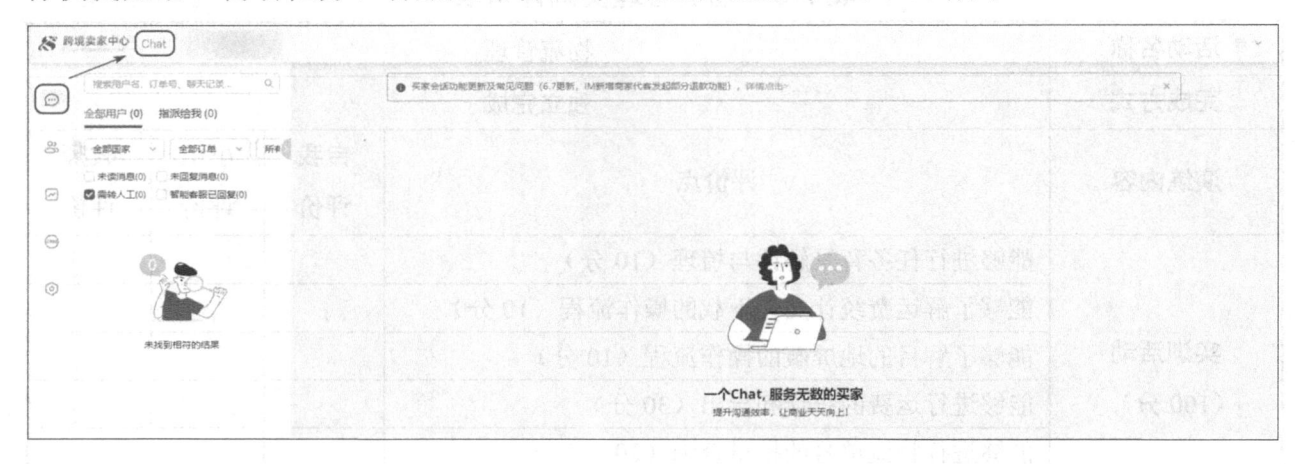

图7-55　与买家会话的界面

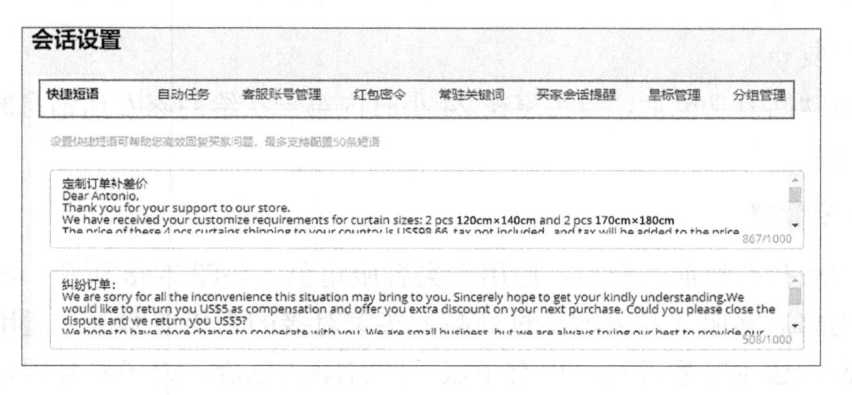

图 7-56 "会话设置"页面

（二）常用功能设置

1. 快捷短语

商家只有在设置完快捷短语后，才能开启快捷短语联想输入功能，最多可以设置 50 条快捷短语。需要注意的是，快捷短语不同于自动回复，需要商家点击后才能发送。

2. 自动任务

在"自动任务"选项卡下，商家可以进行自动催单和自动回复等内容的设置，如图 7-57 所示。

图 7-57 "自动任务"选项卡

（1）自动催单。

商家打开自动催单功能后，当买家向商家发送商品卡片，商家回复了，但买家已读超过 5 分钟未回复，且当天未在店铺下单时，平台会自动对买家进行催单。

249

（2）自动回复。

商家打开自动回复功能后，当买家在 24 小时内第一次给商家发送消息时，将会收到商家设置的自动回复。

3. 客服账号管理

目前，速卖通共有售前、售后、通用三类客服角色，如图 7-58 所示。与已购买过商品的买家对接的为售后客服，与未购买过商品的买家对接的为售前客服，通用客服则可以对接所有买家。速卖通主账号设置好现有子账号的客服角色后，该子账号则可以对接相对应的买家。

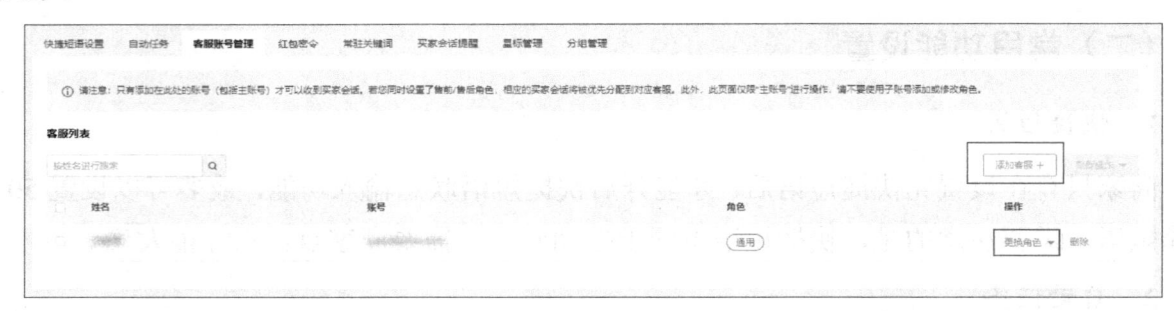

图 7-58　客服账号管理

4. 买家会话提醒

当"买家会话提醒"的消息提示音开启后，声音按消息条数进行提醒。若当前正在聊天的买家发送新消息，则不进行声音提醒，如图 7-59 所示。买家会话提醒功能默认是开启的，如果需要关闭可在会话中手动设置。

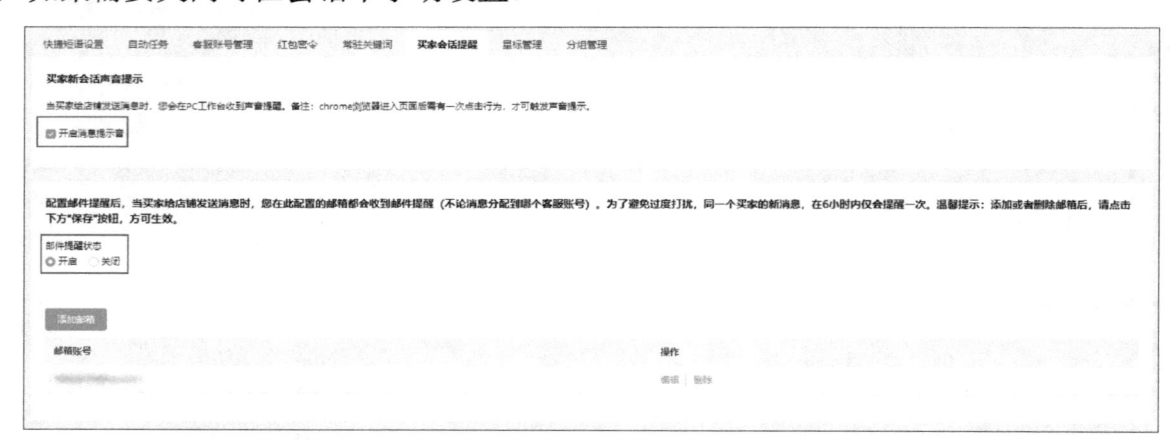

图 7-59　买家会话提醒

二、纠纷处理

（一）产生纠纷的原因

产生纠纷的原因可以分为货不对版和未收到货两种。

（1）货不对版分为描述不符、货物短装、货物破损、货物不能正常使用等。

（2）未收到货分为货物仍然在运输途中、运单号无法查询到物流信息、包裹丢失、包裹退回、发错地址等。

若买家提交的纠纷类别是"个人原因"、"无理由退货"和"运输方法与描述不符"这三类，则不计入商家的纠纷提起率。

（二）纠纷处理流程

纠纷订单一般默认以买家发起退款的日期倒叙排列。商家可以通过查看订单详情得知买家退款的原因，然后根据具体情况来判断是否同意退款。纠纷处理流程如图 7-60 所示。

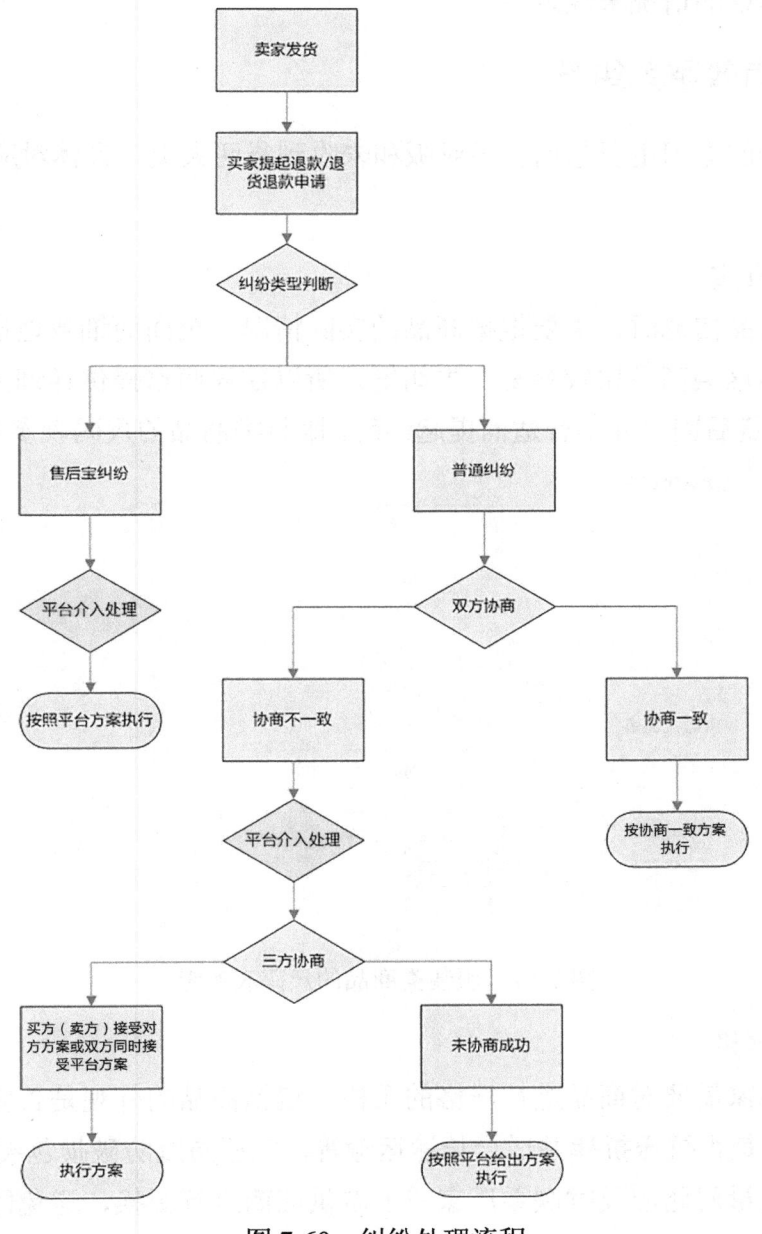

图 7-60　纠纷处理流程

1. 双方协商一致

订单产生纠纷后，如果双方能自行协商出结果，那么可按协商一致的方案进行处理，纠纷处理后该订单呈现已完成状态。需要注意的是，对于纠纷订单，商家需要在 5 天内做出响应操作，拒绝或同意纠纷协议。若超时未处理，系统将按照买家提出的退款金额进行退款。

2. 双方协商不一致

若双方协商不一致，速卖通平台会介入进行处理。如果需要商家回应，平台会发邮件通知，商家要及时关注邮箱，或者在订单纠纷详情页查看"平台处理意见"。平台纠纷专员会根据买卖双方举证的情况来裁定。

（三）如何有效避免纠纷

买家提起纠纷的原因主要包括货不对版和未收到货两大类，具体对应措施参考如下。

1. 货不对版

1) 商品描述真实

商家在编辑商品信息时，需要根据商品的实际情况，全面而细致地描述商品。以服饰类商品为例，因为这类商品比较容易产生纠纷，所以建议商家提供详细的尺码表供买家选择，避免买家收到货后因尺寸不合适而提起纠纷。服装类商品的尺码表参考如图 7-61 所示。

男款尺码表

尺码	衣长	胸围	肩宽	袖长
L	66	104	42	64.5
XL	68	108	43.2	66.5
2XL	70	112	44.4	68
3XL	72	116	45.6	70
4XL	74	120	46.8	71.8
5XL	76	126	48.3	73.8

女款尺码表

尺码	衣长	胸围	肩宽	袖长
L	58	96	36	54.5
XL	60	100	37.2	56.5
2XL	62	104	38.4	58.2
3XL	64	108	39.6	60.2
4XL	66	114	41	62

图 7-61　服装类商品的尺码表参考

2) 商品质检严格

在发货前，商家需要对商品进行严格的质检，包括商品的外观是否完好、功能是否正常、邮寄时的包装是否抗压抗摔并适合长途运输等，气柱防震防破损包装参考如图 7-62 所示。若发现商品质量问题应及时联系厂家或上游供应商进行更换，避免因商品质量问题而产生纠纷。

图 7-62　气柱防震防破损包装参考

2. 未收到货

1）选择高效的物流方式

影响国际物流时效的因素有很多，如海关问题、清关时效、派送转运等。在整个运输过程中，这些复杂的因素很难被控制，难免会产生包裹清关延误、派送超时，甚至出现包裹丢失的状况。对于买家来说，长时间没有收到商品或长时间查询不到物流轨迹，可能会直接提起纠纷。因此，建议商家在选择物流方式和服务商时，根据买家地区的不同，选择物流清关能力较强、物流信息更新较准确的服务商，降低物流风险，规避买家投诉。

2）及时有效的沟通

若包裹发生了延误，商家要及时跟买家取得联系，解释包裹未能在预期时间内到达的原因，获得买家的谅解。在整个交易过程中，与买家保持有效的沟通不仅能够促使交易顺利完成，还能促使买家复购。

想一想

若不及时处理买家提起的纠纷，会对店铺造成什么影响？

三、商家服务评分

（一）商家分项评分

商家分项评分是指买家在交易结束后以匿名的方式对商家在交易中提供的商品描述的准确性（Item As Described）、客服沟通质量及回应速度（Communication）、物品运送时间合理性（Shipping Speed）三方面服务做出的评价，是买家对商家的单向评分。信用评价由买卖双方进行互评，但商家分项评分只能由买家对商家做出。

（二）速卖通评价规则调整

速卖通简化了商家好评率、商品分数、商家分项评分的计算。

（1）速卖通有权对异常订单对应的评价及销量做不计分、屏蔽、删除等处理。异常订单包括但不限于以下情形：

① 其交易主体被排查为在注册、登录、交易、评价、退款、售后等环节明显异于正常交易主体的；

② 存在扰乱速卖通平台或商家经营秩序情形的订单；

③ 对其他终端消费者不具有购物决策参考意义的订单。

（2）规则更新前的历史数据不受影响。

（3）已经产生的评价，如果买家在交易结束后再提起纠纷，那么无论纠纷的处理结果如何，不影响已做出的评价内容及好评率。

（三）提升商家分项评分的技巧

商家想要提升分项评分可以从以下三个方面进行。

1. 商品描述

商家需要根据商品的真实情况，如实填写商品的详情信息，并增加商品的信息量。例如，除商品图片外，还可以添加商品视频，方便买家更直接地查看商品细节。

商品详情页和店铺装修中，尽量避免出现可能会影响买家购物判断的图片、描述、物流运达时间等内容。

2. 商家服务

商家在开启自动回复功能的基础上，尽可能在 24 小时之内回复买家消息，并且回复买家时给出详细、精准的商品信息。需要注意的是，商家要引导买家正确理解商品性能和功能等信息。

3. 物流

在物流方面，商家尽可能选择优质的物流供应商，同时在商品详情页完善物流政策和细则，如发货说明、运输说明和退货说明等。

若商家选择自己发货，那么在货物发出时，需要给买家留言告知订单的发货状态。若货物遇到清关问题或不可抗力的因素导致物流缓慢时，也需要及时和买家联系，避免买家因收不到货提起纠纷。

任务实操

一、任务目标

本任务的实操演练活动要求根据提供的任务背景，结合所学知识，完成速卖通 IM 设置和纠纷处理。

任务背景

平台"双11"活动期间,某店铺的买家咨询量翻倍增长,客服人员手忙脚乱,导致不少买家进行了投诉。同时,仓库爆单导致物流信息延迟,发货时效也未能跟上,店铺评分也受到了影响。现在,部门经理需要对IM重新进行设置,并对客服人员重新安排角色,确保能够及时处理买家消息,同时对买家的投诉进行处理,尽可能与买家协商解决,避免影响店铺评分。

二、任务内容

(一) IM 设置

1. 自动回复设置

登录速卖通跨境卖家中心,执行"我的速卖通"→"消息中心"→"买家消息"→"自动任务"命令,在"自动任务"选项卡下,编辑自动回复文本,同时启用关键词功能,并设置相应的回复内容,最后在右侧预览设置效果,如图7-63所示。

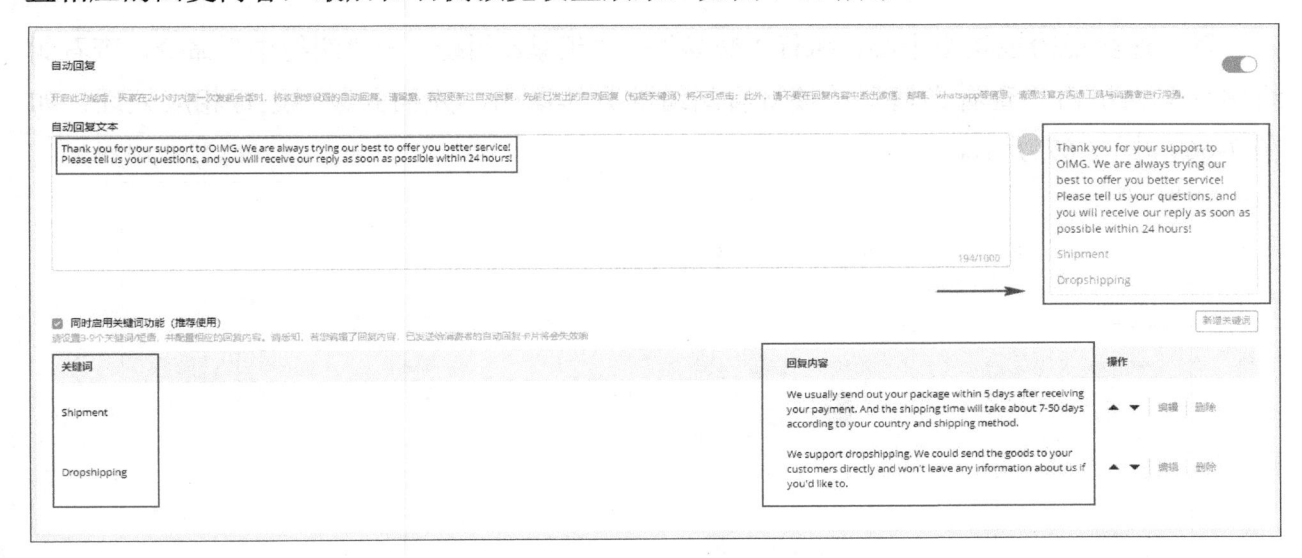

图 7-63 自动回复设置

2. 客服角色设置

在"客服账号管理"选项卡下,单击"添加客服"按钮并勾选客服人员,添加完成后,单击"更换角色"按钮,根据业务内容设置售前、售后和通用客服,如图7-64和图7-65所示。

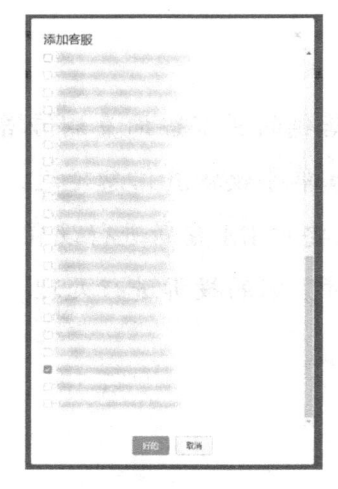

图 7-64 添加客服人员

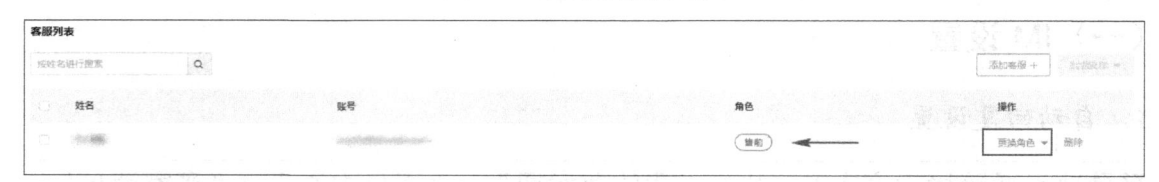

图 7-65 更换角色

（二）纠纷处理

登录速卖通跨境卖家中心，执行"交易"→"退款&纠纷"→"纠纷中"命令，查看纠纷中订单；单击"查看详情"链接查看纠纷的具体原因，并根据原因进行相应处理，如图 7-66 和图 7-67 所示。

图 7-66 查看纠纷中订单

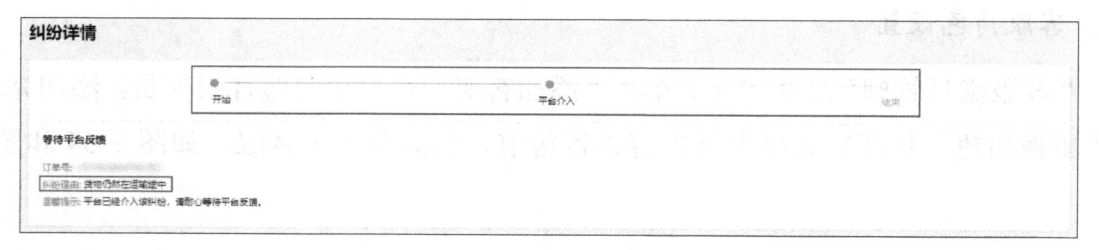

图 7-67 查看纠纷的具体原因

三、任务评价

完成演练活动后,根据活动过程的表现进行三方评价与打分,完成表7-7。

表7-7 客户服务实训评价表

活动名称	店铺客户服务			
完成方式	个人完成			
演练内容	评价点	自我评价	小组评价	教师评价
实训活动 (100分)	能够进行任务背景解读与梳理(10分)			
	能够了解IM的各项功能(10分)			
	能够熟悉速卖通平台的纠纷处理流程(10分)			
	能够掌握纠纷处理的技巧(10分)			
	能够设置IM自动回复(15分)			
	能够设置客服角色(15分)			
	能够处理客户投诉(30分)			
	合计			
综合得分(满分100分,其中自我评价占20%,小组评价占20%,教师评价占60%)				
存在的主要问题				

名词解释

连带率:销售的件数和交易的次数相除后的数值,反映了买家平均单次消费的商品件数。

普货:普通货物,即对运输、装卸、保管无特殊要求的普通货物,如服装、日用品、文件等。

敏感货:受海关监管,需要各种检验检疫证书的货物,如液体、粉末、胶体等化工品等。

禁运货物:根据国家有关法律规定,须指定的主管机关批准并出具证明方可运输的货物,如武器弹药、历史文物等。

限运货物：只能在限定的数量和区域内运输的货物。一般包括长期限运货物和临时限运货物两类。

素能加油站

查获涉嫌侵权洋酒 2.5 万件，货值 412 万余元

2023 年 4 月初，海口海关所属洋浦海关查验发现 1 批从新加坡进口的洋酒使用了某品牌商标标识但进口商未能提供有效证明其合法来源的材料。经权利人实地验核，确认上述货物涉嫌侵犯"轩尼诗"品牌在海关总署备案的商标专用权，并缴纳足额担保金，要求海关立即扣留上述涉嫌侵权货物。

案件办理同时，海口海关相关部门同步做好研判分析，提炼上述货物侵权特征、提炼风险模型、下达精准布控指令，再次成功命中 1 批从香港申报进口的"轩尼诗"品牌进口洋酒。上述两批次涉嫌侵权洋酒共计 2.5 万件，涉案货值 412 万余元，先后突破海口海关直接在进出口环节查获的侵权商品数量、案值历史最高。

涉嫌侵权货物被扣留后，权利人、收货人和解意愿强烈，海口海关据此充分运用新时代"枫桥经验"主持调解，最终在货主承认侵权、承担赔偿责任并自愿退运出境的前提下，促成双方当事人达成和解协议，上述两批次涉嫌侵权的洋酒全部及时退运出境，及时定分止争，并有效节省了海关行政办案资源。上述两宗案件有效将侵权的洋酒拦截于国门之外，对维护海南口岸正常贸易秩序，保护海南消费者食品安全，具有较强的典型意义。

案例思考：

1. 保护品牌商标的重要性有哪些？
2. 生活中，还有哪些品牌商标侵权的案例？

职业技能训练

一、单项选择题（共 5 题）

1. 商品橱窗的使用期限为自发放之日起（　　）天内。
   A. 30　　　　B. 60　　　　C. 90　　　　D. 无期限

2. 金牌商家每月可以获得（　　）个商品橱窗。
   A. 1　　　B. 2　　　C. 3　　　D. 5
3. 在订单交易完成后的（　　）天内，买卖双方可以对该订单做出评价。
   A. 15　　　B. 20　　　C. 30　　　D. 60
4. 速卖通退货地址管理中，最多支持（　　）个地址数量。
   A. 14　　　B. 16　　　C. 18　　　D. 20
5. 以下（　　）不属于买家会话功能。
   A. 快捷短语　　B. 自动回复　　C. 自动催单　　D. 评论回复

二、多项选择题（共5题）

1. 以下（　　）属于"所有订单"的展示内容。
   A. 纠纷中订单　　　　B. 今日新订单
   C. 发货未完成　　　　D. 待付款订单
2. 以下（　　）属于预约交货管理功能。
   A. 提升物流发货时效　　B. 提升物流确定性
   C. 只支持自寄包裹　　　D. 规范物流揽收行为
3. 以下（　　）属于买家会话功能。
   A. 自动回复　　　　B. 纠纷处理
   C. 客服管理　　　　D. 自动催单
4. 买家提起纠纷的原因主要包括（　　）。
   A. 客服态度差　　　B. 未收到货
   C. 货不对版　　　　D. 支付不成功
5. 商家分项评分包括（　　）。
   A. 商品描述的准确性　　B. 客服沟通质量
   C. 客服回应速度　　　　D. 物品运送时间合理性

三、判断题（共5题）

1. 只有管理员账户才可以操作买家会话功能。　　　　　　　　　　　　（　　）
2. 子账户不能手动设置产品上下架。　　　　　　　　　　　　　　　　（　　）
3. 目的地屏蔽功能设置后，一般在24小时内生效。　　　　　　　　　　（　　）
4. 速卖通有权对异常订单对应的评价及销量做不计分、屏蔽、删除等处理。（　　）
5. 速卖通对于买卖双方的纠纷案件，一般不会介入。　　　　　　　　　（　　）

学习笔记

项目八 营销推广

项目概述

营销推广是商家运营至关重要的一步,也是给店铺带来流量及订单的重要方式之一。平台外部的营销推广工作也逐渐受到商家的重视,除搜索引擎营销、社交媒体营销等方式外,近两年兴起的"网红"营销也是很好的营销推广渠道。本项目引导学生了解多种营销推广方式,并掌握搜索引擎营销、社交媒体营销、邮件营销、"网红"营销的实际操作内容。

学习目标

知识目标

1. 了解搜索引擎营销的方式。
2. 了解各大社交媒体平台的概况。
3. 了解邮件营销的优势。
4. 了解"网红"营销的优势。
5. 熟悉社交媒体营销策略。
6. 熟悉寻找"网红"的方法。

技能目标

1. 能够掌握商品 SEO 的内容。
2. 能够掌握社交媒体营销的技巧。
3. 能够掌握邮件营销的技巧。
4. 能够寻找到匹配的"网红"。

素养目标

1. 培养学生持之以恒的精神和认真负责的态度。
2. 引导学生站在消费者的角度考虑问题。

思维导图

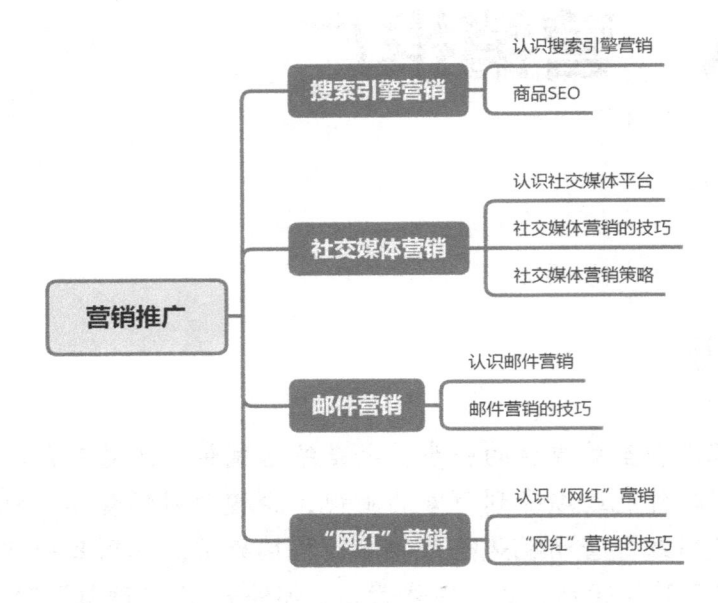

营销推广
- 搜索引擎营销
  - 认识搜索引擎营销
  - 商品SEO
- 社交媒体营销
  - 认识社交媒体平台
  - 社交媒体营销的技巧
  - 社交媒体营销策略
- 邮件营销
  - 认识邮件营销
  - 邮件营销的技巧
- "网红"营销
  - 认识"网红"营销
  - "网红"营销的技巧

自学探究

请同学们对本项目即将讲解的主要内容进行资料查询与学习，自主思考，完成表 8-1。

表 8-1　本项目的主要内容

知识内容	经验认知	资料结论	自我总结
搜索引擎营销			
社交媒体营销			
邮件营销			
"网红"营销			

任务一　搜索引擎营销

知识速递

一、认识搜索引擎营销

搜索引擎营销是基于搜索引擎的网络营销，是指利用人们对搜索引擎的依赖及其使用习惯，在人们检索信息的时候将信息传递给目标用户。搜索引擎营销涵盖关键词排名、竞价广告等，大多数情况下以点击计费。简单来说，搜索引擎营销所做的就是以最小的投入，在搜索引擎中获得最大的访问量并产生商业价值。

搜索引擎营销分为以下两种方式。

1. 搜索引擎优化

搜索引擎优化（Search Engine Optimization，SEO）是一种利用搜索引擎的搜索规则，提高网站在有关搜索引擎内的自然排名的方式。SEO采用易于被搜索引用的手段，对网站内容和关键词进行有针对性的优化，从而提高网站在搜索引擎中的自然排名。排名靠前的网站能够吸引更多的用户访问，同时能够提高网站的销售能力和宣传能力，最终达到网站销售及品牌建设的目标。

2. 付费广告

付费广告是指广告主根据自己的商品或服务的内容、特点等，确定相关的关键词，撰写广告内容并自主定价投放的广告。当用户搜索广告主投放的关键词时，相应的广告就会展示。当某个关键词有多个广告主投放时，广告根据竞价排名原则进行展示，平台在用户点击后按照广告主对该关键词的出价收费。

在速卖通平台中，SEO可以理解为商品搜索排序优化，其目的是在既定的平台搜索规则下，让目标商品在其关键词下能够被系统抓取，如图8-1所示。需要注意的是，平台虽然可以抓取该关键词下的商品，但不等同于曝光。

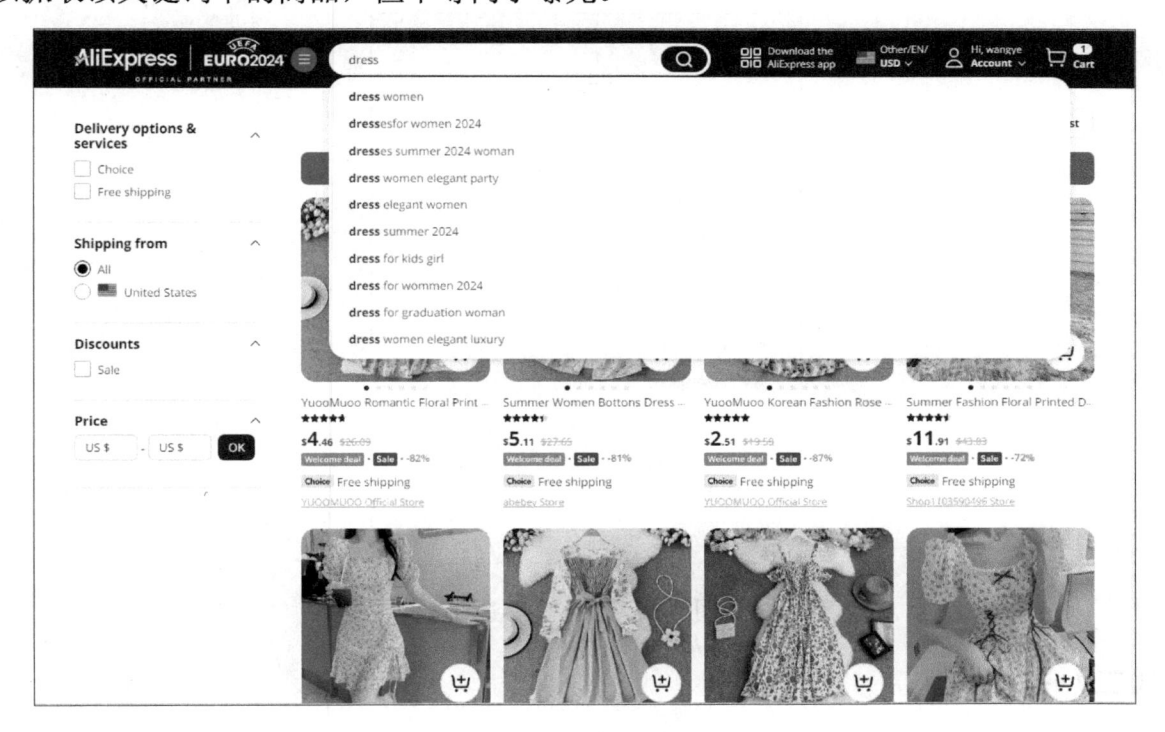

图8-1 速卖通平台关键词抓取

二、商品 SEO

（一）商品标题

因为商品标题是买家搜索对象的首选数据源，所以商品标题是除图片以外，最能直观展示商品内容的渠道，如图 8-2 所示。

图 8-2　商品标题

商品标题也是直通车关键词的重要数据源，高质量的商品标题可以生成大量廉价的直通车关键词。一个推广活动中关键词的数量和质量，直接决定了直通车推广的效果和成本。若商家使用平台的直通车功能，目标就是用最小的成本换来最多的点击量，直通车关键词如图 8-3 所示。

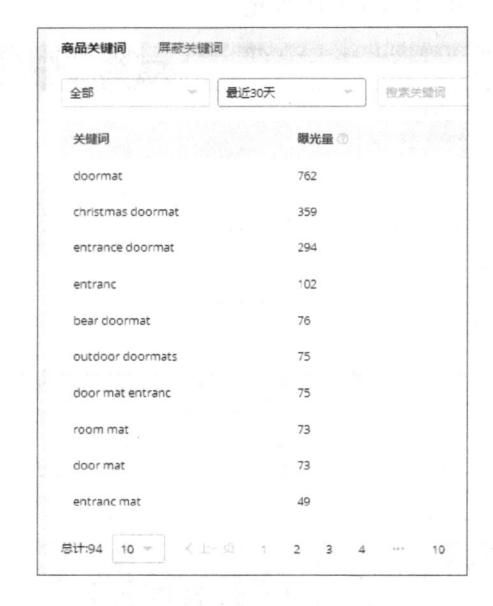

图 8-3　直通车关键词

（二）关键词

关键词是进行商品 SEO 的重要内容，其获取方法如下。

1. 从速卖通搜索框中获得

在速卖通搜索框内，输入商品关键词"scarf"后面会自动跳出"jacket""coat""women luxury"等词，这些是平台自动推荐的长尾关键词，是速卖通中跟在"scarf"主关键词后面搜得最多的词。若店铺商品和搜索出来的推荐词相关，就可以在产品标题里添加这些相关的词，这些词也被称为"热搜词"，如图8-4所示。

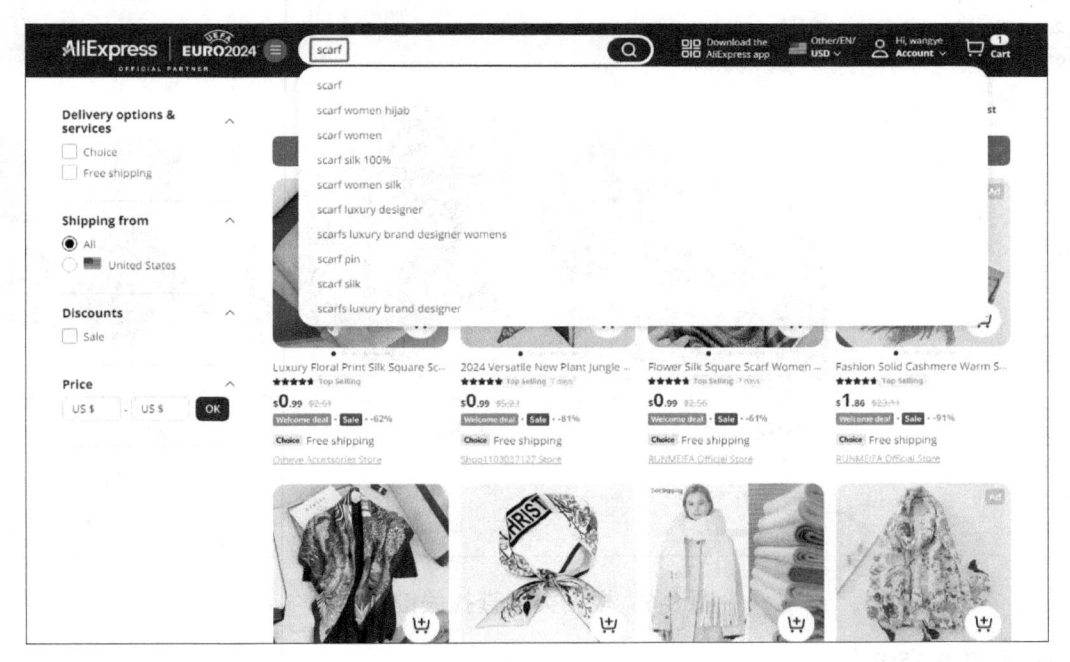

图8-4 搜索关键词"scarf"

新手商家的商品还没有销量和评价，与同行的商品相比也没有价格优势，此时可以优先选择相关性较高的长尾关键词。在"scarf"后输入空格，选择一个长尾关键词，然后重复此操作直到最后没有可选的长尾关键词即可，如图8-5所示。这种长尾关键词虽然搜索量不高，但跟商品的相关性很高，对于刚起步的商家来说，这种关键词的成交转化率也相对较高。

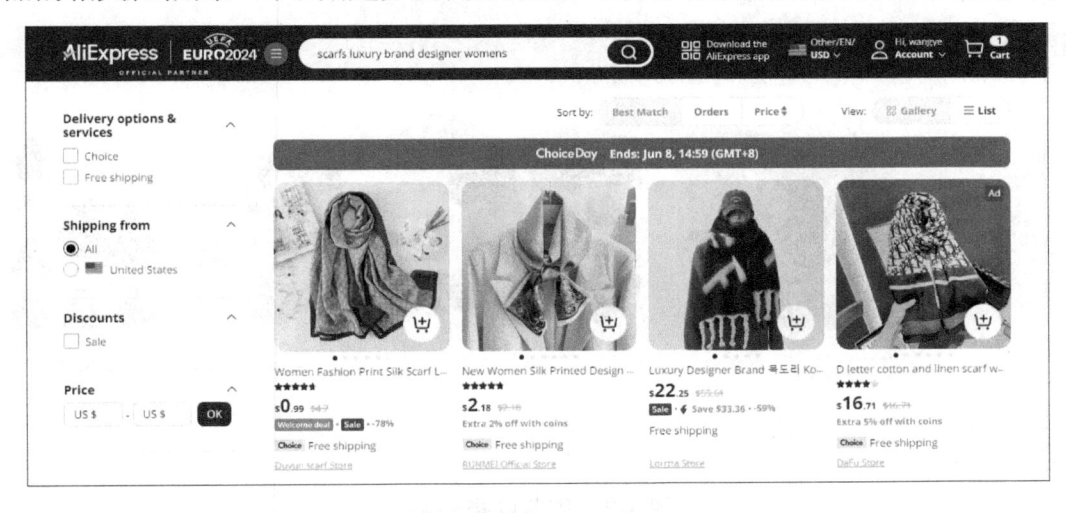

图8-5 选择长尾关键词

2. 根据类目查找关键词

以围巾为例，在速卖通平台首页，找到商品"scarf"的所属类目，查询结果"Women's Accessories""Women's Scarf Sets"等，这些类目的词汇也属于热搜词，如图 8-6 所示。

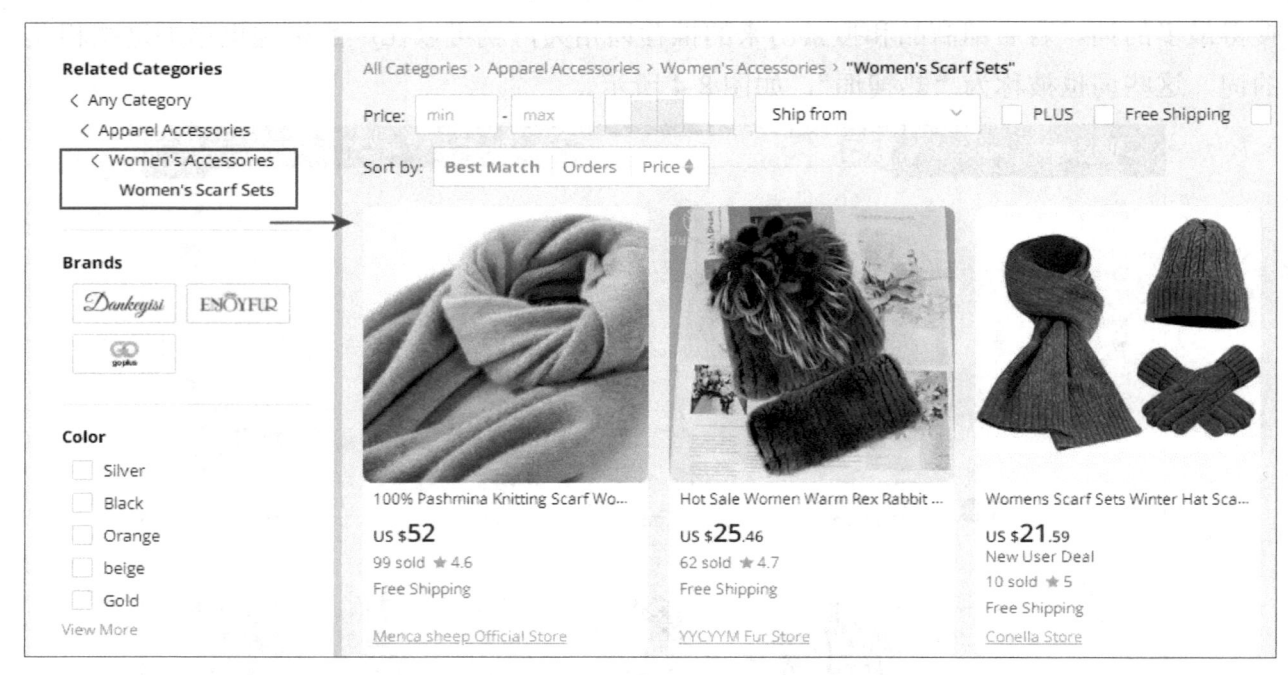

图 8-6　根据类目查找关键词

3. 借鉴同类商品

商家可以通过竞品店铺的商品查找相关关键词，查看其商品的关键词设置和排序并进行借鉴，如图 8-7 所示。

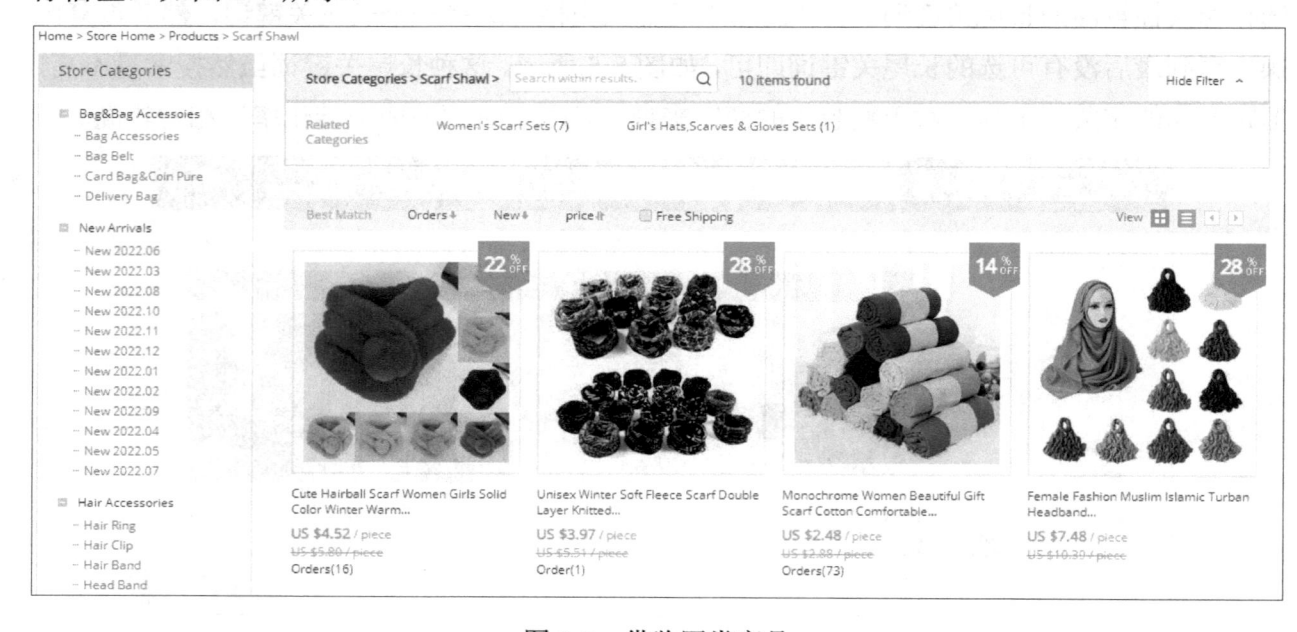

图 8-7　借鉴同类商品

（三）商品描述

商品描述是必不可少的，其内容不仅要信息全面，还要具有可读性。从商品角度分析，商品描述直接关系到商品的吸引力；从 SEO 角度分析，相关性和独创性是其主要影响因素。因此，在进行商品描述时，需要将两者相结合，商品描述参考如图 8-8 所示。

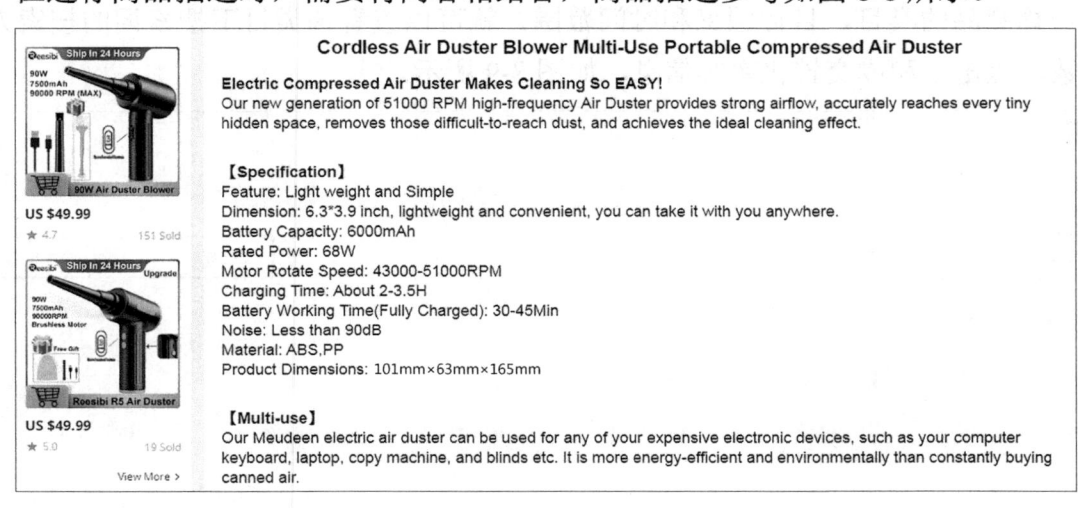

图 8-8　商品描述参考

对于不同国家（地区）的买家，商品描述的语法深度和表达应有差异。用过于有深度的语句，买家可能并不能很好地理解商品描述想要表达的内容。需要注意的是，SEO 对于独特性的要求比较高，即使是同一个品牌甚至是同一个商品，也要尽量避免重复使用相同的商品描述，更要避免复制同行的商品描述。

想一想

商品 SEO 的重要性有哪些？

任务实操

一、任务目标

本任务的实操演练活动要求根据提供的任务背景，结合所学知识，完成速卖通商品 SEO 的实施过程训练。

任务背景

某家居店铺准备参加平台"双 11"大促。预热前期需要对商品的关键词重新规划，并进行商品 SEO，争取让该商品的搜索排名更靠前一点。

二、任务内容

（一）关键词查找

登录速卖通跨境卖家中心，执行"生意参谋"→"选词专家"命令，打开"选词专家"页面，选择商品的类目、目标国家和时间范围，就可以查看该类目下搜索词的搜索人气、搜索指数、点击率和成交转化率等信息，如图8-9所示。

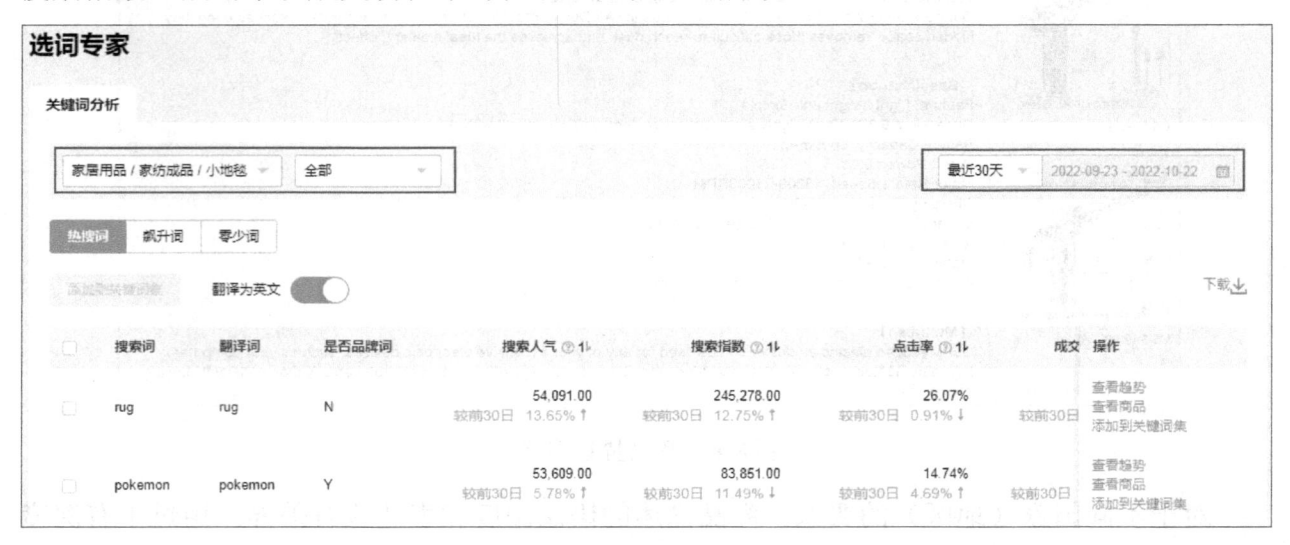

图8-9 查看搜索词信息

具体选择一个搜索词，可以查看该搜索词的趋势和相关商品，如图8-1和图8-11所示，如果符合自己店铺的商品，可以将其直接添加到关键词集。这里要注意的是，应检查商品关键词中是否有品牌词，品牌词只有通过品牌授权后才可以使用。

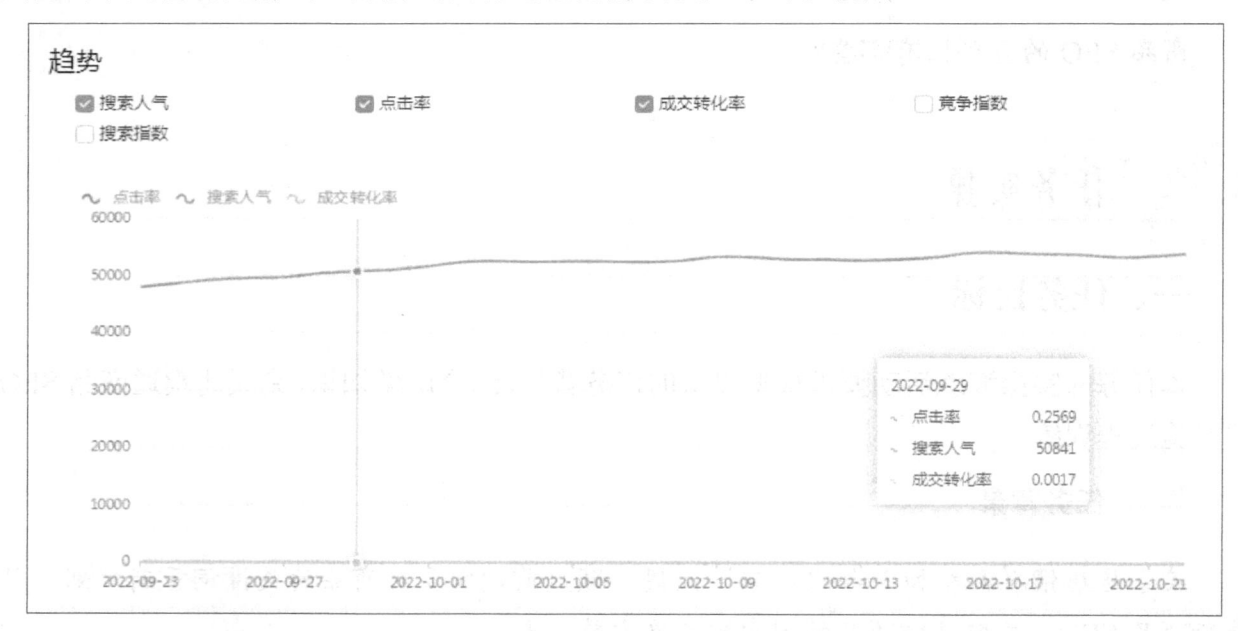

图8-10 查看该搜索词的趋势

图 8-11　查看该搜索词的相关商品

（二）商品标题优化

商品标题应与商品图片、商品描述等其他信息要素相符。商品标题应尽量准确、完整、简洁，也可以使用商品通称等。以圣诞节挂毯为例，"Christmas Tapestry"为主关键词，在速卖通前台查看其相关性较高的长尾关键词，如图 8-12 所示。

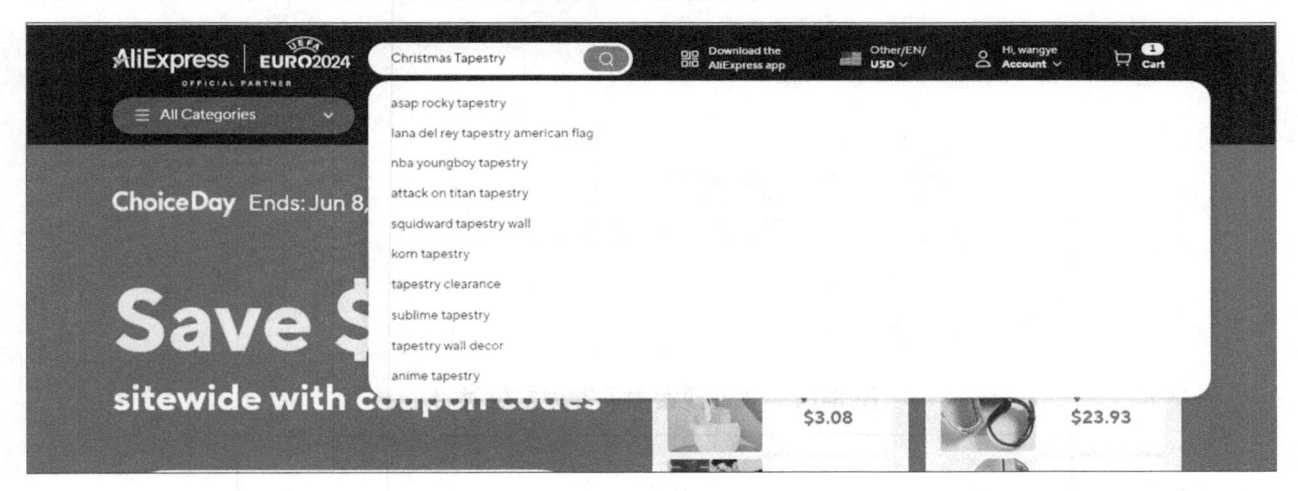

图 8-12　在速卖通前台查看其长尾关键词

标题里可设置 1~3 个与商品相关的关键词，如品牌、型号、风格、功能、材质等，这样便于买家搜索，同时可设置商品使用场景的关键词。例如，"Christmas Tapestry"可以使用"Wall Hanging""New Year Party Large Background""Living Room Bedroom Home Decorative"等这类使用场景的关键词。需要注意的是，未经过品牌授权，不能使用品牌关键词等有知识产权风险的词汇。

商品标题优化完成后，还需要检查多语言翻译，多语言为机器翻译，翻译后的内容可以手动修改，保存后即生效，如图 8-13 所示。

图 8-13　标题多语言设置

（三）类目优化

类目优化可以通过搜索主关键词，从而选择相关性高且最合适的最小类目，如图 8-14 所示；也可以在速卖通前台找到搜索结果靠前的同类商品，将商品链接或商品 ID 复制到类目文本框中定位，如图 8-15 所示，从而达到类目优化的目的。

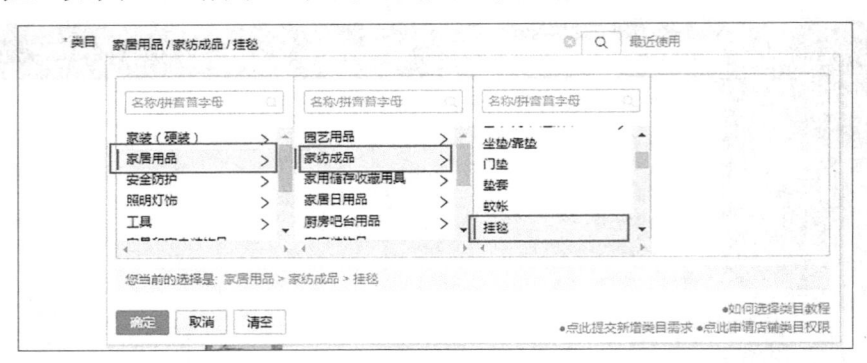

图 8-14　通过搜索主关键词定位类目

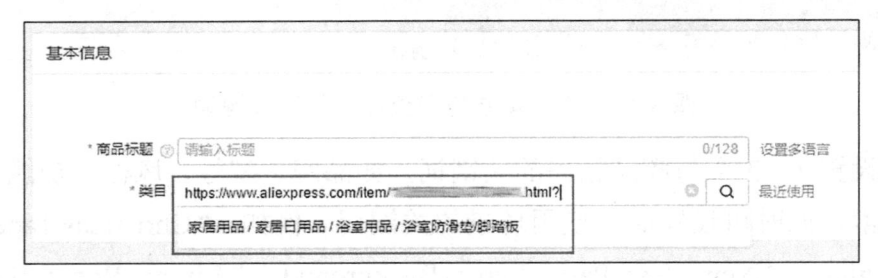

图 8-15　通过商品链接定位类目

（四）商品属性优化

商品属性填写的内容应与商品的实际情况相符，如材质、型号、产地、风格等，如图 8-16 所示，避免买家因货不对版而对店铺发起投诉。优化时需要注意防止重复铺货，商家在发布不同商品时，商品信息之间要区别商品属性，如型号、材质、图片信息等。即使是相同的商品，插入的长尾关键词也要有所区别，这也有利于商品 SEO。

图 8-16　商品属性优化

（五）商品详细描述优化

商品详细描述优化需要先进行自检，确认其中是否包含了商品的基本信息，如名称、型号、尺寸、颜色、材质等；检查其中是否描述了商品的用途、使用方法和适用场景。如果这些内容都已经填写完整，则考虑有没有在布局设计中突出商品独特的功能或语言是否有吸引力。之后，在优化时可以运用生动、形象的词汇和句子，让描述更具感染力，同时配上可以突出商品独特功能的图片、表格或视频，从而增强视觉效果。但是，切记不可夸大或虚假宣传。需要注意的是，商品有独立的 App 详描也需要进行相关优化，如图 8-17 所示。

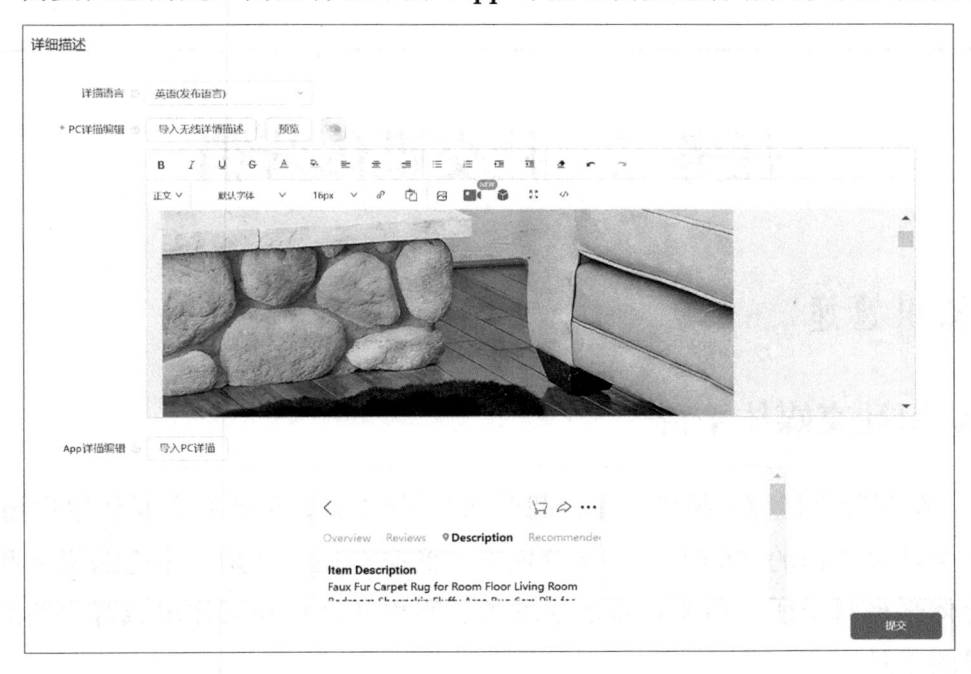

图 8-17　商品详细描述优化

三、任务评价

完成演练活动后，根据活动过程的表现进行三方评价与打分，完成表 8-2。

表 8-2 搜索引擎营销实训评价表

活动名称	速卖通商品 SEO			
完成方式	独立完成			
演练内容	评价点	自我评价	小组评价	教师评价
实训活动（100 分）	能够进行任务背景解读与梳理（10 分）			
	能够了解搜索引擎营销的原理（10 分）			
	能够掌握关键词查询的方法（15 分）			
	能够掌握商品 SEO 的方法（15 分）			
	能够查找和汇总商品关键词（20 分）			
	能够实施商品 SEO（30 分）			
合计				
综合得分（满分 100 分，其中自我评价占 20%，小组评价占 20%，教师评价占 60%）				
存在的主要问题				

任务二　社交媒体营销

知识速递

一、认识社交媒体平台

《2022 年全球数字概览》报告显示，截至 2022 年 1 月，全球社交媒体用户超过 46.2 亿人，相当于全球总人口的 58.4%。对于跨境电商商家来说，这是一个充满机会和流量的渠道。社交媒体平台对于所有希望销量加速增长、吸引新客户和留住忠诚客户的品牌来说都是一个宝贵的工具。

SNS 的全称为"Social Networking Services"，是旨在帮助一群拥有相同兴趣的人，建立社会性网络的互联网应用服务。以 Facebook、Twitter、Instagram、YouTube、Pinterest 等 SNS 平台为代表，它们基于互联网，为用户提供各种互相联系、交流的方式，如电子邮件、即时消息等。

进入社交媒体时代后，沟通渠道开始变得多样，沟通过程也融入了更多的个人情感。粉丝可以在你开设的 Facebook、Twitter 中评论或分享他们的观点。

社交媒体营销分为免费发帖互动和付费广告两种模式。

1）免费发帖互动营销模式

品牌可以创建主页并发布相关内容，包括商品图片、视频、活动信息，以及建立和参与小组讨论等，多以内容创意和活动吸引力，以及与粉丝之间的互动为取胜点。

2）付费广告营销模式

付费广告是指以 CPC、CPM 等方式为代表的营销模式，也是社交媒体营销中一种快速有效的营销方式。其多以广告横幅、文本链接、视频多媒体等形式，将商品展示给互联网用户，从而获取关注和点击。伴随着大众的注意力从电视转移到其他网络媒体上，互联网广告逐渐成为广告营销的重要发展方向。

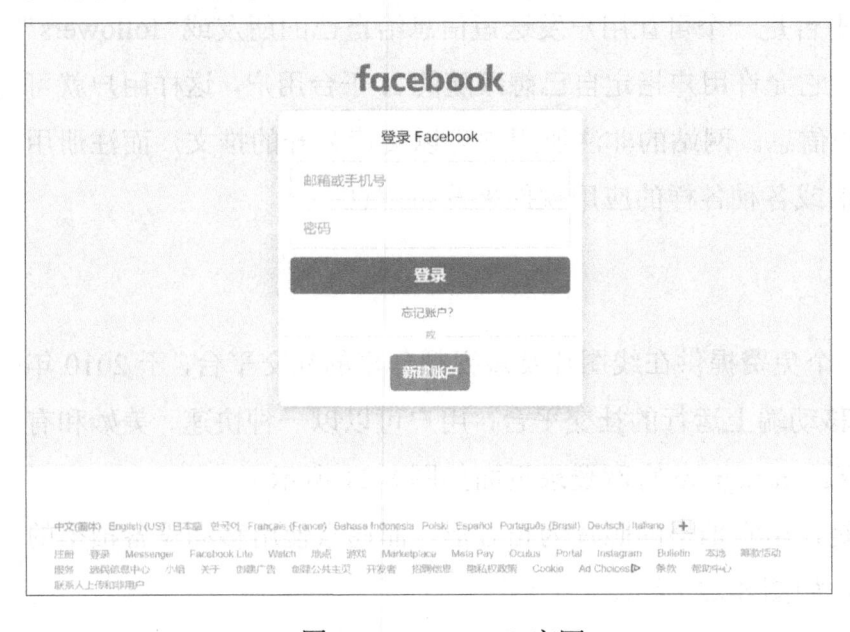

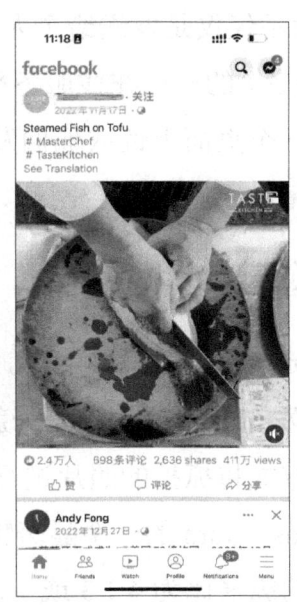

（一）Facebook

Facebook 成立于 2004 年，是一个全球流行的社交网站，首席执行官为马克·扎克伯格。2021 年 10 月 28 日在 Facebook Connect 的年度大会上，Facebook 宣布，Facebook 将公司名称更改为"Meta"，以专注于转向以虚拟现实为主的新兴计算平台，Facebook 官网及手机端个人主页如图 8-18 和图 8-19 所示。

图 8-18　Facebook 官网　　　　　图 8-19　Facebook 手机端个人主页

Facebook 还提供社交网络平台之外的其他产品和服务，包括 Facebook Messenger、Facebook Watch 和 Facebook Portal，同时它还收购了 Instagram、WhatsApp 等。

（二）Twitter（X 平台）

Twitter 成立于 2006 年，是互联网访问量最大的网站之一。2022 年 4 月，美国企业家埃隆·马斯克以 440 亿美元收购社交平台 Twitter，后更名为 X 平台，其个人主页首页如图 8-20 所示。X 平台最大的特色在于字符限制，简短的信息正好符合现代人的阅读习惯。

图 8-20　X 平台个人主页首页

X 平台允许用户将自己的最新动态和想法以短信息的形式发送给手机和个性化网站群，而不仅仅是发送给个人。X 平台是一个可让用户发送短信息给自己的朋友或"followers"（跟随者）的一个在线服务平台，它允许用户指定自己想跟随的 X 平台用户，这样用户就可以在一个页面上读取他们发布的信息。网站的非注册用户可以阅读公开的推文，而注册用户则可以通过 X 平台网站、短信或各种各样的应用软件来发布信息。

（三）Instagram

Instagram 简称"INS"，是一个免费提供在线图片及短视频分享的社交平台，于 2010 年 10 月发布。Instagram 是一款在移动端上运行的社交平台，用户可以以一种快速、美妙和有趣的方式将抓拍的照片进行分享。Instagram 官网登录页面如图 8-21 所示。

Instagram 的一个显著特点是，用它拍摄的照片为正方形，而通常使用移动设备拍摄的照片的纵横比为 4∶3 或 16∶9，如图 8-22 所示。

图 8-21　Instagram 官网登录页面

图 8-22　使用移动设备拍摄的照片

用户只需点击相机图标,并滑动到"直播"标签,点击"开始直播"按钮即可进行 Instagram 直播,如图 8-23 所示。使用 Live 录制视频时,屏幕顶部会出现一个图标,显示用户正在直播,并能显示目前观看该直播的人数有多少。观看的用户可以评论、送"heart",以表达对直播的喜爱。

图 8-23　Instagram 直播

（四）YouTube

YouTube 成立于 2005 年 2 月 14 日，是一个视频分享网站，目前也是全球互联网用户满意度非常高的社交平台之一。YouTube 的系统每天要处理上千万个视频片段，为全球成千上万的用户提供高水平的视频上传、分发、展示、浏览服务。YouTube 官网如图 8-24 所示。

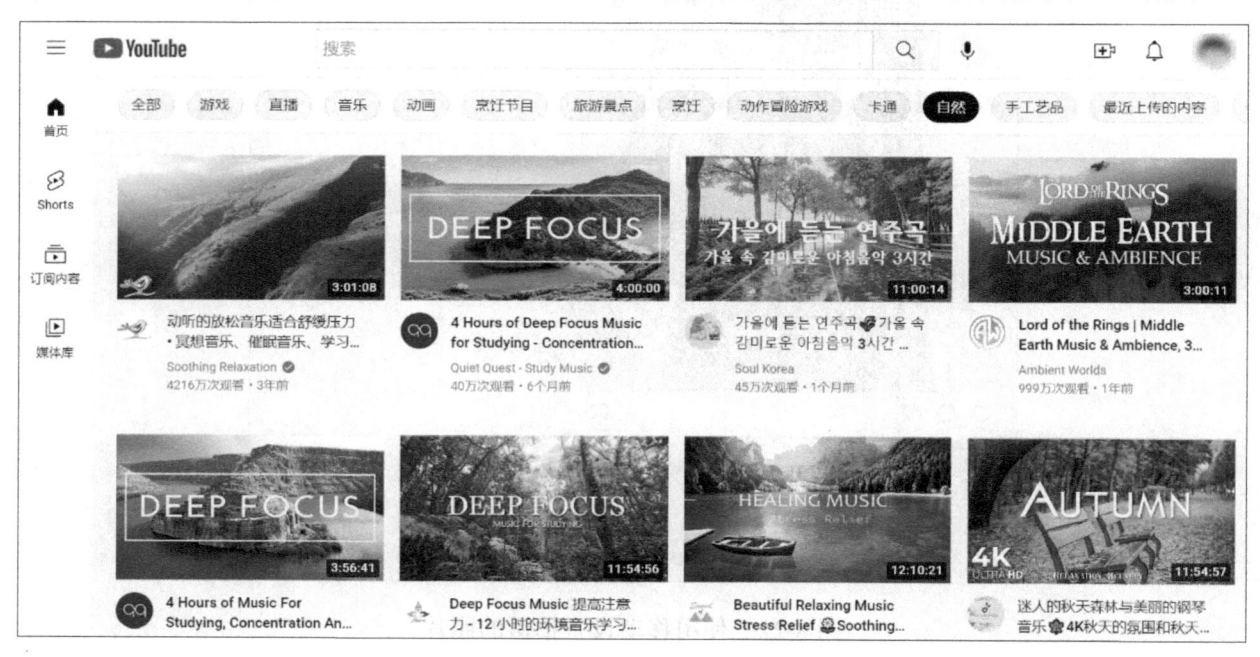

图 8-24　YouTube 官网

YouTube 有非常多使用 Content ID 的合作伙伴，其中包括许多网络广播公司、电影制片厂和唱片公司。Content ID 是一项重要的版权管理工具，能够帮助版权所有者识别和管理其在 YouTube 平台上的内容。

（五）Pinterest

Pinterest 于 2010 年正式上线，是一个图片分享类的社交网络，用户可以按照主题分类添加和管理自己的图片收藏，并与好友分享。Pinterest 官网如图 8-25 所示。Pinterest 采用瀑布流的形式展示图片内容，无须用户翻页，新的图片会不断在页面底端自动加载，让用户不断发现新的图片。

图 8-25 Pinterest 官网

Pinterest 用户主要集中在欧美地区和大洋洲，包括美国、加拿大、澳大利亚、新西兰和大部分欧洲国家，以年轻用户为主。Pinterest 自带种草属性，用户购买意愿强，是品牌和个人营销推广的新利器。

（六）社交媒体平台对比分析

社交媒体平台对比分析包括功能、营销方式和优势等方面的对比，如表 8-3 所示。企业可以通过深入分析，选择适合自己的平台，以实现最大化的社交媒体营销效果。

表 8-3 社交媒体平台对比分析

平台	功能	营销方式	优势
Facebook	Facebook 商城、广告、内容推广、Reels、交友	1．图片可以添加文字和购物按钮，便于转化； 2．视频更适合展示产品、讲述故事； 3．直播的互动性比图片和视频强； 4．小组（Facebook Group）的营销精准度高	1．用户信息真实度高； 2．信息传播可信度高； 3．受众多元化、善用红人影响力； 4．针对不同兴趣的圈子发布内容

续表

平台	功能	营销方式	优势
X 平台	店铺焦点（Shop Spotlight）、直播购物、产品预告（Product Drops）。（购物功能目前仅限于美国 iOS 系统）	1. 推广推文，在推文中放入 15 秒的视频，转化效果更佳； 2. 推广趋势； 3. 推广账户	1. 获得有价值的客户信息； 2. 建立品牌个性和知名度； 3. 收集客户的反馈意见； 4. 培育品牌社区
Instagram	拍照分享、Instagram 直播	1. 帖子可以发布照片和视频； 2. 快拍； 3. 60 秒长视频	1. 参与门槛低； 2. 互动时间碎片化； 3. 借势而为，可以导入其他平台的相关好友
YouTube	短视频（Shorts）、长视频（Video）、直播（Live）	1. 以长视频的方式做开箱测评； 2. 案例分享； 3. 产品对比	1. 视频可以直观展示产品； 2. 传播速度快； 3. 推广成本相对低廉； 4. 推广效果持续时间长
Pinterest	试穿功能（Try On）、Story Pins 帖子、趋势预测（Pinterest Predicts）	1. Promoted Pins； 2. Pinterest 广告； 3. Idea Pins； 4. 产品试用	1. 社交功能强大； 2. 可以分享奇妙的灵感； 3. 产品种类多样； 4. 可以探索新的产品； 5. 广告效应强大

二、社交媒体营销的技巧

（一）Facebook 的营销技巧

1. 2/8 规则

在运营 Facebook 时应该注意内容的规划，而不是只发布商品的广告帖子。Facebook 最重要的是它的社交属性，在规划内容时，可以按照 20% 的"硬广告"加上 80% 的"软广告"（非营销内容）进行规划。2/8 规则就是利用 80% 的非营销内容来吸引用户，并为 20% 的营销内容打掩护。普通营销广告和利用 2/8 规则规划内容的广告如图 8-26 和图 8-27 所示。非营销内容应该是对用户有价值的、正面的且用户感兴趣的内容。

2. 定点发布

不管是国内还是国外的社交平台，都有用户登录的高峰时间段。在这个时间段发布帖子，会被更多人看到，也会产生更多的互动，但并不是所有群体都在相同的时间段活跃，具体发布时间要根据目标用户的活跃时间及和目标客户的时差来确定。定点发布广告如

图 8-28 所示。

图 8-26　普通营销广告

图 8-27　利用 2/8 规则规划内容的广告

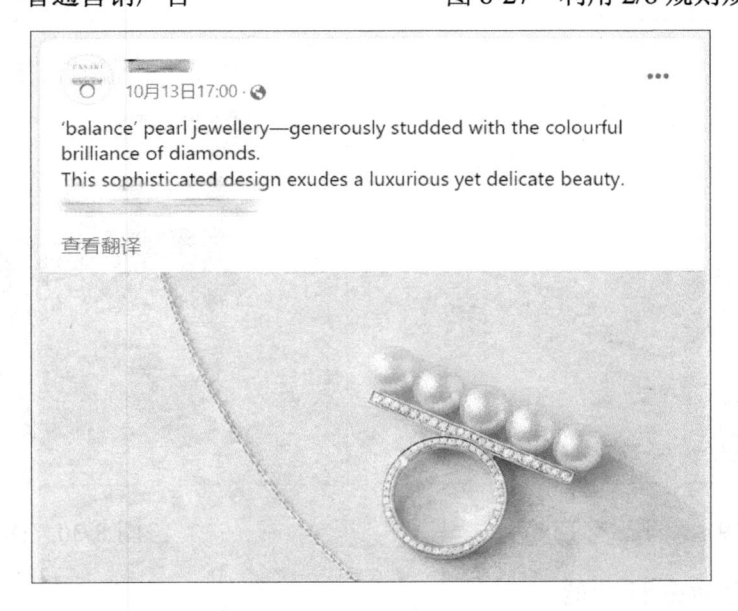

图 8-28　定点发布广告

3. 多@粉丝

当粉丝发现自己被@时，一般都会回复，这样有助于拉近粉丝与商家的距离，增加内容的点击量。

4. 及时回复

及时回复粉丝的信息可以提高粉丝的好感度，并以最短的时间赢得销售机会。在 Facebook 平台，及时回复有利于提高 Facebook 主页的排名，提高粉丝忠诚度。

5. 分享用户生成的内容

超过 90%的消费者在决定购买产品之前都会参考 UGC（User Generated Content，用户生成的原创内容）。将 UGC 融入营销内容中，可以让品牌的营销更有趣、更可信，这就需要平时多收集用户生成的原创内容。

（二）X 平台的营销技巧

1. 利用热门趋势和 Hashtags

Hashtags 即缩写标签。在帖子中加入热门趋势和 Hashtags 是一种非常好的营销方式，一方面能够增加推文的热度，另一方面也能扩大受众群体，收获更多潜在消费者。X 平台有一个热门趋势功能，与微博热搜类似，如图 8-29 所示。商家可以多关注热门趋势，看有没有和商品相关的趋势。需要注意的是，若发布的帖子在不相关的趋势下，强行推广商品大概率只会引起用户的厌恶。除相关性外，Hashtags 的数量需要控制在 4 个以内，如图 8-30 所示。而且不要频繁地使用"buy this product"标签，容易导致粉丝产生厌烦感，从而降低粉丝的参与度。

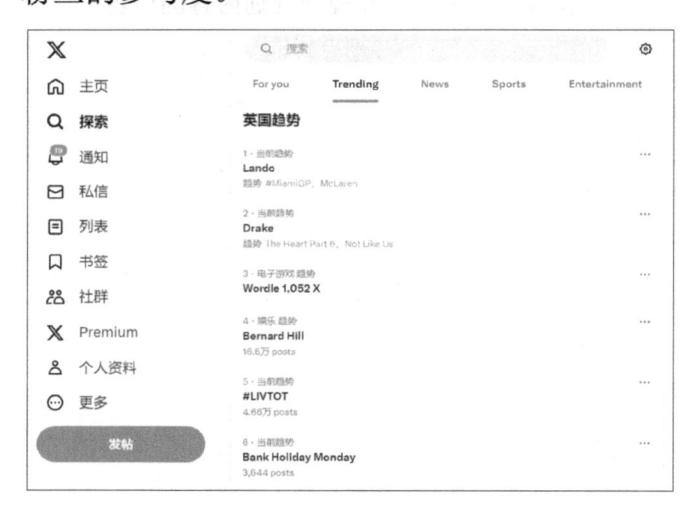

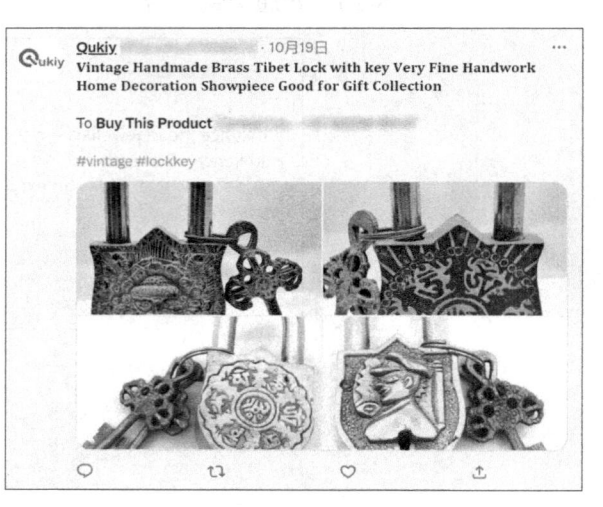

图 8-29　X 平台热门趋势　　　　图 8-30　Hashtags

2. 善用 X 平台的分析功能

X 平台的分析功能包括主页分析、推文数据分析等，都是商家调整运营方向的依据，如图 8-31 所示。哪些帖子数据较好、互动率较高，商家就可以往该方向发展。商家最好在积累一段时间的数据后，再做出调整，因为部分帖子会存在偶发性。

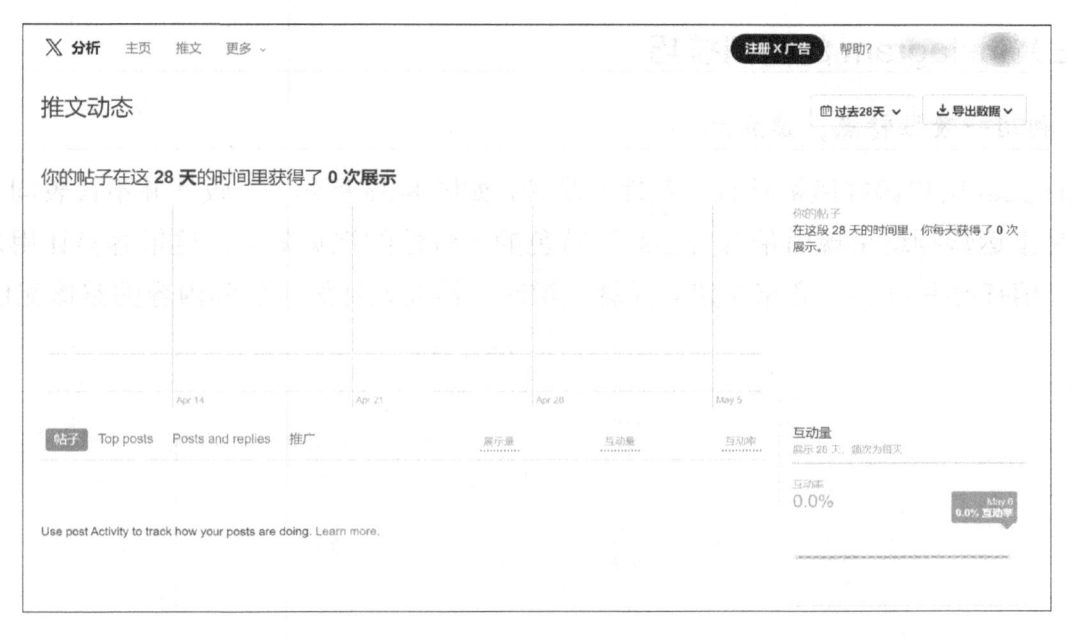

图 8-31　X 平台的分析功能

3. 巧用帖子发布的时间

一般 9:00-15:00 是 X 平台的最佳发布时间，尤其是午休时间，这个时间是人们在社交媒体平台上最活跃的时刻。令人意外的是，X 平台的周末参与度是比较低的，这也与欧美用户周末更热衷于户外活动有较大关系。X 平台的推文有两种模式，一种是推送排名最高的推文，另一种则是推送最新的推文，如图 8-32 所示。对于中小商家来说，抓住适当的时机发布推文，是扩大推文影响力的最佳方法。推文的内容要尽量简短，而且可以多利用图片，帮助商家吸引更多用户的注意。

图 8-32　最新的推文

（三）Instagram 的营销技巧

1. 利用一致性特点，建立品牌

Instagram 用户偏好风格具有一致性的品牌，如图 8-33 所示。一致性并不代表同质化的内容，是指运营频道呈现出带有自己品牌特色的一致性的视觉效果，这很容易让用户产生记忆点、信任感和好感。商家在建立品牌频道时，需要设计好头像和内容的整体配色。

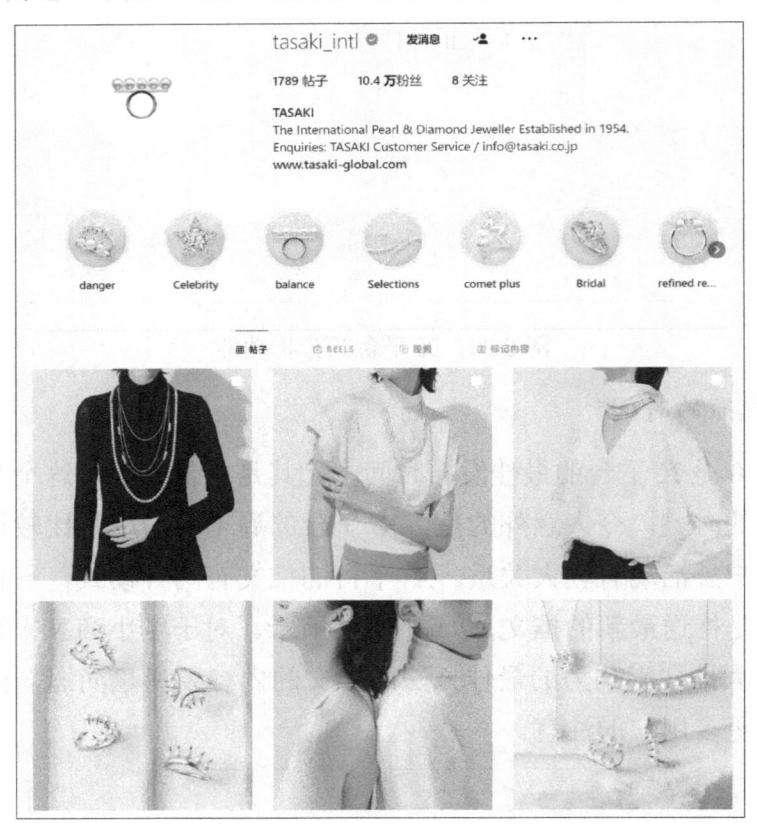

图 8-33　品牌风格一致

2. 发布优质图片

Instagram 是基于共享图片这个想法而建立的，图片是其核心的驱动力，因为优质图片可以在整个社区唤起大量共鸣。好的图片也被认为是一种艺术，艺术也能唤起用户的情感，如图 8-34 所示。

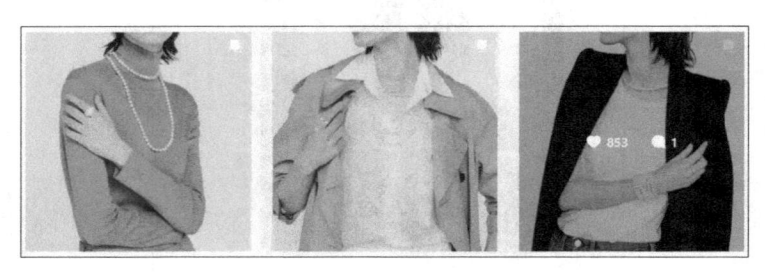

图 8-34　具有艺术美感的图片

3. 最大限度地使用标签来扩大影响力

Instagram 是一个社交媒体平台，也是一个搜索引擎。运营 Instagram 的核心就是善用标签，标签能很好地帮助商家提高曝光度，如图 8-35 所示。根据有关数据，当一个帖子使用 11 个及以上的标签时，在 Instagram 上可以获得最高的互动性。虽然一个帖子最多可以使用 30 个标签，但商家需要根据帖子内容使用标签，不要盲目追求过多的标签。

图 8-35 Instagram 的标签功能

4. 日常与他人保持互动

在运营 Instagram 时，点赞和发表评论也是获得粉丝的方法之一。商家可以多关注一些"网红"，并对他们的帖子进行高质量的回复；还可以尝试重新发布他人的帖子内容，并注明来源，同时发表相关的赞美内容，这样也可以与他人进行有效的交叉推广。

5. 选择合适的时间发布帖子

TrackMaven 的研究表明，Instagram 最有效的发布时间是周五和周日这两天。一天当中，美国东部时间下午 5:00 左右发布的帖子能得到相对较大的曝光量，但还是需要商家根据自己推广的目标国家市场，进行时间段测试后找到最适合的发布时间。

（四）YouTube 的营销技巧

1. 短视频内容精简发布

YouTube 上，16～120s 的视频观看次数占 YouTube 全部视频观看次数的 50%，说明了短时长的视频更受用户喜欢。因此，商家可以尽可能精简地发布视频内容，这样有助于获得更多用户的观看，实现有效的品牌宣传。

2. 做好 YouTube SEO

做好 YouTube SEO，可以使商家获得更高的搜索排名，提高视频曝光度。影响视频排名的因素主要包括视频内容和用户参与度。视频内容包括关键词、标题、描述、内容呈现方式、字幕、频道权重等，视频内容展示如图 8-36 所示。用户参与度涉及完播率、外链、社交分享、嵌入视频、转评赞等。除优化关键词、标题和描述等内容外，还可以在视频的最后引导用户评论，多和用户进行互动。

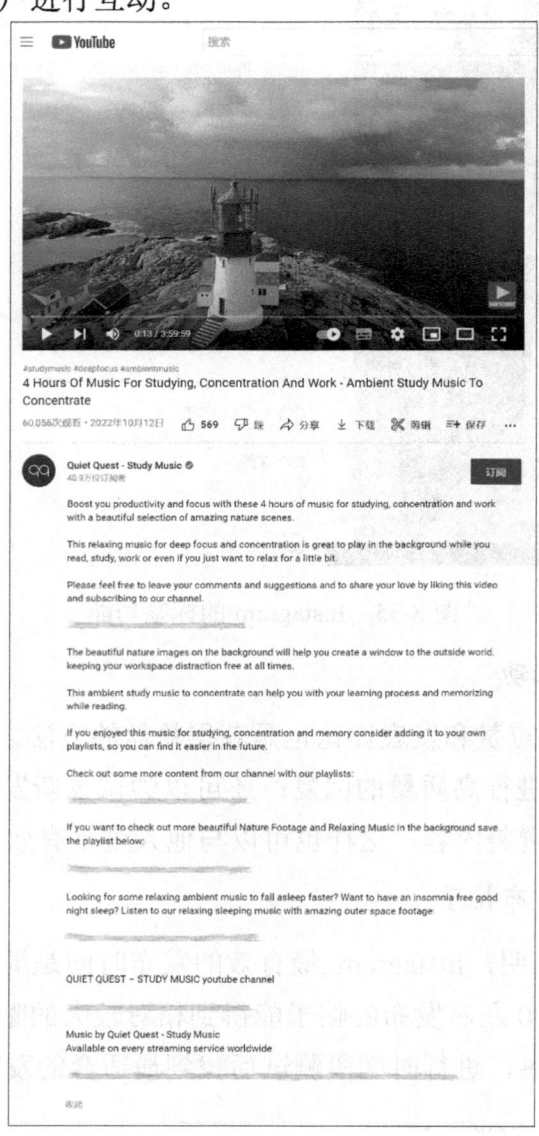

图 8-36　视频内容展示

3. 坚持更新视频

在任何一个社交媒体平台上进行营销，都需要长期投入，坚持更新视频，YouTube 也不例外，如图 8-37 所示。不管是品牌宣传视频还是知识类视频，都需要坚持更新。

图 8-37　坚持更新视频

4. 利用"网红"进行营销

商家在 YouTube 利用"网红"进行营销，不仅可以提高品牌曝光度、增加商品销售额，还能从品牌用户处收获有用的反馈。

（五）Pinterest 的营销技巧

1. 高质量的图片制作

Pinterest 是一个高度视觉化的平台，图片质量至关重要。使用高分辨率、吸引人且与品牌相关的图片，确保主体明确且突出，可以让商家的 Pinterest 账号产生更好的推广作用。Pinterest 移动端图片效果如图 8-38 所示。

图 8-38　Pinterest 移动端图片效果

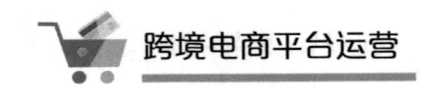

2. 详细的商品细节展示

Pinterest 用户偏爱详细展示商品细节的图片，因此商家在发布图片时应展示足够的细节，以便用户能够基于此做出购买决策。同时，发布图片时利用关键词和主题标签，能够进一步提高商品在相关话题中的曝光度和关注度。

3. 针对节假日或季节性的时刻

在节假日或季节性的时刻，用户会非常活跃，平台也会给予更多的关注。Pinterest 用户同时也是活动的策划者，通常在活动开始前 3~4 个月会把这些话题固定下来，商家在发布相关活动的帖子时，可以带上话题。根据 Pinterest 发布的数据，发布节假日或季节性活动内容的商家，在线销售额可以提高 22%。

4. 规划 Pinterest 页面的连续性

当用户进入商家的 Pinterest 页面时，他们通常期待找到更多关于商品的详细信息。因此，确保他们被引导至一个内容丰富、信息详尽的页面至关重要。商家在保持自己店铺与风格 Pinterest 页面风格一致的同时，确保用户体验的连续性也非常重要。

> **想一想**
>
> 这些社交媒体平台营销技巧的共同点有哪些？

三、社交媒体营销策略

社交媒体营销是现如今最热门的一种营销方式，也是跨境电商市场营销的重要组成部分。为了避免无效的社交媒体营销，商家需要制定清晰明确的社交媒体营销策略和精准高效的实施方式，以确保可以建立自己的受众群体，从而提高品牌在市场中的地位。

1. 制定目标

在开展社交媒体营销活动之前，商家需要为社交媒体营销制定切合实际的目标，为品牌的营销活动指明方向。在策划营销活动时需要明确短期目标和长期目标，确保营销活动能为店铺带来更多的访问量，促进转化，提升投资回报率。

2. 研究目标受众

商家可以根据目标受众的生活习惯、喜好、节日风俗等，在重要的时间节点开展营销活动。商家需要针对不同的目标受众制定不同的广告内容，以确保达到最佳的广告宣传效果，同时也要避免对于精准目标受众的过度追求，否则容易导致目标受众规模过小，限制品牌营销广告的覆盖面。

3. 确定KPI

开展社交媒体营销活动后，商家需要通过数据分析进行内容审查，评估活动效果，因此应事先确定KPI，以便对其进行跟踪，获取有用的见解。

4. 保证广告文案和素材的质量

广告文案和素材的质量是社交媒体营销能否成功的重要影响因素之一，因为它们决定了广告内容是否能吸引用户的注意力。商家需要针对Facebook、Instagram等不同平台，优化广告文案和素材的质量，同时需要确保广告能够在不同设备上进行展示。

5. 二次营销

社交媒体平台是定位过去已经与该商家或商品进行过交互的用户的实用工具之一。对于之前访问过商家网页的用户，或者将商品添加到购物车中但尚未购买的用户，商家可以通过二次营销的方式，有效提高这些用户的转化率。

6. 与用户保持互动

想留住用户除长期维护社交媒体账号以外，还需要与他们保持互动。一方面，商家可以通过发布有趣的内容，如图表、竞赛、测验等，加强与用户之间的联系；另一方面，商家还可以通过主动回答用户提出的问题，消除用户疑虑。

任务实操

一、任务目标

本任务的实操演练活动要求根据提供的任务背景，结合所学知识，完成社交媒体营销的实施过程训练。

任务背景

某企业在速卖通平台上销售家居纺织用品，与同行业相比销量一直遥遥领先，但速卖通平台上的客户品牌忠诚度不高。所以，企业领导决定利用社交媒体平台扩大品牌的影响力，并与客户建立长期稳定的关系。通过市场调研，企业确定在Facebook社交媒体平台上创建自己的品牌主页，发布图文帖子、视频帖子，并通过客户名字搜索客户的Facebook账号添加好友与之进行互动，增加客户黏性。

二、任务内容

（一）注册 Facebook 账户

在 Facebook 官方网站，单击"新建账户"按钮进入注册页面，并输入姓、名、手机号或邮箱、出生日期等相关个人信息，单击"注册"按钮即可，Facebook 注册页面如图 8-39 所示。

图 8-39　Facebook 注册页面

（二）创建公共主页

登录个人账户后，选择"公共主页"选项，进入"创建公共主页"页面，根据提示创建公共主页并完善信息，如图 8-40 和图 8-41 所示。需要注意的是，公共主页的名称、类别、个性签名等内容最好与品牌内容相关。

图 8-40　选择"公共主页"选项

图 8-41 完善信息

创建完成后,完善公共主页简介,包括联系方式、网站和社交链接等内容,如图 8-42 所示。

图 8-42 完善公共主页简介

(三)发布内容

品牌公共主页创建完成后,就可以发布内容了。刚开始发布的内容以品牌宣传为主,尽量不发布硬广告。单击"分享新鲜事"按钮,上传需要发布的图片和内容,单击"发帖"按钮完成内容发布,如图 8-43 所示。也可以通过日程本发定时帖,如图 8-44 所示。

图 8-43　发布内容

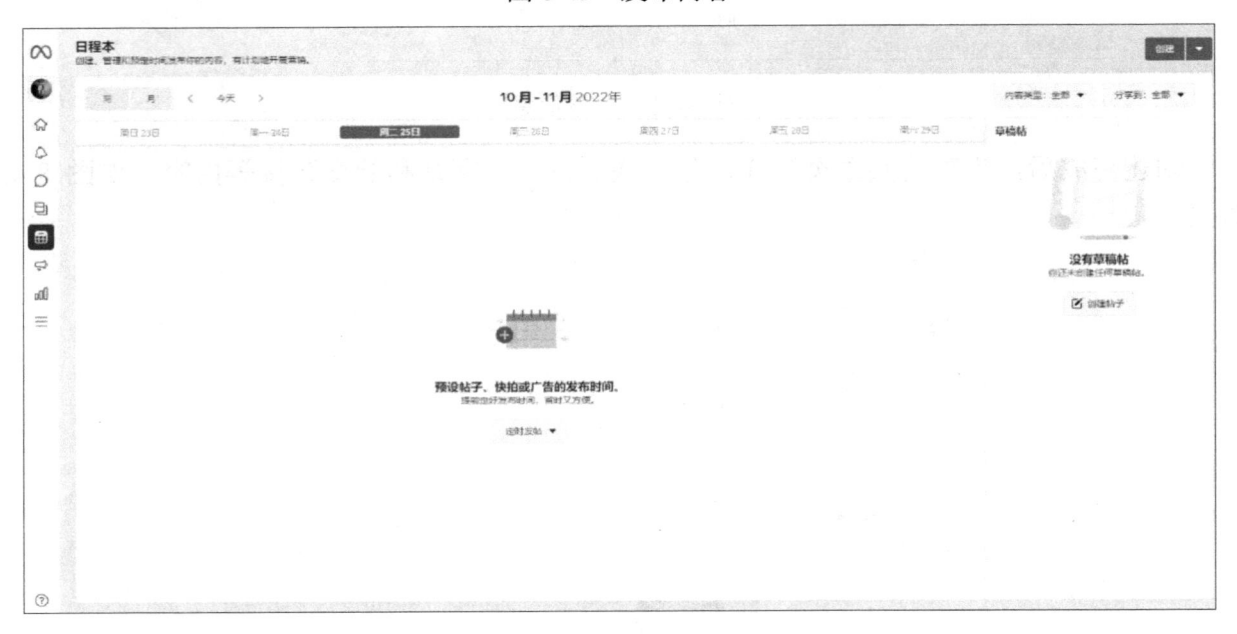

图 8-44　在日程本中发定时帖

（四）添加客户

登录速卖通跨境卖家中心，执行"交易"→"订单批量导出"命令，导出最近一个季度的所有订单，然后将客户的名字复制到 Facebook 中搜索并添加好友，如图 8-45 所示，将每天添加好友的数量控制在 15~20 个。商家也可以发邮件给客户，引导客户主动添加好友。

图 8-45　添加好友

三、任务评价

完成演练活动后，根据活动过程的表现进行三方评价与打分，完成表 8-4。

表 8-4 社交媒体营销实训评价表

活动名称	社交媒体营销的实施			
完成方式	独立完成			
演练内容	评价点	自我评价	小组评价	教师评价
实训活动（100 分）	能够进行任务背景解读与梳理（10 分）			
	能够了解 Facebook 账户的注册流程（10 分）			
	能够了解 Facebook 创建公共主页的流程（10 分）			
	能够掌握 Facebook 的营销技巧（10 分）			
	能够注册 Facebook 账户（10 分）			
	能够创建 Facebook 公共主页（10 分）			
	能够发布 Facebook 帖子（20 分）			
	能够添加 Facebook 好友（20 分）			
合计				
综合得分（满分 100 分，其中自我评价占 20%，小组评价占 20%，教师评价占 60%）				
存在的主要问题				

任务三　邮件营销

知识速递

一、认识邮件营销

邮件营销是指企业通过电子邮件的方式，向潜在消费者和现有消费者发送营销信息以进行销售或建立品牌忠诚度的一种营销方式。在邮件营销中，送达率、打开率、点击率、转化率和退订率是衡量邮件营销是否成功的五大指标。

（一）邮件营销的特点

1. 精准直效

邮件营销可以精确筛选发送对象，将特定的推广信息投递给特定的用户。

2. 个性化定制

商家可以根据用户的差异，定制个性化内容，根据用户的需要提供最有价值的信息。邮件营销的内容可以是文本、图片、视频、超级链接等。

3. 具备追踪分析能力

邮件营销可以追踪用户的行为，统计邮件打开次数、商品点击次数并加以分析，获取商品营销线索。

（二）邮件营销的优势

邮件营销是一种公认的高效廉价的营销方式。研究表明，邮件营销的 ROI 高达 122%，是社交媒体营销等其他营销方式 ROI 的 4 倍以上。

1. 用户数量多

全球电子邮箱用户达 30 亿人，数量远超微信、Facebook 等社交媒体平台的用户数。

2. 针对性强

常用的电子邮箱对应的是用户个人，标签属性基本也不会有太大变化，商家更容易有针对性地投递用户喜欢的广告内容。

3. 可持续性

对于跨境电商来说，开发一个新客户比促进老客户消费的成本更高，而电子邮箱基本上是一直伴随客户的，所以邮件营销具有可持续性。

4. 覆盖面广

只要收集足够多的邮箱地址，就能够在短时间内向大量目标用户发送广告信息，营销范围可以扩大至全球。

5. 展现形式丰富

电子邮件广告的展现形式非常多样化，如文本、图片、视频，能为用户提供丰富、详细的信息。

6. 营销成本低

虽然邮件营销软件需要付费使用，但其营销成本比 Facebook、Instagram 等社交媒体平台要低很多。

7. 精准营销

电子邮件本身具有定向性。因此，邮件营销一方面可以针对某一特定的人群发送特定的邮件；另一方面也可以根据需要按行业或地域等进行分类，有针对性地对目标用户进行广告推送，明确目标，精准营销。

二、邮件营销的技巧

商家通过邮件营销不仅可以与老客户建立联系，还能吸引潜在新客户、推广新产品和进行宣传促销活动，因此邮件营销是商家进行品牌宣传必不可少的方式之一。

正因为如此，邮件营销的内容是重中之重，内容设计也需要掌握一些技巧。只有通过内容设计，让邮件的内容与店铺的商品或服务较为贴合，同时带有一定的品牌风格，才能在众多的营销邮件中脱颖而出。

1. 内容段落的设置

邮件营销的主要内容之一就是文字，但文字内容本身比较枯燥，因此在排版的时候需要优先考虑客户的浏览体验，可以适当为段落增加一些样式，如图 8-46 所示。例如，设置行高、字体大小、颜色等。若文字内容很多，则可以将一些重点内容做成图片，使其更醒目。

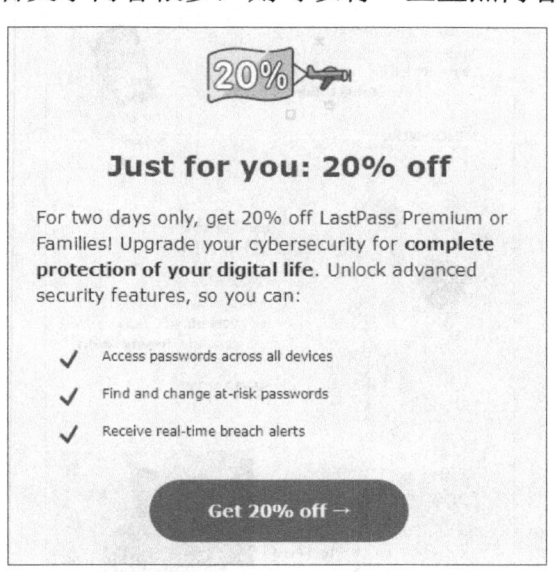

图 8-46　内容段落的设置

2. 避免商品堆砌

很多商家通过在邮件内堆砌商品来增加客户的浏览时间，这就类似 SEO 关键词堆砌，容易造成客户审美疲劳，反而不利于获取商品点击，如图8-47所示。所以，在排版时，需要根据邮件的主题内容将商品进行排序，如新品介绍邮件，新品放在最前面，热卖品在其后位置。

图 8-47　商品堆砌

3. Logo 展示位置固定

Logo 在固定位置展示是使商家或品牌邮件风格统一的关键因素之一，也是建立企业形象的有效手段之一，如图 8-48 和图 8-49 所示。同时，商家也可以参考邮件服务商所提供的模板，借鉴一些比较合理的 Logo 排版设计。

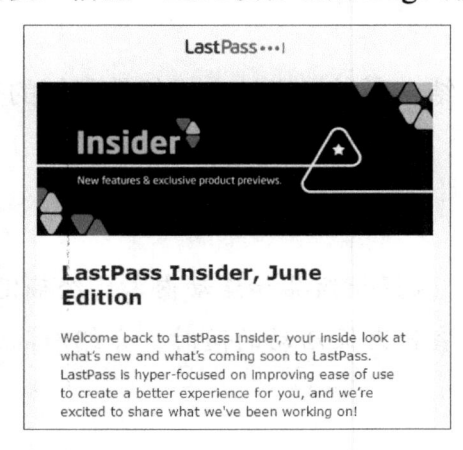

图 8-48　Logo 位置展示（一） 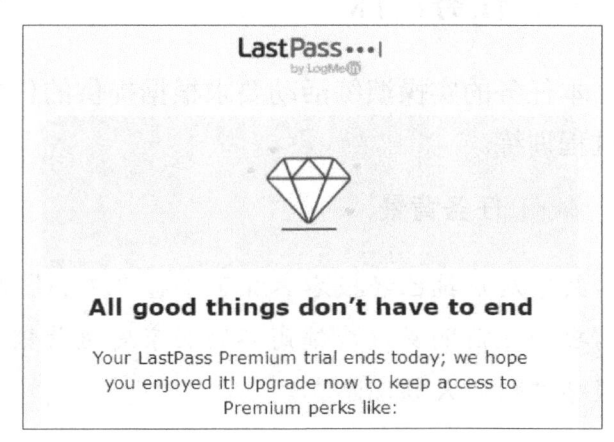　　　　　图 8-49　Logo 位置展示（二）

4. 利用在线图片

为了改善营销效果，商家可以利用邮件营销软件的在线图片功能增加广告图片。另外，商家在编辑邮件内容时，可以把模板中的图片上传到其服务器上，以便于管理和设计。

5. 使用醒目的颜色

设计邮件内容时，商家可以使用醒目的颜色突出重点文字，这样能够让客户在短时间内抓取到有用的信息，为他们节省时间，提升客户的阅读体验，如图 8-50 所示。

6. 精心设计 banner

若营销邮件里已经展示的商品较多，那么 banner 的作用则是弱化商品的展示，商家可以借助节日活动，或者贴近用户的使用场景设计 banner，参考如图 8-51 所示。

图 8-50　使用醒目的颜色突出重点文字 　　　　　图 8-51　banner 设计参考

一、任务目标

本任务的实操演练活动要求根据提供的任务背景，结合所学知识，完成邮件营销的实施过程训练。

任务背景

某家居店铺已经报名参加了平台"双11"大促活动，且促销商品和活动内容已经确定。现需要给之前购买过店铺商品的买家发送营销邮件，在宣传大促活动的同时，介绍新品，并随邮件赠送大额优惠券。

二、任务内容

（一）客户管理

速卖通平台为更好地提升商家的精细化运营能力，对自定义人群及应用渠道进行了拓展升级。

登录速卖通跨境卖家中心，执行"营销"→"客户营销"命令，进入"营销场景"页面，单击"新建自定义营销计划"按钮，如图 8-52 所示。自定义营销计划包括"IM 消息会话渠道""邮件渠道""店铺 Code 渠道"，为商家提供了全方位的触达客户的渠道，如图 8-53 所示。

图 8-52 "营销场景"页面

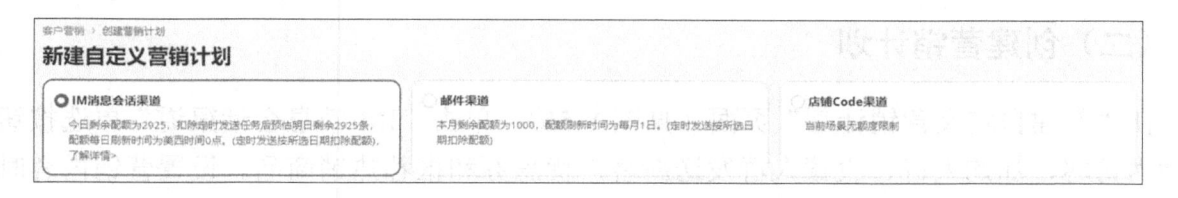

图 8-53 "新建自定义营销计划"页面

步骤 1：新建人群集。

在"新建自定义营销计划"页面，单击"自定义人群集"单选按钮，单击"选择人群集"按钮，单击"新建人群集"按钮，进入"新建人群集"页面，根据提示内容完成基础信息的填写、人群规定设定的相关设置即可，如图 8-54 所示。

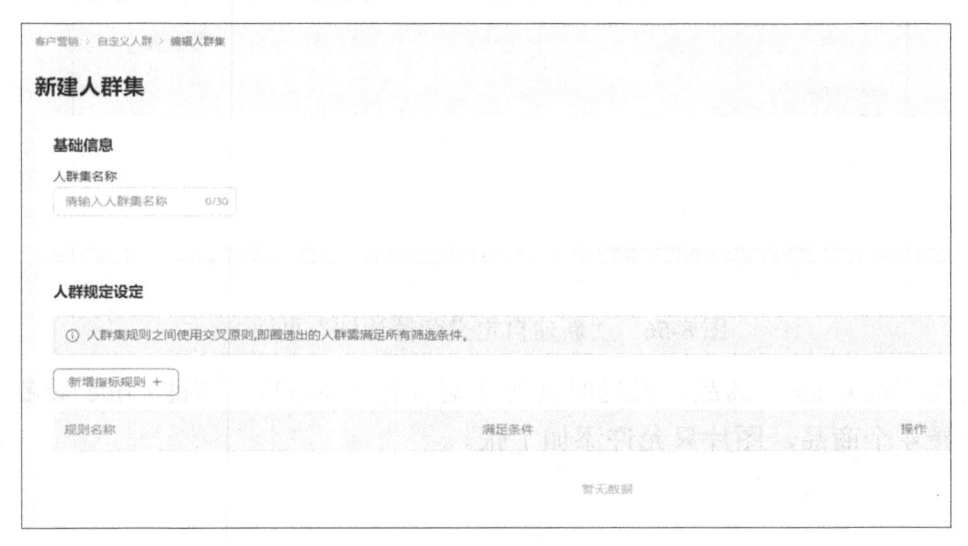

图 8-54 新建人群集

步骤 2：选择新增规则。

单击"新增指标规则+"按钮，打开"新增规则"页面，如图 8-55 所示，商家可以根据买家属性选择目标人群，对其进行商品或优惠券的精准推送。例如，左侧边栏显示的买家特征、粉丝指标、收藏指标、付款指标等。

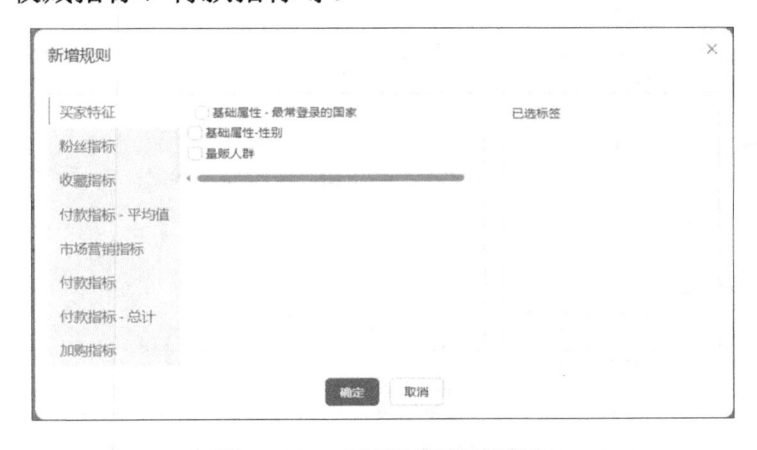

图 8-55 "新增规则"页面

（二）创建营销计划

在"新建自定义营销计划"页面（见图 8-56），单击"IM 消息会话渠道"单选按钮，给潜力访客、加购人群、收藏人群发送新客户优惠券和推荐热销商品。设置营销内容时，表达清楚主题内容即可。简明扼要的文案可以让客户更高效地获得商品信息，进入店铺后更容易形成良性转化。营销文案可以使用文案模板，也可以使用自定义内容。

图 8-56　"新建自定义营销计划"页面

接着设置店铺 Code、商品、发送时间等信息（见图 8-57）。店铺 Code 最多可以使用 3 张，最多选择 4 个商品，图片只允许添加 1 张。

图 8-57　设置店铺 Code、商品、发送时间

（三）邮件营销

给活跃的老客户发送新品推荐和大促活动内容邮件。

步骤 1：营销人群筛选。

在"新建自定义营销计划"页面，单击"邮件渠道"单选按钮，单击"活跃老客人群"单选按钮，针对买家国家/地区、最近访问时间、是否店铺粉丝等进行选择，如图 8-58 所示。

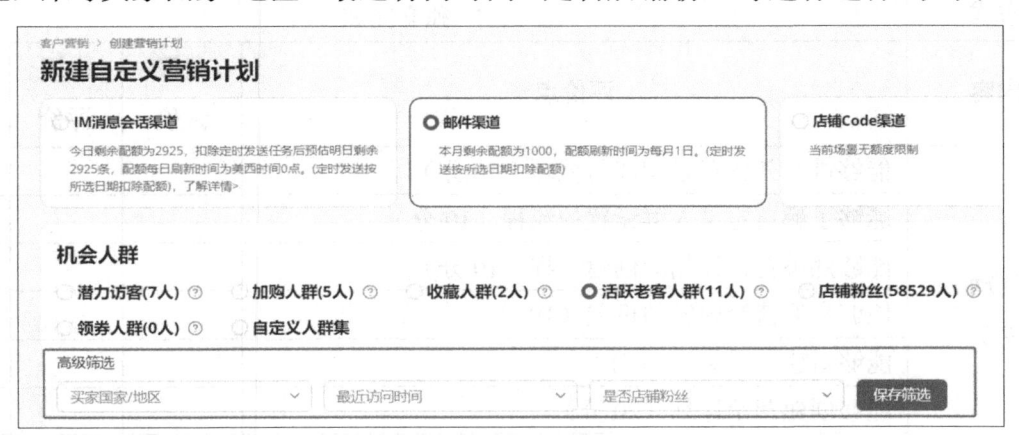

图 8-58　营销人群筛选

步骤 2：设置营销内容。

筛选国家/地区后可获得热门商品和流量高峰时间的推荐。邮件营销的店铺 Code 只能选择 1 张，最多选择 6 个商品，根据买家的国家/地区选择发送时间，编辑完成后单击"一键创建"按钮，邮件会根据选择的时间进行发送，如图 8-59 所示。

图 8-59　设置营销内容

三、任务评价

完成演练活动后，根据活动过程的表现进行三方评价与打分，完成表 8-5。

表 8-5　邮件营销实训评价表

活动名称	邮件营销的实施			
完成方式	独立完成			
演练内容	评价点	自我评价	小组评价	教师评价
实训活动（100 分）	能够进行任务背景解读与梳理（10 分）			
	能够了解自定义人群设置的流程（10 分）			
	能够熟悉营销计划的创建流程（10 分）			
	能够掌握营销内容的设置（10 分）			
	能够新建人群集（20 分）			
	能够创建营销计划（20 分）			
	能够设置营销内容（20 分）			
合计				
综合得分（满分 100 分，其中自我评价占 20%，小组评价占 20%，教师评价占 60%）				
存在的主要问题				

任务四　"网红"营销

知识速递

一、认识"网红"营销

"网红"营销，也被称为 Key Opinion Leader 营销，即 KOL 营销。"网红"营销主要是依靠有影响力的"网红"传递商品和品牌信息，从而吸引潜在用户，获得转化。"网红"营销是众多数字营销手段中的一种，同社交媒体营销和内容营销有着极为密切的关系。

（一）"网红"营销的优势

1. 覆盖面广

参与"网红"营销的"网红"大多都拥有上万名或百万名以上的粉丝，且自身已经有了一定的知名度，可以覆盖较广的人群。一个有影响力的优质"网红"，与明星相比更有亲和力，对商品的推广更自然，可以给商家带来成千上万的成交量，并且可以使用户更了解品牌。

2. 信任度高

商家跟"网红"合作，可以获得用户更高的信任度，因为"网红"本身就具有一定的号召力，有大批信赖他们的粉丝，他们的意见更容易被粉丝接受且信任。Businesswire 的调查数据显示，高达 82% 的用户表示，在购物的时候愿意听取他们关注的人的意见，其中包括"网红"的意见。

3. 影响力持久

大多数用户关注了某一个"网红"后，一般不会轻易对其取消关注。这就意味着"网红"可以长期影响粉丝的购物决定，这也是"网红"营销一个无可比拟的优势。

（二）"网红"营销的平台

目前，Instagram、YouTube、TikTok 是各大品牌进行"网红"营销的必争之地。商家在选择合适的平台时，需要从多角度、多层次进行分析，分析品牌特性是否适合该平台的属性、是否和平台内活跃的用户相匹配。例如，Instagram 的用户年轻、时尚，适合投放美妆、服装等商品；TikTok 的用户年龄相对较低，适合投放有趣、好玩的商品。

1. YouTube

YouTube 是全球搜索流量最大的视频平台。YouTube 的视频能够非常直观地展示商品的细节，无论是颜色、大小还是功能，都可以直接展示在观众面前，有助于用户了解商品。国外的用户想看某个商品的评测时一般会在 YouTube 上搜索。另外，与其他电商平台或独立站相比，YouTube 的视频更容易被谷歌排在首页。

2. Instagram

Instagram 是提升品牌认知度的图片社交平台。作为全球级别的社交应用平台，Instagram 是各大品牌商通过营销话题和社交玩法在消费者心中进行品牌建设的重要平台。与其他平台相比，Instagram 上的用户非常活跃，其活跃度高达 6%。而 Facebook、X 平台的话题参与度只有 0.6%。

3. TikTok

TikTok 是一款可以拍摄短视频的音乐创意社交软件。2022 年 9 月，抖音及其海外版 TikTok 以超过 6200 万次的下载量，蝉联全球移动应用（非游戏）下载榜冠军。若商家发布的原创视频足够优质，除推送给商家本身的私域流量外，还会进入更大的流量池内，吸引更多的潜在用户。

除社交媒体平台内的"网红"和粉丝可以给商家带来回报以外，商家所选择的社交媒体平台本身也会成为决定商家 ROI 的关键点。商家可以优先选择目标受众所在地最受欢迎、本地文化浓厚的社交媒体平台，因为当地平台所覆盖的目标受众更多，流量也更为优质。

> **想一想**
>
> "网红"营销的缺点有哪些？

二、"网红"营销的技巧

（一）制订营销 ROI 计划

商家在开始进行"网红"营销活动之前，需要制订营销 ROI 计划，提前对营销效果有一定的预估和把握。ROI 是一个参考值，有助于商家设定营销目标，使商家做出更合理的决策，增加收入，提高盈利能力。

（二）寻找优质"网红"

如何寻找优质"网红"一直是商家在"网红"营销过程中面临的一大难题。因为优质"网红"有稳定的风格、稳定的曝光量，以及与粉丝之间有较高的互动率，所以优质"网红"往往能使营销活动达到事半功倍的效果。在寻找优质"网红"时，商家可以重点关注"网红"频道的各项数据，遵循先垂类后泛类的通用逻辑，也可以通过竞品品牌去寻找合适的"网红"。

（三）本地化邀约

向"网红"邀约时，尽可能先用当地语言发出邀约，这样可以提高邀约的成功率。另外，与"网红"合作确定合作报酬时需要根据当地情况综合考虑，确认给出的报酬是否符合当地国情。

（四）平台组合推广

在进行"网红"营销时，商家可以根据不同平台的特点，进行平台组合推广，给用户营造品牌记忆，加大品牌宣传力度。

（五）把控合作创意

商家在尊重"网红"创意的同时，还要对其内容和质量进行把控，同时商家也可以对合作视频提出合理要求。例如，可以要求放置品牌 Logo、强调商品卖点、确保画面清晰、不与其他竞品做对比分析等。

（六）分析数据指标

"网红"营销的推广效果监控和数据指标分析是必不可少的环节。全面的推广效果监控和数据指标分析不仅能使商家快速调整推广策略、降低推广成本、加强推广效果，还能让商家从每次营销活动中及时复盘总结经验。

（七）加强与客户的关系

"网红"营销流量闭环，其实就是留存老客户、发掘新客户。商家可以利用"网红"营销这个渠道，进一步加强和客户的关系，达到新客户不断向老客户转化的目的，另外商家也需要加强自身的影响力，提高客户服务能力。

任务实操

一、任务目标

本任务的实操演练活动要求根据提供的任务背景，结合所学知识，完成"网红"营销的实施过程训练。

任务背景

某家居品牌已经报名速卖通平台"双 11"大促活动，在预热阶段准备利用"网红"进行品牌推广和新品宣传。但该品牌对各大社交媒体平台的特点不是很了解，也没有合作的"网红"。现需要对社交媒体平台进行对比分析，再利用该平台寻找合适的"网红"，并最终达成营销合作。

二、任务内容

（一）社交媒体平台选择

对比目前主流的社交媒体平台，分析平台的特点和平台"网红"的优势，以及适合推广的商品类型，并完成表 8-6。

表 8-6　社交媒体平台对比分析表

	平台特点	平台"网红"优势	适合推广的商品类型
Facebook			
X 平台			
Instagram			
YouTube			
TikTok			

（二）寻找合适的"网红"

经过对比分析，该品牌最终选择 YouTube 进行"网红"营销，接着需要在平台上寻找合适的"网红"，与之合作。

1. 搜索关键词

该品牌为家居品牌，可以尝试搜索关键词"sofa""dining table""curtain""carpet"等，搜索结果如图 8-60 所示。根据搜索结果，筛选一些粉丝数量较多、视频观看量较多的"网红"。

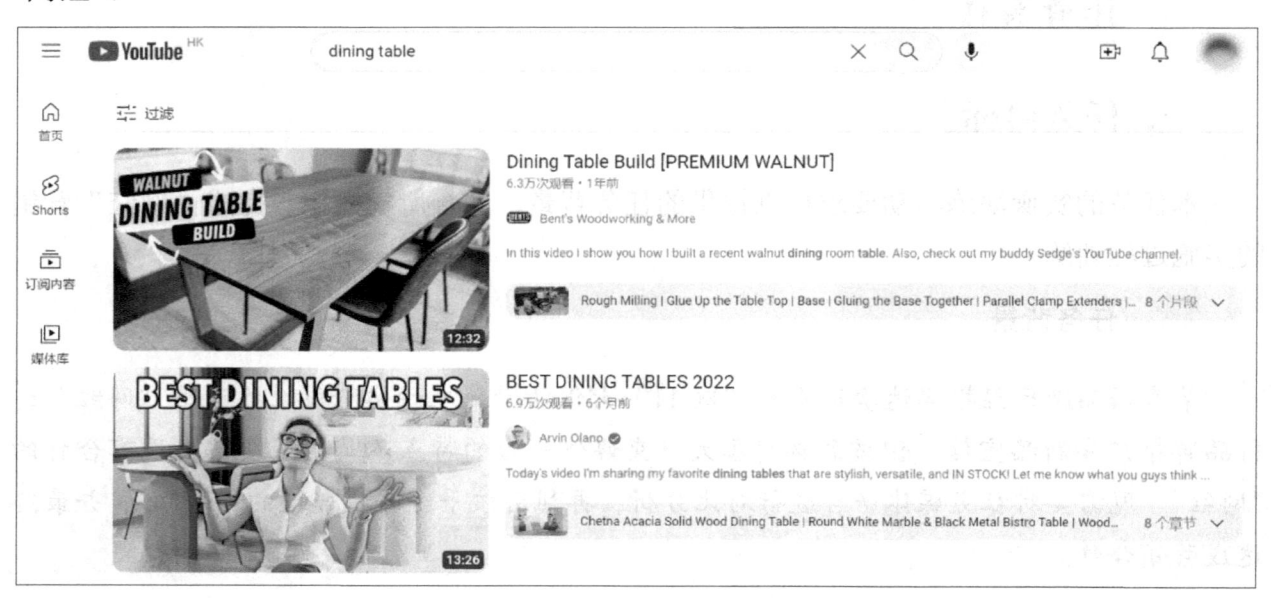

图 8-60　关键词搜索结果

2. 搜索品牌及公司

在 YouTube 上搜索比较出名的家居用品品牌及公司，如 IKEA、Flou、Essey 等。前期可以模仿他们的"网红"营销模式，找他们合作过的"网红"，如图 8-61 所示。

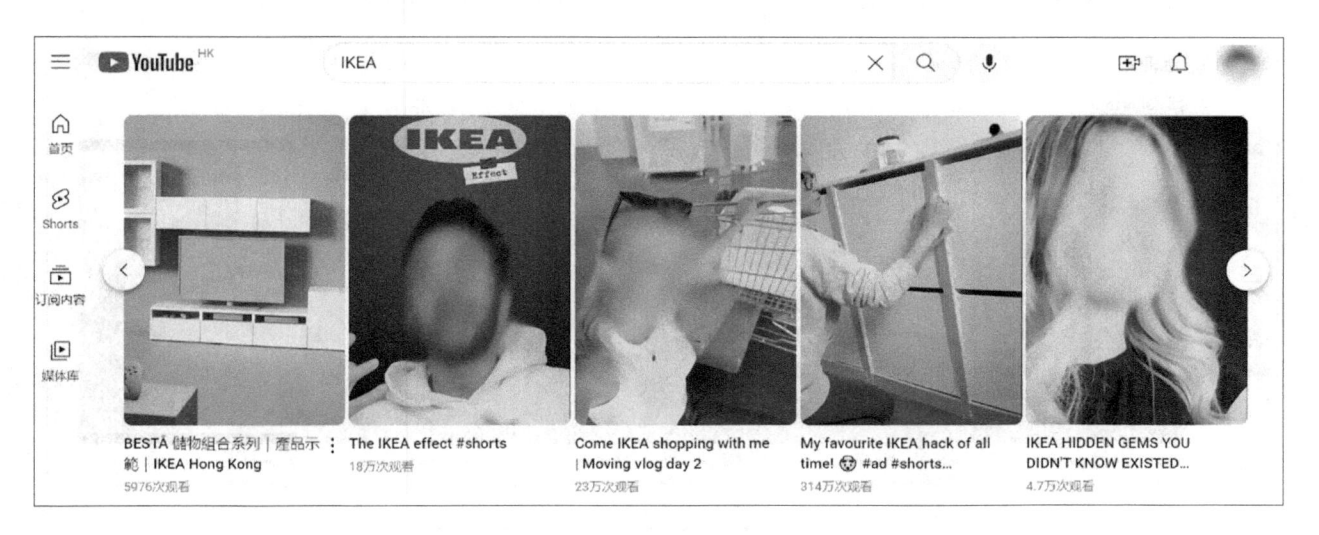

图 8-61 品牌合作过的"网红"

3. 搜索当地博主

若商品针对的是某个特定国家或地区的用户，则可以寻找当地的博主。这些博主拥有广泛的细分行业用户群，通常可以有效地辐射当地的目标用户，搜索方式是"行业类别+blogs in+国家/地区"，如搜索在德国的家居类博主，输入"sofa blogs in Germany"，就可以搜到很多目标博主，如图 8-62 所示。

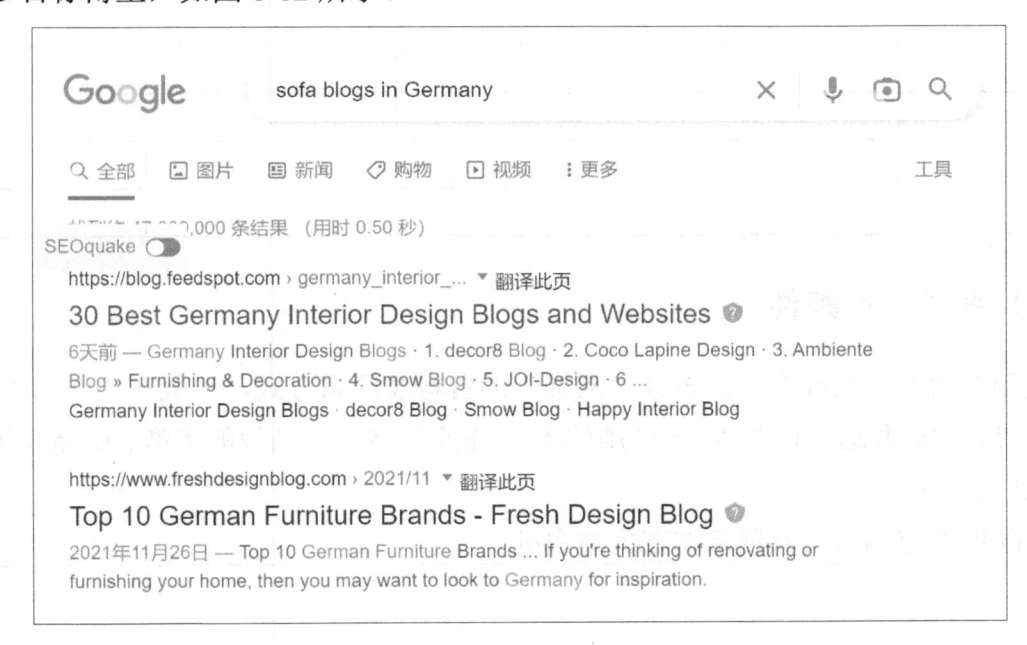

图 8-62 搜索当地博主

4. 通过特定标签查找

YouTube 的"#标签"功能可以帮商家迅速找出已经在推广或宣传家居类商品的"网红"，如图 8-63 所示。这部分打着相应标签的"网红"，大概率会对商家所要宣传的商品感兴趣，并且他们的目标受众很可能与商家所需推广的商品吻合。

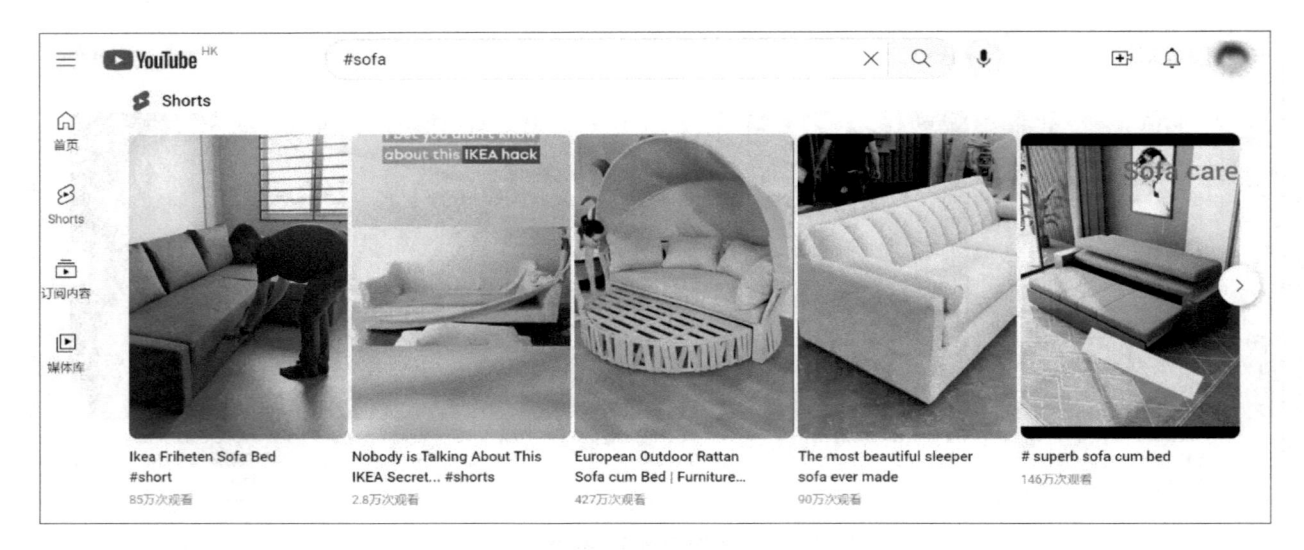

图 8-63　YouTube 的"#标签"功能

在搜索框内，输入关键词"#dining table""#curtain"等，将搜索结果记录下来，统计这些"网红"的粉丝数量和近一个月发布视频的观看量、点赞数量、评论数量等数据并完成表 8-7。

表 8-7　家居类"网红"的数据信息

"网红"姓名	粉丝数量	视频观看量	点赞数量	评论数量

（三）发送合作邮件

寻找到合适的"网红"后，查看"网红"的资料及联系方式，一般在"about"里面有合作邮箱等，尝试发送合作邮件。编写邮件时，需要表述清楚品牌的类型、商品介绍、合作内容、推广费用等。

完成邮件内容编写，并展示在下方空白处。

三、任务评价

完成演练活动后，根据活动过程的表现进行三方评价与打分，完成表 8-8。

表 8-8 "网红"营销实训评价表

活动名称	"网红"营销的实施			
完成方式	独立完成			
演练内容	评价点	自我评价	小组评价	教师评价
实训活动（100 分）	能够进行任务背景解读与梳理（10 分）			
	能够了解"网红"营销的概念（10 分）			
	能够熟悉"网红"营销的优势（10 分）			
	能够掌握"网红"营销的技巧（10 分）			
	能够进行社交媒体平台的选择（20 分）			
	能够寻找到合适的"网红"（20 分）			
	能够联系"网红"达成合作（20 分）			
合计				
综合得分（满分 100 分，其中自我评价占 20%，小组评价占 20%，教师评价占 60%）				
存在的主要问题				

名词解释

UGC：User Generated Content，即用户生成的原创内容。UGC 的概念最早起源于互联网领域，即用户将自己原创的内容通过互联网平台进行展示或提供给其他用户。

CPC：Cost Per Click，是指以每次点击或每一千次点击为单位进行收费。对广告主来说，这种收费方式避免了只浏览不点击的广告风险，是网络比较成熟的国家常见的收费方式之一。

CPM：Cost Per Million，即按千次展示付费。

KOL：Key Opinion Leader，营销学概念，通常被定义为拥有更多、更准确的产品信息，且为相关群体所接受或信任，并对该群体的购买行为有较大影响力的人。

素能加油站

快手"网红"直播带货造假，罚款25万元

2024年1月25日，青岛市市场监督管理局公开一起2023年的"网红"直播带货虚假宣传案件，案件中当事人在直播间里伪造自热米饭的配菜效果，并虚假宣称所用大米为正宗五常大米，欺骗消费者购买，销售金额高达91.6万元。青岛市市场监督管理局对该"网红"店铺进行严厉查处，揭露其"三宗罪"，并处以25万元的罚款。

在青岛市市场监督管理局提供的办案视频中能清晰看到，在"网红"直播间里，主播放出"豪言"要来一波"炸福利"，"6盒不够8盒，8盒不够12盒"，最后加量到一单16盒。副播将整整16盒自热米饭高高摞起，工作人员现场拆盒试吃。

镜头中，咖喱鸡肉、广式腊肠、台式卤肉等6种口味的自热米饭，每一盒都料足、量大，几乎要溢出碗盒，配菜看上去色香味俱全，犹如"盛宴"。主播边试吃边介绍，这里面的大米全是正宗五常大米，并把鲜、香、味、美表现得淋漓尽致。

"现实中的美味其实是这样的。"青岛市市场监督管理局执法人员将直播间所售的自热米饭拆盒加热后发现，配菜只有小小一包，和米饭拌在一起不仅色彩暗淡，分量也只有半碗，与直播时的"盛宴"有天壤之别，网友惊呼还不如"剩饭"。

根据线索，青岛市市场监督管理局执法人员对当事人设于青岛市内某小区的工作室进行检查。青岛市市场监督管理局综合行政执法支队指挥中心副主任何飞介绍，经调查，该"网红"店存在三项违法行为：一是虚构套餐的加量降价情况；二是伪造自热米饭的配菜效果；三是将自热米饭中的大米虚假宣传为东北五常大米，以欺骗、误导消费者购买。

调查结果显示，该"网红"店在直播期间成交订单1.3万余笔，销售金额达91.6万元，收取佣金23.8万元。《中华人民共和国反不正当竞争法》第八条规定：经营者不得对其商品的性能、功能、质量、销售状况、用户评价、曾获荣誉等作虚假或者引人误解的商业宣传，欺骗、误导消费者。依据《中华人民共和国反不正当竞争法》规定，青岛市市场监督管理局对当事人做出罚款25万元的行政处罚。该案入选山东省市场监督管理局2023年民生领域案件查办"铁拳"行动典型案例。

青岛市市场监督管理局对此高度关注，持续开展民生领域案件查办"铁拳"行动，对虚假宣传、刷单炒信、编造剧情、套路促销等行为保持执法高压态势，全力维护消费者合法权益，推动行业健康发展。

结合以上案例，请同学们思考一下：

1. "网红"直播间的虚假宣传对社会造成的影响有哪些？
2. 生活中，还有哪些"网红"直播间虚假宣传的案例？

项目八 营销推广

职业技能训练

一、单项选择题（共5题）

1. Facebook 的应用程序提供（　　）种语言版本。
   A. 160　　　B. 30　　　C. 101　　　D. 85

2. Instagram 的图片尺寸比例不正确的是（　　）。
   A. 1∶1　　　B. 2∶3　　　C. 4∶3　　　D. 16∶9

3. 邮件营销的特点不包括（　　）。
   A. 精准直效　　　　　　　　B. 标签功能
   C. 个性化定制　　　　　　　D. 具备追踪分析能力

4. 速卖通邮件营销最多支持（　　）个商品。
   A. 3　　　B. 4　　　C. 5　　　D. 6

5. 以下不属于优质"网红"特征的是（　　）。
   A. 稳定的风格　　　　　　　B. 稳定的曝光量
   C. 较高的推广价格　　　　　D. 较高的粉丝互动率

二、多项选择题（共5题）

1. 以下不属于搜索引擎营销的有（　　）。
   A. CPM　　　B. SEM　　　C. CPC　　　D. SEO

2. 速卖通关键词的获取方法有（　　）。
   A. 搜索引擎搜索　　　　　　B. 根据类目查找关键词
   C. 借鉴同类商品　　　　　　D. 从速卖通搜索框中获得

3. 以下（　　）属于社交媒体营销。
   A. 免费发帖　　B. 付费广告　　C. 吸粉互动　　D. 公共主页

4. 以下（　　）属于 Instagram 的营销技巧。
   A. 利用一致性特点，建立品牌
   B. 发布优质图片
   C. 最大限度地使用标签来扩大影响力
   D. 日常与他人保持互动

5. 邮件营销的优势有（　　　）。

　　A. 用户数量多　　　B. 针对性强　　　C. 覆盖面广　　　D. 营销成本高

三、判断题（共5题）

1. 进行社交媒体营销需要高质量的广告文案和广告素材。　　　　　（　　）
2. Meta 是全球最受欢迎的社交网站。　　　　　　　　　　　　　（　　）
3. Pinterest 的图片尺寸比例是 1∶1。　　　　　　　　　　　　　（　　）
4. 商家可以每天给客户发送营销邮件。　　　　　　　　　　　　　（　　）
5. 只有视频社交网站才能实施"网红"营销。　　　　　　　　　　（　　）

学习笔记

反侵权盗版声明

电子工业出版社依法对本作品享有专有出版权。任何未经权利人书面许可，复制、销售或通过信息网络传播本作品的行为；歪曲、篡改、剽窃本作品的行为，均违反《中华人民共和国著作权法》，其行为人应承担相应的民事责任和行政责任，构成犯罪的，将被依法追究刑事责任。

为了维护市场秩序，保护权利人的合法权益，我社将依法查处和打击侵权盗版的单位和个人。欢迎社会各界人士积极举报侵权盗版行为，本社将奖励举报有功人员，并保证举报人的信息不被泄露。

举报电话：（010）88254396；（010）88258888
传　　真：（010）88254397
E-mail：dbqq@phei.com.cn
通信地址：北京市万寿路 173 信箱
　　　　　电子工业出版社总编办公室
邮　　编：100036